KB184791

궁금해? 궁금해!

성경은 결코 진화론과 조화될 수 없다!

궁금해? 궁금해! 성경은 결코 진화론과 조화될 수 없다! 개정판

초판 1쇄 발행 2019년 8월 21일
초판 3쇄 발행 2019년 12월 20일

지은이   (사)한국창조과학회 편
펴낸이   오경숙
디자인   한국창조과학회

펴낸곳   (주)창조과학미디어
주소   04553 서울특별시 중구 삼일대로 4길 9 라이온스 빌딩 401호
전화   02-419-6465 • 팩스 02-451-0130
전자우편 creation@creation.kr
홈페이지 creation.kr
총판처   두란노서원

ⓒ 한국창조과학회

이 도서의 국립중앙도서관 출판예정도서목록(CIP)은 서지정보유통지원시스템 홈페이지
(http://seoji.nl.go.kr)와 국가자료종합목록 구축시스템(http://kolis-net.nl.go.kr)에서
이용하실 수 있습니다.
CIP제어번호: CIP2019032702
ISBN 978-89-968518-2-0 03300

궁금해?
궁금해!

성경은 결코
진화론과
조화될 수 없다!

개정판

한국창조과학회

태라북

성경의 권위와 무오성에 대한 확신,

성경적 창조신앙의 회복

첨단과학 시대를 살고 있는 현대인들은 많은 궁금증을 갖고 있습니다. 특히 우주와 지구, 동식물과 인간이 언제부터 어떻게 시작되었는지, 왜 존재하게 되었는지 궁금해합니다. 역사 이래로 인간은 이런 궁금증을 풀기 위한 도전을 멈추지 않고 있으며, 다양한 방법을 시도하고 있습니다.

기원에 관한 궁금증을 푸는 방법은 크게 두 가지인데, 종교적인 방법과 과학적인 방법입니다. 이 두 방법은 독립적이면서도 서로 영향을 주고받습니다. 종교적으로 해결하려면 과학적인 문제에 부딪히고, 과학적으로 해결하려면 종교적인 문제에 부딪히곤 합니다. 기원의 문제에 대하여 가장 많은 질문과 공격을 받는 종교가 있다면, 그것은 천지만물을 창조하신 하나님을 믿는 기독교 신앙입니다.

기독교의 창조론과 무신론적 진화론은 끊임없이 총성 없는 전쟁을 계속하고 있습니다. 전 세계 모든 사람이 어릴 때부터 세상은 우연히 시작되었으며, 생명은 자연적으로 발생하였고, 죽음과 멸종이 거듭되면서 진화되었다는 진화론을 과학적 사실로 배웁니다. 따라서 사람들은 대부분 진화론적 세계관을 갖게 되며, 기독교에서 주장하는 창조의 내용과 끊임없이 부딪치며 논쟁하고 있습니다.

창조가 사실일까? 진화가 사실일까? 이에 대한 논쟁은 1859년에 다윈의『종의 기원』을 출판한 이후로 치열하게 진행되어 왔으며, 오늘날 첨단과학 시대에도 궁금증은 더욱더 많아졌습니다. 이런 질문에 대한 답을 얻기 위해서는 좋은 참고서가 필요합니다.

한국창조과학회에서는 2002년에『궁금해? 궁금해!』를 출판하였습니다. 지난 17년 동안 과학이 발달하면서 새로운 발견들이 있었고 많은 과학적 사실이 새롭게 밝혀졌습니다. 그동안 새롭게 밝혀진 많은 사실을 바탕으로『궁금해? 궁금해!』개정판을 출판하게 된 것을 하나님께 감사드립니다. 14개의 주제별로 총 165개의 궁금증을 정리하여 답을 찾아가는 데 참고하도록 하였습니다.

기독교인들은 이 책을 읽음으로써 성경의 권위와 무오성에 대한 확신으로 성경적 창조신앙을 회복하게 되고, 나아가 예수 그리스도를 통한 구원의 확신을 갖게 될 것입니다. 그동안 창조와 진화에 대해 궁금했던 분들에게는 이 책을 통해 진화론이 얼마나 과학적으로 문제가 많은 이론인지 알게 되고, 반면에 창조가 과학적으로도 사실임을 깨달아 창조주이신 예수님을 구세주로 영접하는 좋은 계기가 되리라 기대합니다.

『궁금해? 궁금해!』 개정판을 집필하는데 수고와 헌신을 아끼지 않으신 이병수 교수와 김광 교수, 각 전문 분야별로 감수를 맡아주신 학회 이사님들, 개정판이 출판될 수 있도록 많은 격려와 기도를 해주신 '생터성경사역원'의 이애실 대표, 편집과 디자인을 담당해 주신 전부일 선생님, 이 외에도 기도와 물질로 후원하신 모든 분께 감사의 말씀을 드립니다. 무엇보다도 개정판이 집필되고 출판되기까지 과정마다 간섭하시고 인도하신 하나님께 감사와 영광을 올려드립니다.

2019년 8월
한국창조과학회 회장 한윤봉

궁금해? 궁금해! 반갑다

보통 우리 성도들은 과학적 지식이 깊지 않다. 특히 성경을 읽으면서
충돌되는 과학적 질문들이 많다. 우리는 이성적 존재이기 때문에 이
해가 안 되는 것은 궁금할 수밖에 없다. 그런 순간에는 누구를 붙들
고 물어보고 싶은 게 사실이다. 그런데 이『궁금해? 궁금해!』는 바로
그 '누구'가 되어 준다. 우리의 가려운 부분을 어찌 그리 잘 알아서
하나하나 대답해 주는지….

나는『어? 성경이 읽어지네!』를 2003년에 출판한 이
후 지금까지 성경을 읽도록 돕는 사역을 하고 있다. 1년
에 전 세계적으로 1,500명 정도가 6개월 동안 훈련받는
다. '생터성경사역원'이라는 기관이다. 성경 맨 앞 창조를
시작으로 요한계시록의 새 하늘과 새 땅까지 과연 우리
가 어떻게 읽을 수 있을까를 도와주는 사역이다. 때문에
'창조'는 매우 중요하다. 출발이니까… 이 부분부터 현실
로 다가오지 않으면 진리를 접속하기 쉽지 않다. 나 부터
도 성경에 입문할 때 처음부터 질문에 질문이 꼬리를 물
면서 혼돈이었다. 바로 그때 나에게 말 걸었던 친구가 바
로『궁금해? 궁금해!』였다.

물론 모르는 건 모르는 거다. 다 알 수는 없다. 그렇지만 하나씩 하나씩 궁금한 것이 메꿔지면서 퍼즐이 맞춰지기 시작했다. 내가 궁금한 걸 어떻게 알고 그렇게 꼭꼭 집어 내 주는지… 무엇보다 웬만한 초등학생도 얼마든지 읽을 수 있도록 쉽고 재미있다.

> '생터성경사역원'에서는 이 책이 그래서 필독서이다. 성경 읽도록 도와주는 강사 훈련을 받았다 하더라도 과학적 지식이 많지 않기 때문에 혹 누군가 궁금한 것을 물어볼 때 일일이 대답을 해 줄 수가 없기 때문이다. 바로 그럴 때 이 책을 열어보라고 권한다. 거기 웬만한 궁금한 게 거의 다 들어있기 때문이다.

이런 좋은 책이 그동안 품절이었다. 다행히 창조과학회가 복사해서 쓸 수 있도록 허락해 주셔서 그렇게 사용했었는데 이번에 수정 보완해서 나왔으니 얼마나 반가운지….

보통 추천서를 쓸 때 잘 모르는 책을 관계상 써 줘야 할 때가 있는 것이 사실이다. 그런데 이 책 추천서는 영혼으로 쓴다. 정말 책이 나와 줘서 반갑다. 복사 안 해도 되고… 정말 좋다.

2019년 8월
생터성경사역원 대표 이 애 실

차례

1
진화론과 기독교

진화론의 기초는 무신론이다. 진화론은 하나님의 창조를 부인하고, 만물이 자연적 과정으로 우연히 생겨났다고 주장한다. 슬프게도 오늘날 진화론은 과학의 탈을 쓰고 모든 곳에서 가르쳐지고 있다. 하나님의 말씀인 성경은 비과학적인 고대 사람들이 쓴 신화나 비유, 이야기책으로 전락해버렸다. 유럽의 교회들은 몰락했고, 전 세계의 모든 곳에서 복음의 문을 가로막고 있다.

Q1. 창조-진화 논쟁의 본질은 무엇입니까?

모든 것이 어디에서 왔느냐는 질문에는 두 가지 답만이 존재한다. 스스로 생겨났거나, 누군가가 만들었거나이다. 만약 우주 만물이 스스로 생겨나지 않았다면, 만든 이(창조주)가 있어야만 한다.

1859년 찰스 다윈은 『종의 기원』을 발간하면서 진화론을 주장했고, 160년이 지난 오늘날 과학계와 교육계는 진화론이 완전히 지배하고 있다. 학교에서는 진화가 사실이라고 무비판적으로 가르치고 있다. 오늘날 대부분의 사람은 진화론이 증거에 기반한 증명된 과학적 사실이라고 알고 있다. 이제 진화론의 여파는 너무 넘쳐나 어느 곳에서든 적용되는 보편적인 용어가 되어버렸다.

반면에 성경적 창조론자들은 성경 창세기의 기록이 복음을 이해하는 기초임을 지속적으로 주장해왔다. 만일 창세기의 기록이 사실이 아니라고 받아들인다면, 태초의 동산의 죄나, 인류 시조의 타락이나 이에 따른 죽음이라는 저주도 모두 사실이 아닌 것이 되어버리기 때문이다. 이는 결국 예수님의 구원 사역을 부정하는 결과에까지 이르게 됨을 성경적 창조론자들은 주목하였다.

진화론의 기초는 유물론이다. 즉 인간이나 생명체의 존재에 대해서 물질적인 원인만을 인정하고 받아들인다는 의미이다. 이에 따라 진화론에서는 창조주 하나님이라는 존재는 철저하게 배제된다. 그리고 인간 스스로가 삶에 대한 규칙을 만들고, 옳고 그름을 자신들이 결정하거나, 사회가 수립한다. 사람이 만든 법률에 최종 권위를 두기 때문에, 여기에서 하나님이 하실 일은 없다. 따라서 오늘날의 교회와 기독교인들이 맞닥뜨린 낙태나 동성애와 같은 문제는 진화론에서는 별로 문제가 되지 않는다. 이런 문제들은 단지 진화론의 토양에 뿌리를 둔 인본주의의 열매일 뿐이다. 다음은 유명한 진화론자인 리처드 도킨스(Richard Dawkins)의 말로써 진화론의 본질을 알려준다.

"다윈(진화론)은 지적으로 충실한 무신론자가 될 수 있도록 해주었다."

이렇듯 진화론은 창조주를 배제하고 있는 개념이기 때문에, 진화론이 성경과 혼합된다면, 복음은 훼손될 수밖에 없다. 오늘날 진화론은 무신론자들의 종교가 되어버렸고, 과학적 증거 없이도 사실로 가르쳐지는 상황이다. 그러나 기독교인들에게 좋은 소식은 교회 역사상 어느 때보다도, 하나님이 창조주이심을 가리키는 수많은 증거가 발견되고 있다는 것이다.

진화론의 기초는 유물론이다. 즉 인간이나 생명체의 존재에 대해서 물질적인 원인만을 인정하고 받아들인다는 의미이다. 이에 따라 진화론에서 창조주 하나님이라는 존재는 철저하게 배제된다.
━━━━━

Q2. 진화론은 과연 무엇을 말하고 있습니까?

인간은 어떻게 이 땅에 존재하게 되었는가? 수많은 동식물은 어떻게 존재하게 되었는가? 이 물음에 대해 진화론은 아주 먼 과거에 단순한 생명체가 우연히 생겨난 후, 오랜 세월이 지나는 동안 무수한 돌연변이와 자연선택에 의해 지금과 같은 수많은 종류의 동식물들과 인간으로 변화되어 왔다고 주장한다. 백과사전은 다음과 같이 정의하고 있다.

"진화론: 생물은 생활환경에 적응하면서 단순한 것으로부터 복잡한 것으로 진화하며, 생존경쟁에 적합한 것은 살아남고, 그렇지 못한 것은 도태된다는 학설. 일반적으로 진화를 사실로서 확신시킨 것은 다윈의 진화론이다."

진화론은 모든 만물이 우연히 무작위적 과정으로 생겨났다고 말하는, 창조주를 배제하기 위한 자연주의적 무신론이다. 진화론은 약육강식과 적자생존을 말하며, 인종차별, 낙태, 안락사, 음란, 동성애, 자살, 폭력 등을 정당화하는 데에 논리적인 근거를 제공한다. 성경은 단지 고대 신화나 전설들을 기록한 책으로 취급된다. 하나님의 말씀으로서 성경의 권위를 위협하는 대부분 공격의 배후에는 진화론이 있다. 그러나 안타깝게도 많은 기독교인들조차 진화론을 입증된 과학적 사실로 잘못 알고 있으며, 그렇지 않더라도 진화론과 적당히 타협하거나 방관하는 태도를 보인다.

사실 진화론은 생명의 기원에 관하여 과학적으로 틀렸다는 것이 증명된 자연발생설에 기초를 둔, 무신론적 가설일 뿐이다. 그러나 오늘날 진화론은 생물학, 지질학, 천문학 등 모든 학문 분야에서 견고한 패러다임으로 자리 잡았고, 거의 모든 교과서, 잡지, 언론매체, 박물관… 등은 진화론만을 가르치고 전하고 있다. 하지만 최근 진화론의 허구성이 드러나는 수많은 새로운 증거와 사실이 밝혀지고 있다.

진화론은 생명의 기원에 관하여 과학적으로 틀렸다는 것이 증명된 자연발생설에 기초를 둔, 과학적 증거가 전혀 없는 무신론적 가설일 뿐이다.

Q3. 진화론은 과학이고, 창조론은 믿음이라는 주장은 사실인가요?

"창조론은 믿음이고, 진화론은 과학이다"라는 말을 한 번쯤은 들어보았을 것이다. 그러나 이 말은 절반만 사실이다. "창조론은 믿음이다"는 말은 사실이다. 기독교인들은 하나님이 이 세상을 창조하셨다는 것을 믿음으로 받아들인다. 믿음이 아니고선 창조를 알 수 있는 방법이 없다. 왜냐하면 어떤 인간도 이 세상이 창조될 때 거기에 없었기 때문이다. 우리에게는 단지 창조에 대한 하나님의 말씀(God's word)만이 있을 뿐이다.

성경은 창조를 인정하는 것이 실제로 믿음의 문제라는 것을 가르치고 있다. 히브리서 11:1절에서

믿음은 바라는 것들의 실상이요 보이지 않는 것들의 증거니 (히 11:1)

라고 말씀하고 있다. 여기에 중요한 것은 이를 이해하는 데에는 믿음이 요구된다는 점이다.

믿음으로 모든 세계가 하나님의 말씀으로 지어진 줄을 우리가 아나니

보이는 것은 나타난 것으로 말미암아 된 것이 아니니라 (히 11:3)

우리는 하나님께서 창조하셨음을 믿는다! 사실 창조에 대한 논쟁은 하나님의 창조하심에 기초한 세계관과 자연주의 또는 진화론이라는 세계관과의 충돌이다. 그리고 중요한 점은 진화론이라는 세계관도 믿음에 기초하고 있다는 것이다.

그러므로 "진화론은 과학이다"라는 말은 결코 사실일 수 없다. 진화론자들은 이 말을 사람들이 믿기 원한다. 하지만 이 말은 사실이 아니다. 기원(origin)에 대한 모든 견해는 각각 자신의 세계관에 기초하며, 각자가 선호하는 어떤 형태의 종교적 또는 철학적 전제가 그 핵심에 자리 잡고 있다. 모든 것이 우연히 생겨났을 것이라는 자연주의(Naturalism)는 기적을 믿는 것만큼이나 종교적인 사상이다. 세포생물학이나 생명공학을 공부한 사람들은 진화론을 수용하려면 엄청난 믿음이 필요하다는 것을 알고 있다. 각 생물의 DNA에 들어 있는 막대한 양의 유전정보들이 모두 "우연히 생겨났을 것이다"라고 말하는 것은 과학적 설명이 아닌 일종의 믿음이다. 창조론에 대한 믿음이 창조주를 믿는 신앙에 기초한 것처럼 진화론에 대한 믿음도 동일하게 무신론적 신념에 기초한 것이다.

각 생물의 DNA에 들어 있는 막대한 양의 유전정보들이

모두 "우연히 생겨났을 것이다"라고 말하는 것은

과학적 설명이 아닌 일종의 믿음이다.

Q4. 진화론이 사실이라는 것은 과학계가 공동으로 합의한 결론입니까?

'합의(consensus)'를 들먹거리는 것과 관련하여, 작가인 마이클 크라이튼은 다음과 같이 말했다.

"과학적인 작업은 합의와 아무런 관련이 없다. 사람들의 합의는 정치적 거래이다. 반면에 과학은 그것이 사실인지 아닌지를 확인하는 단 한 명의 탐구자를 필요로 한다. 과학 분야에서 합의는 타당하지 않다. 정확히 말한다면, 역사적으로 위대한 과학자들은 합의를 깨버렸기 때문에 위대한 것이다. 세상에 합의된 과학 같은 것은 없다. 합의되었다면 그것은 과학이 아니다."

2008년 진화론의 선도적 과학자 16명이 오스트리아 알텐베르크에서 회의를 했다. 그들의 목적은 진화생물학의 위기를 논의하기 위한 것이었는데, 그들 중 다수가 돌연변이와 자연선택 메커니즘이 생물 다양성을 설명하지 못한다는 것을 지적했다. 유일하게 합의된 내용

은 진화생물학에 커다란 문제점이 있다는 것뿐이었다. '합의된 과학'
이 나중에 오류였음이 판명된 사례들은 역사적으로 넘쳐난다.

진화론적 '합의'가 이루어지는 과정을 살펴보면, 진실과는 너무나도
거리가 멀다. 오늘날 진화론적 패러다임이 지배하는 과학계에서 진
화론을 비판하는 학자라면 매우 많은 비난과 조롱을 감수해야만 한
다. 학문적 성공을 이루려는 과학자에게는 진화론을 감히 거부할 수
없는 환경이다. 진화론에 이의를 제기하거나, 창조를 말하는 과학자
들은 비난과 조롱을 받으며, 연구비를 제한받고, 관련 논문은 학술지
에 게재되지 못하며, 승진하지 못하고, 심지어 직장에서 쫓겨나는 등
불이익을 당한 수많은 사례가 있다. 2008년에 미국에서 개봉됐던 다
큐멘터리 영화 "추방: 허용되지 않는 지성"은 진화론을 받아들이지
않은 사람들이 어떻게 핍박받고 있는지 폭로하였다. 그 영화는 "진화
론 사상경찰"에 의해서 경력이 파멸된 사례를 보여준다. 이런 이유로
많은 과학자들이 과학계에 자리 잡은 다수의 진화론자들의 '합의된'
결론에 대부분 침묵하고 있다.

진화론적 '합의'가 이루어지는 과정을 살펴보면, 진실과는
너무나도 거리가 멀다. 오늘날 진화론적 패러다임이 지배하는
과학계에서 진화론을 비판하는 학자라면
매우 많은 비난과 조롱을 감수해야만 한다.

Q5. 그렇다면 진화론을 믿는 수많은 과학자들이 다 틀렸다는 것입니까?

오늘날 생물학, 지질학, 천문학, 고인류학, 화석학... 등 많은 분야의 과학자들이 진화론을 믿고 있다. 만일 진화론이 틀렸다면, "어떻게 그 모든 진화 과학자들이 다 틀릴 수가 있을까?" 라는 질문이 나올 수밖에 없다. 과학의 역사는 충분히 그럴 수 있다는 사실을 보여준다.

16세기 갈릴레오, 코페르니쿠스와 동시대를 살았던 '대부분의 과학자들'은 지구가 우주의 중심이었으며, 모든 천체가 지구를 중심으로 돈다고 믿고 있었다. 그들의 믿음은 철학적 개념에 근거하였지, 관측에 근거하지 않았다. 그리고 그들은 틀렸다. 17세기 후반과 18세기 초에, 물질의 연소나 부식을 설명할 때 '열소'라는 개념을 사용했다. '대부분의 과학자들'은 그것이 가연성 재료 안에 들어있는 물질이며, 물체가 불에 탈 때 나오는 것으로 믿고 있었다. 그런데 라부아지에를 포함하여 그 시대에 앞서가는 몇몇 과학자들의 끊임없는 노력에 의해, 연소라는 것은 통상적으로 산소와 함께 일어나는 화학반응임이 밝혀졌다. 또한 비금속을 금과 같은 귀금속으로 변화시킬 수 있다는 연금술이라는 개념은 수백 년 동안 주장되어 왔으며, 이런 목적을 가지고 수행한 실험 결과로 많은 흥미로운 화학물질이 발견되기도 했지만, 결국 연금술은 불가능하다는 사실이 입증되었다. 이런 잘못된 과학 개념으로 인하여 많은 돈과 시간, 그리고 많은 사람의 생애가 낭비되었다.

대부분의 과학자가 진화론을 믿는 주된 이유는 다른 대부분의 과학자가 진화론을 믿고 있기 때문이다. 이는 '확증편향'의 한 형태이다. 그들에게 진화론의 실제적인 증거를 요구하면, 전공 분야 외에서는 거의 답을 하지 못할 뿐만 아니라, 자기 분야에서도 매우 빈약한 답을 제시한다. 천동설, 열소, 연금술을 믿었던 사람들과 마찬가지로, 오늘날 많은 과학자가 진화론을 믿고 있다. 그렇게 많은 사람이 모두 틀릴 수 있는가? 역사는 '그렇다'고 말한다. 과학은 다수의 투표로 결정되는 것이 아니다!

오늘날 많은 과학자가 진화론을 믿는 주된 이유는
다른 대부분의 과학자가 진화론을 믿고 있기 때문이다.
과학은 다수의 투표로 결정되는 것이 아니다!

Q6. 진정한 과학자라면 진화론을 거부할 수 없을 것이라는 말은 맞습니까?

다윈이 『종의 기원』을 발표한 후, 진화론에 반대했던 사람들은 저명한 과학자들이었다. 전자기를 발견한 물리학자 맥스웰, 면역학을 개척하고 생물학의 기본 법칙인 생물속생설을 발전시켰던 파스퇴르, 열역학법칙의 개척자이며 대서양 횡단 해저케이블을 개발했던 켈빈, 현대 빙하지질학의 창시자였던 아가시 등은 다윈의 진화론을 거부했다. 유명한 수학자이자 천문학자이며 영국왕립학회의 회원이었던 존 허셜 경은 진화론을 '엉망진창의 법칙'이라고 평가했다. 대영박물관의 자연사 분야 책임자였던 리처드 오웬 역시 다윈의 진화론에 여러 반론을 제시했다. 유명한 과학철학자인 윌리엄 휴얼은 케임브리지 도서관에서 『종의 기원』 책을 추방했다. 그리고 많은 성경적 지질학자들은 다윈주의와 이에 동반된 장구한 연대의 지구 역사를 거부했다.

많은 사람이 다윈의 진화론을 정말로 매우 비과학적인 이론으로 생각했다. 독일의 듀칼 자연사 박물관의 책임자였던 요한 블라시우스 교수는 인터뷰에서 이렇게 말했다. "그렇게 적은 사실들로 그렇게 광범위한 결론을 내리는 과학책을 결코 읽어본 적이 없다… 다윈은 한 종류에서 다른 종류가 나온다는 것을 보여주고 싶어 했다."

역사적으로 창조를 믿었던 많은 기독교인 과학자들이 찬란한 업적을 남겼다. 아이러니하게도 그들이 이룬 업적들이 오늘날 마치 진화론을 증거라도 하는 듯, 진화론자들에게 도용되고 있는 현상은 매우 놀랍고 안타깝다. 예를 들어 다윈의 진화론과 대립하는 이론이라 하여, 한때 진화론자들에게 배척당했던 멘델의 '유전법칙'이 지금은 마치 진화론의 분자진화설의 증거처럼 도용되고 있다. 이 밖에도 자연발생설과 치열하게 싸웠던 파스퇴르의 '생물속생설', 버효 등의 '세포설', 린네의 '종불변설'에 기초한 생물분류학, 갈릴레이, 케플러, 뉴턴과 같은 신실한 기독교인 과학자들이 확립한 우주론 등이 진화론자들에게 오용되고 있다.

진화론을 거부하고 현대 과학의 발전에 기여했던, 위대했던 기독교인 과학자들은 다음과 같다: 찰스 배비지, 니콜라스 스테노, 안톤 판 레벤후크, 장앙리 파브르, 프레더릭 윌리엄 허셜, 제임스 주울, 요하네스 케플러, 조셉 리스터, 칼 폰 린네, 제임스 맥스웰, 블레이즈 파스칼, 알렉산더 플레밍, 로버트 보일, 사무엘 모스, 아이작 뉴턴, 존 레이, 루이 파스퇴르, 폰 브라운, 조지 워싱턴 카버, 윌리엄 톰슨, 마이클 패러데이….

오늘날 진화론자들은 진정한 과학자라면 진화론을 거부하지 않는다고 자주 주장한다. 그러면서 성경적 창조론을 믿는 과학자들을 사이비 과학자라고 부르고 있다. 그러나 제리 버그만은 진화론을 거부하는 3,000여 명의 교수, 과학자, 학자들의 명단을 모았고, 시간과 출처만 주어진다면 쉽게 10,000명의 명단을 작성할 수 있다고 말했다. 이들 과학자들과 교육자들 모두 진화론을 거부하고 있다. 이러한 사실은 "고등교육을 받은 사람이면 누구도 진화론의 유효성에 대해서 의심하지 않는다"는 주장이 완전히 틀렸고, 매우 오만한 말이었음을 입증한다.

역사적으로 창조를 믿었던 많은 기독교인 과학자들이
찬란한 업적을 남겼다.
아이러니하게도 그들이 이룬 업적들이 오늘날
마치 진화론을 증거라도 하는 듯, 진화론자들에게 도용되고 있는
현상은 매우 놀랍고 안타깝다.

Q7. 무신론과 진화론은 어떻게 연관되어 있습니까?

생명 기원에 대한 질문에는 단 두 가지의 답만 존재한다. 스스로 생겨났거나, 그렇지 않고 누군가가 만들었거나이다. 만약 만물이 스스로 생겨났다면, 어떤 종류의 진화과정이 실제로 일어났어야만 한다. 만약 스스로 생겨나지 않았다면, 창조주가 있어야만 한다. 둘 중의 하나뿐이며 제3의 선택지는 없다.

무신론자는 "신은 없다"라는 맹목적인 믿음에서 시작한다. 이처럼 신이 없다는 전제를 가지고 우주, 지구, 다양한 생물들, 인간에 대한 논리적 해석과 설명은 다음과 같을 수밖에 없을 것이다.

가장 먼저 자연주의(Naturalism), 즉 모든 것이 자연적인 과정으로부터 나왔다고 믿을 것이다. 왜냐하면 근본적으로 신이나, 지적설계자가 없다고 가정했기 때문이다. 그렇다면 현재 우주에 존재하는 엄청난 복잡성이 처음부터 완성되어 있었다고 믿는 것은 한 마디로 불가능하다. 이들은 시간이 지나면서 물질 안에 무수히 많은 변화가 있었고, 단순함에서 복잡해지는 과정이 지금도 진행되고 있다고 생각할 것이다. 이런 과정에는 필수적으로 장구한 시간이 있어야 한다. 우주 안의 엄청난 만물의 다양성이 존재하기 위해서는 그 모든 과정이 일어나는 데에는 매우 오랜 시간이 필요하다고 생각하기 때문이다.

결국 무신론자에게 있어서 인간은 어쩌다 우연히 목적이나 방향도 없고, 누군가의 지시도 필요하지 않은, 자연의 우연한 과정들을 통해서 존재하게 되었다고 생각할 것이다. 그러므로 사람은 '먹이사슬'의 맨 꼭대기에 올라 있다는 것 외에 특별한 것이 없으며, 윤리나 도덕 같은 것들은 단지 자연적 발전 과정에서 도출된 일부일 뿐이고, 결코 절대적이지 않다고 생각할 것이다. 궁극적인 결론은 우리가 경험하는 모든 것들은 소위 "자가 창조(self creation)"로 말해질 수 있는 일련의 과정(진화)의 결과로 받아들이게 된다.

그러므로 진화론은 우리가 사는 이 세상을 무신론에 근거하여 논리적 철학적으로 설명하려는 이론에 불과하다. 생물학적, 지질학적, 화석학적 증거들이 어떠한지를 구체적으로 알아보기도 전에, 신이 없다는 맹목적인 믿음으로부터 파생된 것이다. 진화론적 출발점을 가진 사람은 관찰되는 모든 것을 이러한 관점으로 해석한다. 그리고 이러한 해석은 다시 그들의 믿음을 지지하면서 우주와 지구와 인류의 역사를 설명하는 데에 사용된다.

**진화론은 우리가 사는 이 세상을 무신론에 근거하여
논리적 철학적으로 설명하려는 이론에 불과하다.
신이 없다는 맹목적인 믿음으로부터 파생된 것이다.**

Q8. 진화론은 어떻게 시작된 이론입니까?

　　현대의 진화론과 수십억 년의 지구 연대 개념은 17~18세기의 반기독교적 '계몽주의'에 그 뿌리를 두고 있다. 이러한 개념의 창시자 대부분은 성경이 하나님의 말씀이라는 것을 믿지 않는 사람들이었다. 그들의 '신'은 성경의 하나님과 매우 달랐다. 지구의 연대가 매우 오래되었다는 개념과 함께, 제임스 허튼, 찰스 라이엘의 '동일과정설(uniformitarianism)', 찰스 다윈의 '진화론'이 등장하였다.

제임스 허튼은 현재 일어나고 있는 빈도와 크기의, 매우 느리고 점진적인 지질학적 과정만으로 지층암석을 해석해야 한다고 주장했다. 이신론자였던 찰스 라이엘은 "모세(성경)에게서 벗어난 자유로운 과학(지질학)"을 원했던 사람으로 동일과정설 개념을 더욱 발전시켰다. 다윈은 한때 신학을 공부했지만, 기독교를 떠나 이신론자 또는 회의론자가 되었다. 다윈은 찰스 라이엘의 영향을 많이 받았고, 반기독교적 이신론자이며 진화론자였던 할아버지 에라스무스 다윈(1731~1802)의 영향을 많이 받았다. 다윈의 진화론을 열렬히 지지했던 사람들로는 찰스 라이엘 외에도, 자칭 불가지론자인 토마스 헉슬리(Thomas Huxley), 악명 높은 사기꾼 에른스트 헤켈(Ernst Haeckel) 등이 있었다.

찰스 다윈의 이론은 과학적 관측만으로 제시된 것이 아니었다. 그의 친구이자 멘토였던 찰스 라이엘이 가진 이신론과 동일과정설적 세계관을 받아들인 후, 이러한 세계관에 일치하도록 데이터들을 해석했다. 이처럼 장구한 연대와 진화론 개념은 분명 반성경적이고, 반기독교적인 뿌리를 가지고 있다. 진화론은 사실로부터 생겨난 것이 아니며, 무신론이라는 출발점에서 시작한다는 것을 명심해야 한다. 진화의 증거라는 주장들은 진화론이라는 틀로 해석된 것일 뿐이다. 성경적인 관점에서 출발할 때, 이 세계에 보이는 것들은 진화론적 설명이 아니라, 오히려 하나님의 말씀이 가리키는 것과 정확히 맞아떨어진다.

진화론은 사실로부터 생겨난 것이 아니며,

무신론이라는 출발점에서 시작한다는 것을 명심해야 한다.

진화의 증거라는 주장들은 진화론이라는 틀로

해석된 것일 뿐이다.

Q9. 진화론의 영향으로 나타난 열매는 무엇입니까?

진화론의 영향으로 나타난 악한 열매들은 목록을 만들기 어려울 만큼 많다. 그것은 말할 수 없는 불행과 고통의 목록으로서 많은 국가와 사회, 그리고 수많은 사람이 악한 영향을 받았다. 과학 자체를 타락시켰으며, 과학 발전에 손상을 입혔다. 진화론의 개념은 세속적 인본주의의 기초가 되었다. 그것은 인본주의자들이 하나님의 존재를 부인하게 하고, 인간이 가지는 책임감을 부정하게 했다. 사람이 자신의 도덕적 표준을 스스로 정할 수 있게 하여,

각기 자기의 소견에 옳은 대로… (사사기 21:25)

살도록 만들었다.

진화론적 사상을 받아들이는 국가나 사회는 투쟁, 폭력, 살인, 가정 파탄, 음란, 낙태, 대량학살, 인종차별, 허무주의 등을 받아들이는 결과로 나아가게 되었다. 진화론은 수천만 명을 죽음으로 몰아넣었던 마르크스주의와 나치즘의 사상적 기초를 제공하였다. 이러한 학살에

는 중국 공산당에서 7,700만, 소련의 강제수용소에서 6,200만, 크메르 루즈의 킬링필드에서 200만, 나치즘에 의한 2,100만 명의 학살이 포함된다.

또한 진화론은 우생학(eugenics)이라는 가장 끔찍한 학문의 기초였다. 다윈의 사촌인 프랜시스 골턴(Francis Galton)이 제창한 우생학은 열등한 인종을 도태시키고 우수한 인종을 확보해야 한다는 '과학' 이론이었다. 우생학에 근거하여 히틀러는 수많은 장애인을 살해했고, 미국, 스웨덴, 독일 등에서는 수백만 건의 강제 불임시술이 시행됐다. 여러 종류의 인종차별주의가 생겨났고, 열등하다고 간주된 인종들에 대한 무자비한 제거가 실시됐다.

게다가 진화론은 많은 사람에게 신앙을 잃어버리거나, 믿음을 가지지 못하게 하였다. 과거 기독교 국가이었던 나라들에서 수많은 무신론자와 불가지론자가 생겨났고, 공산주의 혹은 세속적 인본주의가 우세하게 되었다. 기독교 가정에서 자란 자녀들이 진화론 교육을 통해 그들의 신앙을 잃어버렸다는 수많은 이야기가 전해진다. 진화론의 또 다른 열매는 "자유주의" 신학의 등장이었다. 자유주의 신학은 창세기를 역사가 아닌 신화로 폄하시켰다.

진화론적 사상을 받아들이는 국가나 사회는 투쟁, 폭력, 살인, 가정파탄, 음란, 낙태, 대량학살, 인종차별, 허무주의 등을 받아들이는 결과로 나아가게 되었다. 진화론은 많은 사람에게 신앙을 잃어버리거나, 믿음을 가지지 못하게 하였다.

Q10. 진화론이 나치즘의 뿌리였다는 것이 사실입니까?

유태인 대학살(Holocaust)과 같은 비극이 어떻게 세계에서 가장 문명화된 국가에서 발생할 수 있었을까? 이 극악무도한 대량학살을 수행하기 위해서는 많은 사람이 가담해야만 한다. 나치당(Nazi)의 공포스런 행위의 뿌리에는 진화론이 있었다. 진화론은 인간성의 고결함을 손상시켰다. 그리고 차례대로 생명의 존엄성을 약화시켰고, 자동적으로 점점 미끄러지면서 사회는 이제 어떤 부류의 사람들은 가치 없는 사람들이라고 간주해버리는 길로 들어서기 시작했다.

또한 다윈주의는 윤리와 도덕의 신성한 기초를 손상시켰다. 그래서 전통적인 도덕률은 도덕적 상대주의로 대체됐다. 반면 진화를 통한 발전한다는 개념은 최고의 선이 되었다. 따라서 병자와 장애인에 대한 기독교적인 긍휼함은 나약한 생각으로 치부되었고, 강자가 약자를 지배하여야 한다는 개념으로 대체되었다. 심지어 약자를 제거하는 것은 발전(진화)을 위해 친절한 일이라는 주장까지 나오게 되었다.

진화론적 적자(fitness) 개념은 개인뿐만이 아니라, 인종에도 적용되었다. 다윈 이전에 유럽 사람들에게는 아담과 하와의 후손이라는 기독교적 개념이 널리 퍼져있었기 때문에, 인종차별주의적 생각은 늘 거부됐다. 그러나 독일의 진화론적 인종차별주의자들은 피부색이 검은 흑인들을 유인원에 가까운 인종으로 격하시켜 버렸다. 이로 인해 1900년대 초에 아프리카에서 헤레로족의 대량학살이라는 무서운 결과를 가져왔다.

히틀러가 등장한 후, 나치의 정치 선동은 이러한 진화론적 사상을 대중들에게 확산 유포시켰다. '과거의 희생자(Victim of the Past, 1937)'라는 영화는 한 초라한 장애인을 보여주면서 이렇게 전하고 있었다. "자연에서 약한 자들은 불가피하게 소멸한다. 지난 세월 동안, 인류는 자연선택의 법칙에 위배되는 끔찍한 죄를 지어왔다. 우리는 살 가치가 없는 사람들을 살아갈 수 있도록 해줬을 뿐만이 아니라, 그들이 후손을 낳는 것도 허용해왔다! 이런 약한 자들의 후손은 바로 이렇게 생겼다!"

다윈주의는 윤리와 도덕의 신성한 기초를 손상하고
전통적인 도덕률은 도덕적 상대주의로 대체됐다.
히틀러가 등장한 후, 나치의 정치 선동은 이러한 진화론적 사상을
대중들에게 확산 유포시켰다.

Q11. 진화론과 기독교는 양립할 수 있습니까?

진화론과 타협한 유신진화론자들은 진화론과 기독교는 양립할 수 있다고 열렬히 선전하고 있다. 그러나 그것이 사실이라면, 왜 무신론자들은 하나님에 대한 믿음을 깎아내리기 위해서, 그리고 진화론과 수십억 년이라는 연대를 선전하기 위해서, 그렇게 많은 시간과 노력을 기울이고 있는가? 그렇다면 왜 선도적인 진화론자들은 기독교를 믿지 않는가? 진화론에 대한 비판을 막기 위한 조직은 왜 그렇게도 반기독교적인가? 그리고 정말로 성경은 그렇게 말하고 있는 것인가? 과연 유신진화론자들은 모든 문제에 있어서 성경의 권위를 인정하는 기독교인인가?

코넬대학의 생물학자이며 무신론자인 윌리엄 프로빈은 진화론과 양립하는 기독교 신앙이란 무신론과 구별되지 않는다고 인정하였다. 켄터키주 남침례교 신학대학의 총장 알버트 몰러는 다음과 같이 말했다. "진화론이 어떤 신에 대한 믿음과 조화될 수는 있어도, 창세기의 첫 번째 장을 포함하여 성경에 자신을 계시하셨던 하나님과 조화될 수 없다." 진화론은 기독교 신앙을 무신론으로 대체하고 싶은 사람들의 신화일 뿐이다. 진화론은 명백히 하나님을 배제하기 위해 생겨난 이론이다. 진화론자이며 과학철학자인 마이클 루스조차도 이렇게 말했다. "진화론은 성경적 기독교와 양립될 수 없다."

진화론을 믿고 있는 사람들의 논리는 다음과 같다. "나는 창조주 하나님을 믿고 싶지 않다. 내가 살아가는 데에, 누구의 간섭도 받고 싶지 않다. 진화론은 유일한 대안이므로, 진화론이 어떠하든 그것을 믿을 것이다." 진화론과 기독교 신앙이 양립될 수 있다고 말하는 유신진화론자들의 기본적인 희망은 세상 사람들로부터의 비난과 조롱을 피하고 싶다는 것이다. 그러나 리처드 도킨스가 유신진화론자들을 비판하는 글에서처럼 그것은 '헛된 희망'이다.

진화론은 기독교 신앙을 무신론으로 대체하고 싶은 사람들의 신화일 뿐이다.
진화론은 명백히 하나님을 배제하기 위해 생겨난 이론이다.
진화론과 기독교 신앙이 양립될 수 있다고 말하는
유신진화론자들의 기본적인 희망은 세상 사람들로부터의
비난과 조롱을 피하고 싶다는 것이다.

Q12. 왜 창조-진화 논쟁에 대해 배워야 합니까?

많은 기독교인이 창조-진화 논쟁에 대해서 "관심 없어, 그런 논쟁이 나에게 영향을 미치지도 않잖아, 난 과학에 별로 흥미가 없어"라고 말하고 있다. 그러나 그들의 가족 중에 학생이 있지 않은 가? 그 아이들이 과학 시간에 어떤 교육을 받고 있는지 생각해본 적이 있는가? 많은 사람이 놓치고 있는 핵심은 바로 "창조-진화 논쟁"이 인류의 처음 시작 때부터 있었던 커다란 전쟁 중의 한 모습이라는 것이다. 이 전쟁은 "하나님에 대항하는 오래된 전쟁"이라 불려왔다. 그리고 지난 2세기 동안 그 전쟁의 주요 격전지는 유물론 대 유신론이었다. 이 두 종류의 철학적 믿음이 각각 진화론과 창조론의 기초가 된다.

만약 당신이 교회를 정상적으로 다니고 있다면, 하나님이 이 세상을 창조하셨다는 사실을 믿을 것이다. 하지만 성경에 대해 어떤 부분은 사실이고, 어떤 부분은 사실이 아니라고 믿고 있을 수도 있다. 왜냐하면 당신은 학교에서 진화론 교육을 받으며 자랐고, 잡지, 인터넷, TV 등 많은 미디어를 통해 진화론에 근거한 과학 뉴스들을 듣기 때문이다.

만약 당신이 학생이라면, 과학, 사회, 역사 등 어느 수업이든지 진화론과 관련된 내용을 배우고 있을 것이다. 그리고 당신이 교회 학교나 기독교 가정에서 교육을 받았다면, 부모님이나 교회의 선생님에게 배운 내용과 학교에서 배운 내용 사이의 차이 때문에 궁금해했던 적이 있었을 것이다.

만약 당신에게 학생인 자녀가 있으면서, 성경의 가르침에 대한 강한 신념이 있다고 생각한다면, 창조-진화 논쟁에 날카로운 관심을 가지기 바란다. 왜냐하면 이 논쟁 때문에 당신의 자녀가 교회를 떠나는 원인이 될 수 있기 때문이다.

만약 당신이 과학 분야에서 일하고 있거나 과학에 흥미가 있다면, 진실이 무엇인지 알아보고 싶지 않은가? 폐기된 자연발생설에 기초하고, 유전적 복제 오류인 무작위적 돌연변이들로 막대한 양의 유전정보들이 우연히 생겨나서 모든 동식물이 생겨났다는 이상한 이론이 과학 시간에 가르쳐지고 있는 이유가 궁금하지 않은가?

많은 기독교 교리가 창세기에 기초하고 있다. 성경은 "태초에 하나님이 천지를 창조하시니라"는 말씀으로 시작한다. 창세기는 하나님의 천지창조와 전 지구적 홍수에 대해 기록하고 있다. 만약 하나님의 창조가 실제로 발생한 사건이 아니며, 천지만물이 진화로 생겨난 것이라면, 이런 주장은 기독교의 기초를 붕괴시키는 것이다. 예수님께서도 진화가 아닌 창조를 믿고 계셨다. 또한 예수님은 하나님의 심판이었던 전 지구적 노아의 홍수를 믿고 계셨다. 예수님께서 그런 사실들을 믿으셨다면, 우리도 그렇게 믿어야 하지 않겠는가?

성경은 "태초에 하나님이 천지를 창조하시니라"는 말씀으로
시작한다. 창세기는 하나님의 천지창조와 전 지구적 홍수에 대해
기록하고 있다.
만약 하나님의 창조가 실제로 발생한 사건이 아니며, 천지만물이
진화로 생겨난 것이라면, 이런 주장은 기독교의 기초를
붕괴시키는 것이다.
예수님은 하나님의 심판이었던 전 지구적 노아의 홍수를 믿고
계셨다. 예수님께서 그런 사실들을 믿으셨다면,
우리도 그렇게 믿어야 하지 않겠는가?

Q13. 성경과 과학이 충돌하는
경우 어떻게 해야 합니까?

성경 어느 곳에서도 수십억 년, 수천만 년에 대한 개념은 찾아볼 수 없다. 노아 홍수가 역사적 사실이라면 두꺼운 퇴적지층에 부여된 수억 수천만 년의 연대는 사라진다. 하지만 오늘날의 기독교인들은 성경이 진화론적 과학과 상충될 때, 성경보다 세속적 과학을 우위에 두는 경우가 많다. 안타깝게도 스스로 기독교인이라고 말하는 사람들 중에서 다수가 성경을 왜곡하는 데 가담하고 있다. 심지어 예수님과 사도들이 한 말씀도 진화론과 다를 경우, 그 이론에 꿰맞추려고 말씀을 왜곡하고 있다. 베드로는 다음과 같이 경고하였다.

> 그 중에 알기 어려운 것이 더러 있으니 무식한 자들과 굳세지 못한 자들이 다른 성경과 같이 그것도 억지로 풀다가 스스로 멸망에 이르느니라 그러므로 사랑하는 자들아 너희가 이것을 미리 알았은즉 무법한 자들의 미혹에 이끌려 너희가 굳센 데서 떨어질까 삼가라 (베드로후서 3:16~17)

성경이 오늘날 대부분 과학자의 의견과 불일치할 때 어떻게 해야 하는가? 성경을 믿어야 한다. 그것이 우리가 할 일이다. 사람의 이론이 하나님의 말씀과 상충될 때, 하나님의 말씀을 따라가는 것이 더 현명한 길이다. 오늘날 수천 명의 과학자가 최근 창조와 젊은 지구 및 우주를 확실하게 믿고 있으며, 숫자는 점점 증가하고 있다.

또한 대진화가 불가능함을 보여주는 수많은 증거와 장구한 연대가 허구임을 가리키는 과학적 데이터들이 빠르게 증가하고 있다. 창조 지질학자들은 전 지구적 대격변이 있었다는 과학적 증거들을 빠르게 찾아내고 있다. 방사성동위원소 연대측정에 사용되는 가정(assumptions)들은 맞는지 안 맞는지 입증될 수 없다. 기독교인들은 세속 과학에 흔들리지 말고, 성경 말씀을 굳게 붙들어야 할 것이다.

오늘날의 기독교인들은 성경이 진화론적 과학과 상충될 때,
성경보다 세속적 과학을 우위에 두는 경우가 많다.
성경이 오늘날 대부분 과학자의 의견과 불일치할 때 어떻게 해야
하는가? 성경을 믿어야 한다. 그것이 우리가 할 일이다.
기독교인들은 세속 과학에 흔들리지 말고, 성경 말씀을 굳게
붙들어야 할 것이다.

Q14. 스코프스 재판이 진화론의 확산에 기여했다는 것이 사실입니까?

        일명 '원숭이 재판(Monkey Trial)'이라고 불리는 스코프스 재판(Scopes Trial)은 진화론과 창조론 간의 역사적으로 가장 유명한 전투 중 하나였다. 1925년 미국 테네시주의 공립학교 교사인 존 스코프스는 테네시주가 금지하고 있던 진화론을 학생들에게 가르친 일로 인해 법정에 서게 되었다. 이 법정에서의 싸움은 서로의 입장을 옹호하는 두 명의 거장들의 싸움으로 이어지게 되었다. 창조론을 대변했던 사람은 민주당 대통령 후보를 했던 윌리엄 제닝스 브라이언이었고, 진화론을 대변했던 사람은 유명한 변호사이며 이성주의자였던 클라렌스 대로우였다. 그는 불가지론자였고 이 싸움을 기독교를 공격하기 위한 기회로 삼았다. 그는 기독교 신앙이 재판을 받게 유도했고, 기독교 신앙이 웃음거리가 되도록 교묘히 논쟁을 이끌었다.

브라이언은 "가인의 아내는 누구인가?"라는 대로우의 질문에 대답하지 못했다. 그리고 그는 자신이 문자적인 6일 창조를 믿고 있지 않으며, 수백 수천만 년의 지구 나이를 받아들이고 있음을 인정했다. 대로우는 자신의 승리를 예감했다. 왜냐하면 라디오 중계로 법정 중계를 듣던 전 세계의 청중들 앞에서 기독교인이 성경의 역사를 방어하지 못하며, 성경을 기록된 말씀 그대로 받아들이지 않고, 오래된 연대와 같은 세상적인 가르침을 인정하도록 했기 때문이었다. 결국 브라이언이 의도하지는 않았지만, 이 재판을 통해 성경의 권위가 손상되고 세속적인 철학이 문화와 교육계에 널리 퍼지도록 하는 길을 열었다.

슬프게도 오늘날 대부분의 기독교인들도 브라이언처럼 성경의 평범한 말씀들을 역사로 받아들이기를 거부하고 세상적인 가르침을 받아들이고 있다. 스코프스 재판에서 진화의 증거로 제시됐던 흔적기관, 헤켈의 배아, 자바인, 필트다운인, 네브라스카인 등은 그 이후에 사기거나 허구였음이 밝혀졌지만, 당시에는 이 가짜 증거들로 인해 진화론은 과학적인 것으로 위장되었고, 대대적으로 선전되었으며, 결국 기독교 신앙의 쇠퇴와 함께 과학, 교육, 문화, 예술, 사회, 종교 등 모든 분야에서 진화론은 막강한 영향력을 끼치게 되었다.

이 재판을 통해 성경의 권위가 손상되고 세속적인 철학이 문화와 교육계에 널리 퍼지도록 하는 길을 열었다.

2
생명은
자연발생될 수 없다!

생명체가 무기물로부터 우연히 생겨났다는 자연발생설은 진화론의 기초이다. 그러나 가장 작은 미생물도 수많은 구성 화학물질들과 유전정보를 갖고 있다. 그것들이 모두 동시에 우연히 생겨나서 정교하게 조직되어야 한다. 생명체의 자연발생이 불가능함을 보여주는 많은 과학적 이유가 있다.

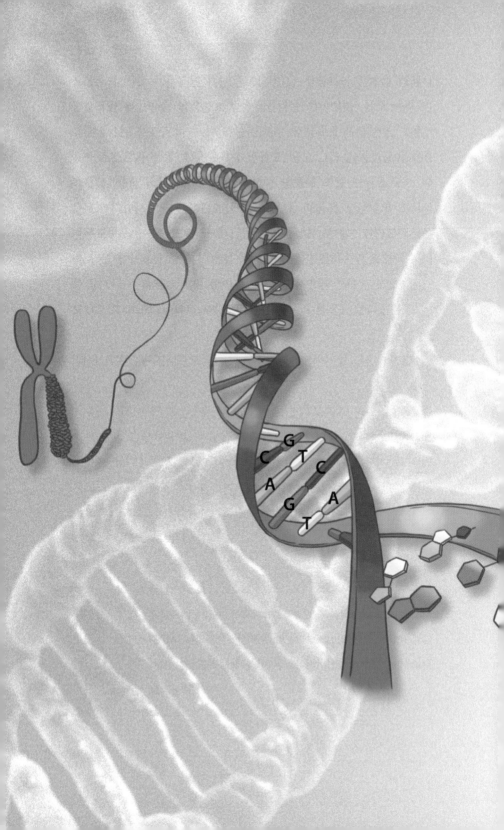

Q1. 생명의 자연발생설은 과학적으로 틀린 주장입니까?

  진화론은 잘못된 이론에 기초하고 있다. 과학적으로 암흑시대였던 과거, 미신적인 믿음 중의 하나가 '자연발생설'이다. 썩은 식물이나 동물의 배설물에서 바퀴벌레, 쥐, 구더기 같은 것들이 저절로 생겨날 수 있을까? 아리스토텔레스와 같은 유명한 사상가를 포함하여 많은 사람들이 오랫동안 그렇다고 믿어 왔다. 밀가루가 오래되면, 그곳에서 벌레들이 생겨날 수 있다는 생각이었다. 그 개념은 '자연발생설(spontaneous generation)'이라고 불렸으며, 19세기 중반까지 사실로 취급되었다. 그러나 이러한 미신은 진실이 아니었다. 창조론자인 루이 파스퇴르(1822~1895)는 "생명은 반드시 생명으로부터 온다"라는 것을 입증했다. 그 사실에 대한 과학적인 이름은 '생물속생설(biogenesis)'이다. 그는 백조목 플라스크 실험이라는 유명한 실험을 통해 생명의 자연발생설을 기각시켰다.

그러나 오늘날 많은 진화 과학자들은 파스퇴르의 증명 이후 지속적으로 동일한 과학적 관찰이 있음에도 불구하고, 여전히 자연발생설을 믿고 있다. 그 이유는 자연발생설이 진화론의 기초이기 때문이다.

진화론자들은 최초의 생명체가 원시 스프라 불리는 따뜻한 작은 연못이나 깊은 바닷속 열수분출구 같은 곳에서 우연히 탄생했을 것이라 말한다. 그러면서 어떻게 그런 일이 일어날 수 있었는지에 대해서는 '미스터리'라고 말한다.

오늘날 많은 진화 과학자들은 파스퇴르의 증명 이후 지속적으로 동일한 과학적 관찰이 있음에도 불구하고, 여전히 자연발생설을 믿고 있다.

그 이유는 자연발생설이 진화론의 기초이기 때문이다.

Q2. 살아있는 생명체가 생겨나려면 어떤 일이 필요합니까?

살아있는 생명체가 우연히 생겨나기 위해서는 필수적인 수천 종류의 화학물질들이 모두 한꺼번에 우연히 만들어졌어야 한다. 생명체 내의 모든 세포기관들과 구성 물질들이 맨 처음에 순간적으로 모두 다 있어야만 한다. 그렇지 않다면 구성 물질들은 곧바로 분해되어버릴 것이다. 즉, 디옥시리보오스, 리보오스, 사탄당, 육탄당, 칠탄당, 다양한 푸린, 피리미딘, 지질, 수백 종의 단백질, 효소, 기타 물질들이 모두 우연히 만들어져서 동시에 존재해야 한다.

생명체에서 발견되는 극도로 복잡한 화학물질들의 섞여 있는 장소는 자연 속에서 발견되지 않는다. 진화론자들은 생명체의 구성 물질들이 우연히 만들어지기에 적합한 장소, 즉 화학물질들이 풍부히 혼재된 곳을 발견하기 위해서 온 지구를 찾았다. 그러나 그러한 장소는 없었다. 그러한 곳은 자연에 결코 존재하지 않는다. 생명체에서 발견되는 수없이 다양한 구성 물질들을 발견할 수 있는 유일한 장소는 화학 실험실뿐이다. 고도로 훈련된 연구원들과 매우 훌륭한 최첨단 장비들과 특급 시약들이 준비된 실험실에서도 아직까지 생명체를 만들어 낼 수 없었다. 그런데 어떻게 자연에서 우연히 모든 생명체에 필요한 유기물질들이 모두 동시에 우연히 만들어질 수 있었단 말인가?

고도로 훈련된 연구원들과 매우 훌륭한 최첨단 장비들과
특급 시약들이 준비된 실험실에서도 아직까지 생명체를
만들어 낼 수 없었다.
어떻게 자연에서 우연히 모든 생명체에 필요한 유기물질들이
모두 동시에 우연히 만들어질 수 있었단 말인가?

Q3. 생명체를 구성하는 단백질이 우연히 만들어질 수 있습니까?

가장 작고 간단한 세포는 원핵생물로 일반적으로 핵이 없거나 원시적인 핵을 가지고 있다고 간주되는 세균과 고세균들이다. 가장 단순한 생명체 중 하나로 알려진 마이코플라즈마(Mycoplasma genitalium)에서 생명력을 가지는 데에 필요한 최소한의 유전자 세트가 어느 정도인지가 조사되었다. 그 결과 마이코플라즈마가 생명력을 가지는 데에 필수적인 단백질이 387개이었다. 연구자들은 "우리가 발견한 필수적인 387개의 단백질 암호 유전자들은, 하나의 최소 유전체(a minimal genome)를 구성하기 위해 얼마나 많은 유전자가 필요한가에 대한 이론적인 예측을 상당히 뛰어넘는다."고 말했다. 즉, 가장 단순하다는 생명체라도 우연히 생겨나기 위해서는 수백 개의 단백질과 이들을 만들 수 있는 아미노산 서열에 대한 암호가 저장된 유전자들이 모두 우연히 동시에 생겨났어야만 한다.

수학자들의 계산에 의하면 가장 단순한 단백질 하나가 우연히 발생할 확률이 1/10의 130승 정도로 본다. 참고로 수학자들은 1/10의 50승 보다 낮은 확률은 실제로 일어날 가능성이 없다고 본다. 단백질 하나가 우연히 생겨날 확률도 이렇게 낮은데, 수백 개의 단백질이 모두 우연히 자연적 과정으로 생겨나고, 이 정보를 후대에 물려줄 유전자가 모두 우연히 생겨날 확률은 완전히 제로인 것이다. 게다가 최초의 생명체가 존재했더라도 자신을 복제하여 후손을 낳을 수 있어야 한다. 즉, DNA의 완벽한 복제를 위해 사용되는 특수한 단백질들, 효소들, 지방들도 모두 우연히 생겨나야 한다. 그리고 DNA 오류를 복구할 수 있는 수선 메커니즘과 이와 관련된 물질들도 모두 우연히 생겨나야 한다.

한 종류의 단백질 하나가 우연히 자연 발생하는 일이 얼마나 확률적으로 불가능할지를 생각해보라. 첫 번째 단백질과 조화되는 두 번째 단백질이 우연히 생겨날 확률은 더욱 낮아진다. 상상해보라! 이렇게 수백의 단백질과 유전자들이 자연적인 과정으로 우연히 생겨날 수 있었을까? 이것은 진화론이 결코 넘을 수 없는 어마어마한 장벽이다.

한 종류의 단백질 하나가 우연히 자연 발생하는 일이 얼마나 확률적으로 불가능할지를 생각해보라.
이것은 진화론이 결코 넘을 수 없는 어마어마한 장벽이다.

Q4. 생명체에만 존재한다는 L-형 아미노산이란 무엇입니까?

생명체를 이루는 단백질의 구성요소 단위는 아미노산이다. 아미노산에는 L-형(left-handed)과 D-형(right-handed)의 2종류가 있는데, 생명체에는 오직 L-형의 아미노산만 있다. 불가능하지만 그래도 만일 원시지구의 자연 상태에서 우연히 아미노산들이 만들어졌다 하더라도, 여기에는 L-형과 D-형이 골고루 혼합되어 있었을 것이다. 그렇다면 생명체가 되기 위해서는 이들이 우연히 분리되어 L-형만 모이는 과정이 있었어야만 한다. 그러나 자연 속에서 이러한 분리 메커니즘은 발견되지 않는다.

또한 살아있는 생명체에 있는 당(sugar)들은 모두 D-형이다. 자연적으로 당이 생겨났다면 동일한 비율로 L-형과 D-형의 당들이 생겨났을 것이다. 이처럼 무작위적 자연 과정으로는 D-형의 당만 분리하여 생명체를 만들어 낼 수 없다. 또한, DNA와 RNA 같은 유전물질들은 뉴클레오티드(nucleotides)들로 구성되어 있는데, 살아있는 생물체에서 뉴클레오티드는 모두 D-형이다. 뉴클레오티드는 생체 밖에서는 거의 형성되지 않지만, 아주 아주 드물게라도 우연히 뉴클레오티드가 형성되었더라도 L-형과 D-형이 섞였을 것이다. 이렇게 불가능한 확률로 유전정보가 생겨났더라도, 그 정보는 결코 후대로 전해질 수 없다. 왜냐하면 만약 어떤 단백질 내에 단 하나의 D-형 아미노산이 섞여 있거나, 어떤 DNA나 RNA 내에서 단 하나의 L-형 당이 섞여 있다면, 모든 생물학적 활동은 파괴되기 때문이다. 원시지구에서 올바른 형태의 아미노산과 당을 선택할 수 있는 이용 가능한 메커니즘이 존재할 수 없었을 것이라는 사실 하나만으로도 진화론은 완전히 무효가 된다. 진화론자들은 이 문제를 인식한 이래로 이 딜레마와 씨름해왔지만, 아직까지 그 어떠한 해결방법도 찾지 못하고 있다.

원시지구에서 올바른 형태의 아미노산과 당을 선택할 수 있는 이용 가능한 메커니즘이 존재할 수 없었을 것이라는 사실 하나만으로도 진화론은 완전히 무효가 된다.

Q5. 단백질이 우연히 생겨났다고 해도 생명체를 만들어 낼 수 없다는 것은 어떤 의미입니까?

생명체에 필요한 화학물질들이 우연히 생겨 존재했다 할지라도, 그들은 즉각적으로 서로 다른 화학물질과 반응하여 침전되었을 것이다. 여전히 불가능하지만 만일 단백질 중 하나가 우연히 형성됐다 하더라도, 즉각적으로 물이나 다른 화학물질들과 재결합되어 소멸될 것이다. 특히 효소들은 우연히 생겨났다 하더라도 즉시 파괴되었을 것이다.

지방산은 살아있는 생명체에서 매우 중요한 물질이다. 그러나 과학자들은 지방산이 어떻게 자연에서 우연히 만들어질 수 있었을지 추측조차 못 한다. 많은 당, 핵산, 다른 화학물질들은 어떻게 자연에서 무기물로부터 우연히 저절로 만들어질 수 있는지 아무도 모른다. 그리고 생명체를 만드는데 필요한 수많은 화학물질이 우연히 만들어졌었더라도, 다음 단계에서 바로 침전하기 시작했을 것이고, 다른 화학물질들과 결합을 시작했을 것이다. 예를 들면 지방산들은 마그네슘, 또는 칼슘과 결합했을 것이고, 아르기닌(아미노산의 일종), 엽록소, 포피린 등은 점토에 흡착됐을 것이다. 또 하나 생명체 내에서 많은 화학물질은 서로 분리되어 있어야만 한다. 그렇지 않으면 그들은 서로를 파괴할 것이다.

생명체 내에서 많은 화학물질은 서로 분리되어 있어야만 한다.
그렇지 않으면 그들은 서로를 파괴할 것이다.

Q6. 세포 속 주요 성분인 RNA나 DNA가 우연히 생겨날 수 있습니까?

창조론자들은 종종 비과학적인 사람들이라 비난당한다. 진화론자들은 창조를 찬성하는 어떠한 증거도 없다고 주장한다. 하지만 과학 연구들은 살아있는 생물들의 경이롭고 복잡한 모습들을 계속해서 밝혀내고 있다. 한 진화론자는 이렇게 말한다. "DNA 이중나선 구조의 고상한 물결 모양 패턴은 부글부글 끓던 원시스프에서의 무작위적 화학반응의 결과이다. 어떻게 자연이 DNA 분자들과 RNA 분자들을 만들 수 있었는지는 풀리지 않는 가장 커다란 과학적 미스터리이다." DNA의 이중나선 구조는 숙련되고 지혜로운 조각가에 의해 만들어진 것처럼 보이는 특징들을 담고 있다. 그렇지만 진화론자들은 분명히 보이는 DNA의 우아하고 고상한 형태를 부글부글 끓는 원시 스프 탓으로 돌리고 있다.

세계 최고의 생화학자들이 최신의 실험 장비들과 특급 시약들, 막대한 연구자금과 시간을 들이고도 못 만드는 것을, 부글부글 끓는 원시 스프나 해저열수구가 만들어냈단 말인가! 이와 관련한 많은 시뮬레이션과 실험이 수행되었다. 그러나 어떤 실험도 DNA와 RNA가 만들어지는데 필요한 디옥시리보오스와 리보오스 당 분자 하나도 만들어내지 못했다. 어떠한 생화학자도 DNA와 같이 미세하고 복잡한 분자를 만들 때, '무작위적 화학반응'을 시도하지 않는다. 그것은 아무리 많은 시간이 주어진다고 하더라도 완전히 시간 낭비이다. DNA와 RNA의 기원이 '풀리지 않는 가장 커다란 과학적 미스터리'로 남아있다면, 초자연적인 설명의 문이 열려있음을 기억하라.

- - - - -

어떤 실험도 DNA와 RNA가 만들어지는데 필요한 디옥시리보오스와 리보오스 당 분자 하나도 만들어내지 못했다. DNA와 RNA의 기원이 '풀리지 않는 가장 커다란 과학적 미스터리'로 남아있다면, 초자연적인 설명의 문이 열려있음을 기억하라.

- - - - -

Q7. DNA 내에 들어 있는 유전정보들의 기원은 무엇입니까?

모든 생물은 세포로 구성되어 있고, 각 생물의 형태, 기관, 기능, 번식… 등에 필요한 모든 정보가 DNA 안에 들어있다. 이러한 유전정보는 다윈의 시대에는 전혀 알려지지 않았다. 정보는 물질이 아니다. 우리의 몸을 구성하는 60조~100조 개의 작은 세포 하나에는 수천 권의 책에 해당하는 막대한 양의 암호화된 유전정보가 들어있다. 이 정보들은 어디에서 왔는가? 정보가 자연적 과정으로 우연히 저절로 생겨나는 일은 전혀 관측되지 않는다. 윈도우나 오피스와 같은 컴퓨터 프로그램들은 저절로 우연히 생겨나지 않았다. 그 정보들은 사람들이 설계하여 만들었다.

이와 마찬가지로 살아있는 생명체에 들어 있는 유전 프로그램들도 저절로 우연히 생겨나지 않았다. 이 역시 누군가에 의해서 설계되고, 입력되었다고 말하는 것이 과연 비과학적인 생각인가? 수년 전에 국제적 과학교육 재단인 '생명의 기원 재단'은 유전암호가 어떻게 자연적인 과정으로 생겨날 수 있었는지 설명할 수 있는 사람에게 1백만 달러의 상금을 주겠다고 공개적으로 제안했다! 그러나 지금까지 상금을 받아 간 사람이 없다. 게다가 DNA는 단백질에 의해서 만들어지고, 단백질을 만드는 유전정보는 DNA 안에 들어있다. 따라서 DNA와 단백질들은 동시에 생겨났어야만 할 텐데, 이것은 더욱 불가능한 일이다.

살아있는 생명체에 들어 있는 유전 프로그램들도 저절로 우연히 생겨나지 않았다. 누군가에 의해서 설계되고, 입력되었다고 말하는 것이 과연 비과학적인 생각인가?

Q8. 물이 생명체가 우연히 생겨나기 위해 필수 요건 이라는 설명이 맞습니까?

      진화론에서는 생명체가 저절로 발생할 수 있는 장소를 따뜻한 바닷물(해저열수구 근처)이라고 말하고 있다. 그러나 생명체에 필요한 화학물질들의 대부분은 물이 있는 환경에서 발견되지 않는다. 생명체에 필요한 화학물질들이 풍부하게 존재하는 바닷물은 발견되지 않았다. 바닷물은 여러 화학물질을 함유하고 있지만, 그 농도는 극히 낮다. 즉 바닷물은 너무 희석되었기에 유용하게 사용될 수 없다.

생명체에서 발견되는 엄청나게 많은 화학물질 전부가 바닷물 속에 들어 있지 않다. 그래서 실험실에서 연구자들은 대부분의 작업에서 물이 아닌 다른 용매들을 사용한다. 연구자들은 아미노산을 합성하기 위해서, 바닷물은 물론이고 수돗물이나, 증류수도 사용하지 않는다. 게다가 그들이 만든 아미노산들은 항상 죽은 것이었고, 누구도 생명체로 만들거나, 생명체 안으로 끼워 넣지 못했다. 단백질, 지방,

당, 핵산은 물이 완전히 배제되었을 때만 존재한다. 그러므로 생명체에 필요한 화학물질들은 물이 있는 곳에서는 자연적인 과정을 통해 우연히 만들어질 수 없다.

진화론에서는 생명체가 저절로 발생할 수 있는 장소를 따뜻한 바닷물(해저열수구 근처)이라고 말하고 있다.
그러나 생명체에 필요한 화학물질들의 대부분은 물이 있는 환경에서 발견되지 않는다.

Q9. 산소가 있는 곳에서는 생명체가 발생할 수 없다는 것은 무슨 뜻입니까?

현재의 대기는 질소 78%, 산소 21%, 그리고 이산화탄소, 아르곤, 수증기 등과 같은 1% 미만의 다른 기체들로 이루어져 있다. 그런데 대기 중에 산소가 포함된 상태에서는 생명체가 자연적으로 발생하는 데 치명적인 영향을 끼칠 것이다. 산소는 생명체에게는 필수적인 기체이지만, 생명체의 기원에 필요하다고 여기는 모든 유기분자를 산화시켜 파괴해버릴 것이다. 즉 무생물로부터 생명체가 우연히 만들어지는데 가장 큰 장해물은 산소의 존재이다. 생명체 안에 있는 화학물질들은 산소가 포함된 대기 중에 노출되었을 때 분해된다. 다시 말하면 바로 산화되어 버린다.

산소가 존재하는 환경에서는 아미노산은 서로 연결될 수 없기 때문에, 아미노산의 중복결합 결과물인 단백질 역시 우연한 화학반응으로 만들어질 수 없다는 의미이다. 이런 이유로 진화론자들은 원시 지구의 초기 대기 중에는 산소가 없었다고 주장하는 것이다. 그러나 살아있는 생명체는 지속적인 산소의 공급 없이는 살아갈 수 없다. 따라서 산소가 있다면 생명체가 발생할 수 없고, 산소가 없다면 생겨난 생명체가 살아갈 수 없다. 그러나 육지나 바다 밑 지구 암석의 화학 성분을 조사한 결과, 가장 초기의 화석들이 형성되기 이전부터 지구에 산소가 존재했다는 사실이 드러났다.

사실 원시 지구의 대기 중에 산소가 없었을 것이라는 주장은 진화론적 생명의 기원에 있어서 치명적이다. 만약 산소가 없었다면, 지구를 둘러싸서 보호해 주는 오존층도 없었을 것이기 때문이다. 그렇게 되면 태양으로부터 나오는 매우 파괴적인 자외선은 지구 표면에 그대로 쏟아져 내려, 생명체에 필요한 유기분자들이 아무리 우연히 만들어졌다 하더라도 즉시 파괴해버렸을 것이다. 따라서 진화론은 해결할 수 없는 다음과 같은 딜레마에 직면하게 된다. "산소가 있다면 생명체가 생겨날 수가 없고, 산소가 없다면 오존층도 없어서 생명체가 진화하거나 존재할 수가 없다."

진화론은 해결할 수 없는 딜레마에 직면하게 된다.
"산소가 있다면 생명체가 생겨날 수가 없고, 산소가 없다면
오존층도 없어서 생명체가 진화하거나 존재할 수가 없다."

Q10. DNA 내의 복구 메커니즘이 우연히 생겨날 수 있습니까?

DNA를 비롯해서 전령 RNA, 운반 RNA, 리보솜 RNA는 자외선, 활성산소, 알킬화제, 물 등 다양한 요인들에 의해서 파괴되고 있다. 사람에게는 130여 개의 DNA 복구 유전자들이 존재한다고 알려져 있으며, 앞으로 더 많이 발견될 것으로 예상된다. 만약 이러한 DNA 복구 시스템이 없다면, 다양한 이유로 손상되는 DNA로 인한 불안정성은 세포와 유기체에 치명적인 문제가 될 것이다. 심지어 물도 DNA를 손상시키는 요인 중 하나라는 사실에 주목할 필요가 있다. 만약 DNA가 지구상에 어떻게든지 우연히 생겨났다고 하더라도, 물과 그 속에 녹아 있는 수많은 화학물질은 매우 빠르게 DNA를 파괴했을 것이다. 따라서 DNA 복구 유전자들이 함께 우연히 만들어졌어야만, 원시 지구상에서 존재했을 수많은 DNA 파괴 요인의 혹독한 공격으로부터 DNA를 복구하며 지켜낼 수 있었을 것이다. 이것은 진혀 불가능해 보인다.

－－－－－

DNA 복구 유전자들이 함께 우연히 만들어졌어야만,

원시 지구상에서 존재했을 수많은 DNA 파괴 요인의 혹독한

공격으로부터 DNA를 복구하며 지켜낼 수 있었을 것이다.

이것은 전혀 불가능해 보인다.

－－－－－

Q11. 밀러의 실험이 자연발생설을 입증했다는 것이 사실입니까?

1920년대에 오파린과 할데인은 원시 지구 대기에 포함되어 있던 가스들이 번개에 의해 화합물들을 생성했으며, 그것들이 바다에 녹아 어떤 뜨겁고 희석된 스프 형태가 되어 최초의 세포가 생겨날 수 있었다는 가설을 세웠다. 이 가설은 많은 과학자를 고무시켰지만, 1950년대 초까지 증명되지 않은 하나의 가설로 남아 있었다. 시카고대학의 대학원생이었던 스탠리 밀러는 그의 지도교수 헤럴드 유리와 함께, 가설 속 원시 지구 대기를 흉내 낸 장치를 만들어 실험했다. 그는 냉각장치를 갖춘 플라스크와 시험관에 암모니아, 메테인, 수소, 물을 넣고 전기 스파크를 지속적으로 가했다. 1주일 후에 어둡고 붉은색의 혼합물을 얻었는데 그 속에 일부 아미노산들이 포함된 것을 발견했다. 그 실험은 과학계에 엄청난 파장을 일으켜 생명체가 무기물로부터 우연히 생겨날 수 있다는 자연발생설을 부활시키면서, 진화론자들에 의해 대대적으로 선전되었다. 곧 고등학교와 대학교의 생물학 교과서에 생명의 기원에 대한 첫 단계를 설명하는 실험으로 실리게 되었고, 진화론의 상징물이 되었다. 그러나 이 실험은 다음과 같이 많은 문제점을 가지고 있었다.

- 생겨난 아미노산들은 생명체의 필수 아미노산 중 일부에 불과했으며, L-형과 D-형이 혼합되어 있었다. 따라서 생명체와는 전혀 상관없는 것이었다.

- 단백질이 만들어진 것이 아니었다. 생명체 내의 단백질은 수백 개 이상의 L-형 아미노산들이 정확한 순서에 따라 3차원적으로 결합되어야 한다. 또한 당, 핵산, 지질 등 생명체에 필요한 다른 수많은 구성 물질 역시 전혀 생겨나지 않았다.

- 실험에서 철저히 산소를 배제했다. 산소가 있었다면 유기물질들은 무기물로부터 자연적 과정으로 만들어질 수 없다.

- 실험에 사용한 냉각장치가 자연에서는 존재하지 않는다. 냉각장치가 없다면 생겨났던 아미노산들도 빠르게 분해될 것이다.

- 사용된 실험의 모든 재료와 과정은 밀러의 설계와 지혜로 진행되었다. 즉 외부에서 특별한 목적을 가진 지적설계자가 실험이 이루어지도록 개입했다.

- 이 실험은 생명체 유전정보의 생성과는 아무런 상관이 없었다.

결론적으로 밀러의 실험은 생명체의 자연발생과는 아무런 관련이 없는 실험이었다. 그런데도 아직 여러 교과서에는 밀러-유리의 실험이 생명의 기원에 대한 최초의 실험으로 소개되고, 학생들에게 가르쳐 지고 있다.

많은 문제점을 가지고 있었던 밀러의 실험은
생명체의 자연발생과는 아무런 관련이 없는 실험이었다.

3

정확무오한 성경
"오직 성경"으로

성경에 모순과 오류가 많다고 주장하는 사람들이 있다. 그래서 성경을 기록된 그대로 받아들이면 안 된다고 말한다. 사람의 생각으로 하나님의 말씀인 성경을 판단하고 있다. 진화론과 타협한 자유주의 신학이 등장한 이후 이러한 공격은 거세졌다. 그러나 자세히 살펴보면 모순이나 오류가 아니다.

Q1. 창조-진화 논쟁에서 성경의 정확무오함이 중요한 이유는 무엇입니까?

2017년은 마틴 루터가 로마 가톨릭교회에 대해 95개 조항의 반박문을 게시한 지 500주년이 되는 해였다. 개신교에서는 마틴 루터의 담대한 선언을 종교개혁의 시작으로 보고 있다. 500여 년이 지난 오늘날에도 그 시대의 정치적, 종교적 권력에 대항했던 종교개혁가들이 영감을 얻었던 성경적 원리를 기억하는 것은 의미 있는 일이다. 종교개혁자들이 내걸었던 주요 슬로건들 중 하나는 "오직 성경(Sola Scriptura)"이었다. 그들은 오직 성경만이 기독교인들에게, 심지어 교회 성직자들과 교황에게도 궁극적인 권위가 되어야 한다고 주장했다.

오늘날, 창조-진화 논쟁에도, "오직 성경"은 재강조 될 필요가 있다. 많은 기독교인에게 진화론과 수십억 년의 동일과정설적 해석은 기원에 관해 더 큰 권위를 얻고 있다. 그들은 성경의 분명한 가르침에 비추어 과학을 해석하기보다, 진화론과 수십억 년의 시간 틀에 어떻게든 들어맞도록 성경을 재해석하고 있다.

성경을 최종 권위로 삼을 때, 오늘날 여러 중요한 사회적 문제들을 자신 있게 해결할 수 있다. 결혼에 관한 기독교인들의 원리가 창조론에 기초하고 있다는 것을 이해할 때, 동성애 문제에 대해 자비로우면서도 강력하게 말할 수 있으며, 하나님의 말씀이 사람들을 변화시킬 것으로 기대할 수 있다. 그리고 사람은 창조주 하나님의 형상을 따라 창조된 독특한 존재라는 것을 이해할 때, 다른 사람들을 존중하고 사랑할 수 있으며, 외계인이나 다른 행성에서의 생명체에 관한 생각을 정립할 수 있고, 혼란스러워하는 사람들에게 답을 줄 수 있다. 사실 성경은 권위를 갖고 있을 뿐만 아니라, 광범위한 이슈들에 대해 말해 주기에 충분하다. 왜냐하면 우리를 창조하신 하나님의 영감으로 기록되었기 때문이다. '오직 성경'만이 오늘날 이 사회에서 많은 사람이 묻고 있는 질문들에 대해 대답할 수 있는 유일한 근거이다.

성경을 최종 권위로 삼을 때, 오늘날 여러 중요한 사회적 문제들을 자신 있게 해결할 수 있다. '오직 성경'만이 오늘날 이 사회에서 많은 사람이 묻고 있는 질문들에 대해 대답할 수 있는 유일한 근거이다.

Q2. 성경의 정확무오함을 의심하게 만드는 사탄의 전략이 무엇입니까?

창세기 3장에는 사탄이 아담과 하와를 유혹하는 장면이 나온다. 사탄의 전략은 성공했고, 인간은 하나님의 말씀을 무시하고 거역하였다. 오늘날도 사탄은 같은 전술을 사용하여, 인간이 하나님의 말씀을 무시하고 거역하도록 만들고 있다. 사탄의 전략은 다음과 같다.

첫째로 하나님의 말씀을 의심하게 만든다. 성경에 기록된 첫 유혹은 하와가 하나님 말씀을 의심한 것이었다. 뱀이 여자에게 말하기를

하나님이 참으로 너희에게 동산 모든 나무의 열매를 먹지 말라 하시더냐

(창세기 3:1)

라고 묻고 있다. 이에 대한 대답은 하나님께서 말씀하셨던 것을 단순히 반복했어야 했다.

…동산 각종 나무의 열매는 네가 임의로 먹되 선악을 알게 하는 나무의 열매는 먹지 말라 네가 먹는 날에는 반드시 죽으리라 (창세기 2:16~17)

그러나 이 대신에 하와는

… 동산 나무의 열매를 우리가 먹을 수 있으나 동산 중앙에 있는 나무의 열매는 하나님의 말씀에 너희는 먹지도 말고 만지지도 말라 너희가 죽을까 하노라 하셨느니라 (창세기 3:2~3)

라고 대답하였다.

사탄의 질문에서 동산의 '모든' 나무의 열매라고 말하면서 하나님의 말씀을 변조하고 왜곡했다. 그리고 하와는 하나님의 말씀을 희석하고 의미를 추가하여 "죽을까 하노라"라고 대답했다. 헨리 모리스의 말처럼 "(현대의 이단들이 하듯이) 하나님의 말씀에 추가하거나, (현대의 자유주의 신학자들이 하듯이) 삭제하여 변조하는 것은 항상 위험한 것"임을 명심해야 한다.

둘째는 하나님의 말씀을 부정하게 만든다. 하나님의 말씀을 변조하고, 하와의 마음에 의심의 씨앗을 뿌린 사탄은 하나님 말씀의 진실성을 곧바로 부정하는 데로 나아갔다.

뱀이 여자에게 이르되 너희가 결코 죽지 아니하리라 (창세기 3:4)

셋째는 하나님의 심판을 무시하도록 만든다. 하와가 분명히 알았던

것은 하나님의 심판(불순종의 결과는 죽음이라는)에 대한 엄중한 사전 경고였다. 하지만 사탄이

너희가 그것을 먹는 날에는 너희 눈이 밝아져 하나님과 같이 되어 선악을 알 줄 하나님이 아심이니라 (창세기 3:5)

라고 유혹하자, 그녀의 마음에서 심판에 관한 생각은 즉시 사라졌다. 이제 사탄은 하나님처럼 되려는 사탄 자신의 욕망에 하와를 감염시키려 했다. 그 대가로 그들은 사탄의 노예가 되었다. 그들의 눈은 지혜로 밝아진 것이 아니라, 수치와 두려움의 죄책감을 맛보게 되었다.

마지막으로 하나님의 성품을 비방하도록 만든다. 하와가 과일을 먹으면, 하나님처럼 될 것이라는 사탄의 말속에는 하나님께서 하와가 얻게 될 유익을 알고도 막으시는 치사하고 불공평한 분으로 오도하려는 계략이 들어있었다. 하와에게 하나님의 선하심을 은근히 비방하게 만든 것이다. 일단 하와의 마음에 하나님을 원망하는 생각이 들어오자, 하나님을 완전히 거역하는 것은 그리 큰일이 아니었다. 모든 죄의 본질은 하나님의 뜻에 반하여, 자기 뜻을 선택하고, 하나님께 순종하기보다는 자신의 만족을 최우선으로 하는 것이다. 아담과 하와의 최종적인 행동은 그들의 본심에서 이미 범하고 있었던 죄의 표출이었다.

지난 160여 년 동안 신화론이 확산되면서, 많은 교회와 기독교인이 유신진화론과 자유주의 신학을 받아들임으로써, 하나님의 말씀을 의심하고 부정하게 만드는 결과를 초래했다. 그 영향으로 인해 서구 사

회는 하나님의 심판을 믿지 않을 뿐만 아니라, 하나님의 존재조차 믿지 않게 되었다. 인류 시조에게 통했던 사탄의 전략은 현대인에게도 마찬가지로 효과적이었음이 입증된 것이다.

모든 죄의 본질은 하나님의 뜻에 반하여, 자기 뜻을 선택하고,
하나님께 순종하기보다는 자신의 만족을 최우선으로 하는 것이다.
아담과 하와의 최종적인 행동은 그들의 본심에서 이미 범하고
있었던 죄의 표출이었다.

〈아담과 이브〉, 1508-1512, 미켈란젤로, 바티칸시국, 시스티나 예배당 천장화
출처 https://commons.wikimedia.org

Q3. 성경이 하나님의 말씀 이라는 것을 어떻게 알 수 있습니까?

성경은 하나님의 감동으로 쓰여진 정확 무오하고 권위 있는 하나님의 말씀이라는 증거는 무엇일까? 다음 5가지 내용으로 간단히 답할 수 있다.

첫째, 성경에 기록된 수백 가지의 예언이 구체적으로 정확하게 성취되었다. 예를 들어 다니엘은 페르시아 황제가 유대인들이 예루살렘을 재건하도록 허락한 지 483년 후에 그리스도가 약속된 구세주로 오실 것을 예언했다(다니엘 9:24~27). 이 예언은 분명하고 확실하게 성취되었다. 성경에 기록된 국가와 도시들, 역사적 사건들에 대한 광범위한 예언들은 문자 그대로 성취되었다.

둘째, 성경의 역사적 정확성은 이집트와 앗수르 등 고대의 기록들에 비해 훨씬 우월하다. 성경 기록을 고고학적으로 확인하는 작업이 지난 세기 동안에 무수히 진행되었다. 이스라엘 고고학의 최고 권위자 중 한 명인 넬슨 글루엑 박사는 다음과 같이 말했다. "어떤 고고학적인 발견도 성경에 관한 사항들을 결코 부정하지 못했다."

셋째, 성경 기록의 과학적인 정확성이다. 과학자들이 실험으로 확인하기 훨씬 오래전에 수많은 현대과학의 원리들이 성경에 이미 기록되어 있었다. 예를 들면 다음과 같다.

- ▶ 둥근 지구(이사야 40:22)
- ▶ 무한한 우주(이사야 55:9)
- ▶ 질량과 에너지 보존법칙(베드로후서 3:7)
- ▶ 물의 순환(전도서 1:7)
- ▶ 셀 수 없이 많은 별들(예레미야 33:22)
- ▶ 엔트로피(무질서도)의 증가 법칙(시편 102:25~27)
- ▶ 생명 현상에서 피의 중요성(레위기 17:11)
- ▶ 대기의 순환(전도서 1:6)
- ▶ 중력장(욥기 26:7)

넷째, 성경만의 독특한 구조이다. 성경은 40여 명의 저자가 2,000여 년에 걸쳐 기록한 66권의 합본이지만, 처음부터 끝까지 완벽한 통일성과 일관성을 지니고 있는 한 권의 책이다. 저자들이 각각 책을 저술할 때, 그들이 쓴 메시지가 결국에 한 권의 책(성경)으로 통합되리라고 생각하지 못했다. 그렇지만 각각의 책은 완벽하게 제 자리에 들어맞았고, 전체를 이루는 한 구성 요소로서 각각 고유의 목적을 다하고 있다. 창세기부터 요한계시록까지 성경의 대장정에서 일관되는 한 가지 주제는, 만물의 창조자이며 독생자이신 주 예수 그리스도를 통한 구속이라는 하나님의 위대하신 사역이다.

다섯째, 성경이 가진 각 사람의 생애와 나라의 역사에 관한 특별한 영향력이다. 성경은 가난하거나 부유하거나, 지식이 있건 없건, 귀족이거나 평민이거나, 노인이나 젊은이나, 모든 인종과 민족, 여러 배경과 신분을 가진 사람들의 사랑을 받아왔으며, 마음과 영혼을 움직였던 영원한 베스트셀러이다. 어떠한 책도 이렇게 보편적인 호소력을 가지거나, 지속적인 영향력을 발휘했던 경우는 없다. 과거와 현재의 수많은 사람이 성경의 약속은 진실했고, 성경의 교훈은 건전했으며, 성경의 명령과 금지는 지혜로웠고, 성경의 구원에 대한 놀라운 메시지는 현재와 미래에 모두 필요함을 개인적 경험으로 체험하고 있다.

과거와 현재의 수많은 사람이 성경의 약속은 진실했고,
성경의 교훈은 건전했으며, 성경의 명령과 금지는 지혜로웠고,
성경의 구원에 대한 놀라운 메시지는 현재와 미래에 모두
필요함을 개인적 경험으로 체험하고 있다.

Q4. 창조에 대한 예수님의 가르침은 어떠합니까?

예수 그리스도께서는 하나님이 천지 만물을 말씀으로 순간적으로 창조하시고 완성하셨다는 것을 믿고 계셨고, 그렇게 가르치셨다.

예수님은 마태복음 5:18에서, "천지가 없어지기 전에는 율법의 일점 일획도 결코 없어지지 아니하고 다 이루리라"고 말씀하셨고, 요한계시록 22:18에서 "만일 누구든지 이것들 외에 더하면 하나님이 이 두루마리에 기록된 재앙들을 그에게 더하실 것이요"라고 말씀하셨다. 그러므로 성경은 창조에 대한 하나님의 선포가 사람들의 추정이나 이론에 의해서 변경될 여지를 남겨놓지 않고 있다.

많은 복음주의자가 창세기 1장에 기록된 '날(day)'의 의미에 대해서 오랫동안 논란을 벌여 왔지만, 예수님은 어떤 종류의 불확정한 기간으로 해석하지 않으셨다. '날'은 그 문장 안에서 최초로 정의되고 있을 뿐만 아니라, 수사로 수식되고 있으며(첫째 날, 둘째 날…), 그 범위를 정하고('저녁이 되고 아침이 되니') 있는 것으로 보아, 글자 그대로 하루라는 의미로 해석할 수밖에 없도록 제한해 놓았다. 그리고 이 말씀은 하나님이 자신의 손으로 돌판에 친히 쓰셨다는 것에서 더욱 확증된다(출애굽기 31:16~18). 일곱째 날의 안식은 창조주간에 있었던 날들에 기초한 것이다.

예수님은 남자와 여자가 창조 순간부터 존재했음을 확인해주신다. 오늘날 진화론은 우주는 137억 년 전에, 지구는 46억 년 전에, 원시 생명체는 38억 년 전에, 현대 인류는 약 10만 년 전에 생겨났다고 말한다. 이에 반해 모든 만물을 창조하시고, 창조 때에 계셨던 예수님은(요한복음 1:1~3) 남자와 여자는 우주가 만들어진 시기와 같은 시기에 만들어졌다고 말씀하신다.

> 창조 때로부터 사람을 남자와 여자로 지으셨으니 (마가복음 10:6)

'창조 때로부터'는 분명 창세기 1:1을 말씀하고 계신다. 그러면서 예수님은 창세기 1:27을 인용하셨다. 또한 예수님은

> 창세 이후로 흘린 모든 선지자의 피를 이 세대가 담당하되 곧 아벨의 피로부터 제단과 성전 사이에서 죽임을 당한 사가랴의 피까지 하리라
>
> (누가복음 11:50~51)

고 말씀하셨다. 예수님은 아담의 아들 아벨이 창세 이후의 최초의 선지자였으며, 첫 순교자였음을 말씀하셨다. 창세 이후 46억 년이 지난 후의 일을 말씀하지 않으셨다.

따라서 오늘날의 진화론자들이 보기에 예수님은 '젊은 지구 창조론자'이셨음이 의심의 여지가 없다. 이것은 모든 신실한 기독교인들에게 매우 중요한 부분이다. 말씀의 권위를 가지신, 하나님이신 예수님은 장구한 지질학적 연대 개념을 완전히 거부하셨다.

**오늘날의 진화론자들이 보기에 예수님은
'젊은 지구 창조론자'이셨음이 의심의 여지가 없다.
말씀의 권위를 가지신, 하나님이신 예수님은 장구한 지질학적
연대 개념을 완전히 거부하셨다.**

Q5. 창세기 1장과 2장의 창조 순서가 다른 것은 모순이 아닙니까?

만약 오류나 모순처럼 보이는 성경 구절들을 보게 되면, 성경은 하나님의 말씀이며 진리라는 믿음 위에서 출발해야만 한다. 그리고 좀 더 배우고 살펴보아야만 한다. 자신의 무지와 교만을 청소해 내기만 한다면, 모든 경우에서 논리적인 설명이 존재한다.

> 여호와 하나님이 땅의 흙으로 사람을 지으시고… 여호와 하나님이 흙으로 각종 들짐승과 공중의 각종 새를 지으시고 아담이 무엇이라고 부르나 보시려고… (창세기 2:7, 19)

창세기 1장과는 다르게, 창세기 2장의 창조 순서는 사람을 지으신 후, 동물들을 창조한 것처럼 보인다. 하지만 명백히 창세기 2장은 1장과 다른 창조를 설명하지 않는다. 왜냐하면 창세기 2장에는 천, 지, 궁창, 바다, 육지, 태양, 별, 달, 바다생물 등의 창조가 전혀 언급되어 있지 않기 때문이다. 창세기 1장은 하나님 관점에서의 창조에 대한 개관으로, 전체 창조에 대한 '큰 그림'으로 이해될 수 있다. 그리고 창세기 2장은 인간의 관점에서 좀 더 자세한 내용을 다루고 있다.

창세기 1장으로부터 동물과 새들은 아담 이전에 창조되었음이 명백하다. 따라서 창세기 2:19의 동사 '지으시고'를 '지으셨던'으로 번역한다면 오해는 사라진다. 사실 히브리어 동사의 정확한 시제는 문맥에 의해 결정된다. NIV 성경 역시 이 부분을 과거완료형인 'had formed'로 번역하였다. 정리해보면 이 구절을 "여호와 하나님이 흙으로 '지으셨던' 각종 들짐승과 공중의 각종 새를 아담이 무엇이라고 부르나 보시려고…"로 번역할 수 있다. 이 경우에 모순은 사라진다.

창세기 1장은 하나님 관점에서의 창조에 대한 개관으로,
전체 창조에 대한 '큰 그림'으로 이해될 수 있다.
그리고 창세기 2장은 인간의 관점에서 좀 더 자세한 내용을
다루고 있다.

Q6. 태양은 넷째 날 창조
되었으니 그 이전의 날들은
길이가 다르지 않을까요?

창세기에 의하면 하나님은 창조주간의 첫째 날에 하늘과 땅을 창조하셨다(창세기 1:1). 태초에 하나님께서 "빛이 있으라"라고 말씀하시기 전까지는 모든 것이 어두웠다. 둘째 날과 셋째 날에 바다, 궁창(대기), 대륙이 나타났고, 식물이 창조되어, 마치 땅이 인간의 거주를 위해 점차 준비되고 있는 것과 같았다. 넷째 날에 하나님이 "하늘의 궁창에 광명체들이 있어"라고 선언하시면서, 해, 달, 그리고 별들을 창조하셨고, 그것들의 목적은 땅에 빛을 비추기 위해서였다.

태초의 빛은 방향성이 있었고, 특정 광원으로부터 왔다. 지구는 분명히 그 빛 아래서 회전하고 있었으므로, 빛과 어둠의 시간이 교대로 바뀌게 되었다. 그리고 하나님은 빛을 낮이라 칭하시고 어두움을 밤이라 칭하셨다. 회의론자들은 이 점에서 성경적 창조론의 과학성을 오랫동안 비웃어 왔다. 태양이 창조되기 전에 어떻게 지구에 빛이 있을 수 있는가? 이것은 성경의 오류임이 분명하다는 주장이다.

실제로 태양뿐만 아니라 많은 광원이 있다. 또한, 가시광선뿐만 아니라 많은 형태의 빛이 있다. 단파장의 빛으로 자외선, X선, 등이 있다. 장파장의 빛으로는 적외선, 라디오파 등이 포함된다. 빛은 마찰, 불 또는 수많은 화학반응에 의해서 만들어진다. 그뿐만 아니라 태양에서처럼 핵융합 반응에 의해서도 생성된다. 빛이 있기 위해서 오직 태양만이 필요하지 않다.

더구나 창세기 1장에서 사용된 히브리 단어에서 중요한 단서를 얻을 수 있다. 하나님이 '빛(light)'을 창조하셨을 때 사용된 단어는 오직 빛의 존재만을 의미하는 반면에, 넷째 날에 '광명체(lights)'들을 위해 사용된 단어는 '빛을 지닌 것' 또는 지속하는 빛의 근원으로 이해하는 것이 가장 적절해 보인다. 광명체들의 목적은 빛을 내는 것뿐만 아니라, 창조된 인간들을 위한 시간기록계의 역할이다.

명심해야 할 것은 창조주간은 오늘날의 자연법칙을 초월해서 일어났다는 것이다. 특히

하나님은 빛이시라(요한일서 1:5)

는 것을 우리가 깨달을 때, 지구 밖에 자연 광원이 필요한 것은 아니다.

창세기 1장의 날들이 오랜 기간들이었을 것이라고 주장하는 오랜 지구 창조론자들에게는 심각한 문제가 발생한다. 창세기 1장에 의하면, 식물들은 셋째 날에, 태양은 넷째 날에 창조되었다. 그러나 광합

성을 해야 하는 식물들은 태양 없이 수천만 년 동안 암흑상태로 견딜 수 없다. 문자적 창조주간을 비판하며, 태양이 창조된 넷째 날 이전의 하루는 24시간의 하루가 될 수 없다는 사람들의 주장을 따르면 식물들은 생존할 수 없었다.

성경이 기록하고 있는 그대로를 받아들이는 것이 얼마나 더 적절하고 만족스러운 설명인가? 성경이 현대의 과학적(진화론적) 견해를 따라 이해되고 설명될 필요는 없다. 그저 성경의 말씀을 믿고 따르는 것만 필요할 뿐이다.

성경이 기록하고 있는 그대로를 받아들이는 것이 얼마나

더 적절하고 만족스러운 설명인가?

성경이 현대의 과학적(진화론적) 견해를 따라 이해되고 설명될

필요는 없다.

그저 성경의 말씀을 믿고 따르는 것만 필요할 뿐이다.

Q7. 하나님은 왜 태양을 4일째에 되어서야 만드셨을까요?

하나님께서는 천지만물 창조 순서의 의미나 이유를 우리에게 말씀해주지 않으셨다. 태양이 첫째 날에 창조되지 않은 이유에 대해 두 가지의 가능성을 추측해볼 수 있다.

첫째, 하나님은 생명체가 태양으로부터 오는 것이 아니라, 그분에게서 오는 것임을 분명하게 보여주면서, 생명체의 초자연적 기원을 강조하시기를 원하셨을 것이다. 하나님의 계획에서 확실히 태양은 지구상의 생명체가 살아가기 위해서 중요하다. 칼뱅은 창세기 1장의 본문에 대해 다음과 같이 설명했다. "주님께서는 창조의 순서에 따라, 태양과 달이 없이도, 우리에게 보내주실 수 있는 빛을 손에 들고 계셨음을 말씀해주고 있다." 이는 분명히 태양과 다른 별들이 먼저 존재했고, 지구상의 모든 생명체의 탄생에 기여했다는 진화론적 주장과는 반대된다.

둘째, 하나님께서는 태양을 신(神)으로 여겨 생명의 창시자로 경배하는 인류의 성향을 허물기를 원하셨을 것이다. 하나님께서는 특별히 그의 백성들에게 다른 신들을 섬겨 그것에 절하거나 일월성신에게 절하는 것을 금지시키셨다(신명기 17:3, 4:19, 시편 121:5~6). 안타깝게도 하나님이 그의 백성들을 바벨론에게 넘기시던 시기에, 이스라엘 백성들은 심지어 예루살렘 성전에서도 여호와의 성전을 등지고 동쪽으로 향하여 태양에 예배하는 사람들이 있었다(에스겔 8:16, 예레미야 8:2). 비슷한 경우로, 사람들은 모세가 하나님의 치료를 위한 도구로 만들었던 놋뱀을 숭배하였다(열왕기하 18:4, 민수기 21:9). 구원받지 못한 인류는 역사를 통해 이러한 행태를 보여주었다.

창세기에 기록된 창조 기사는 우리에게 우주의 첫 번째 사건에 대한 유일한 목격자의 증언을 제공한다. 그리고 그분의 창조 과정은 인간이 만들어낸 진화론 또는 오래된 지구 연대 이론들과 매우 상반됨을 볼 수 있다. 그분은 식물들이 계속해서 번성할 수 있도록 하셨으며, 그의 권능으로 모든 생명체를 붙들고 계신다.

그분의 창조 과정은 인간이 만들어낸 진화론 또는

오래된 지구 연대 이론들과 매우 상반됨을 볼 수 있다.

Q8. 달은 빛을 만들어 내지 못하니 창세기 1장 15절은 오류가 아닙니까?

> 또 광명체들이 하늘의 궁창에 있어 땅을 비추라 하시니 그대로 되니라 하나님이 두 큰 광명체를 만드사 큰 광명체로 낮을 주관하게 하시고 작은 광명체로 밤을 주관하게 하시며… (창세기 1:15~16)

오랫동안 회의론자들은 이 구절을 성경의 오류라고 주장해왔다. 성경이 정말로 무오한 하나님의 말씀이라면, 달에게 "땅을 비추라"고 말씀하는 것과 같은 기본적인 실수를 범하지 않았어야 한다는 논리이다. 우리가 알고 있는 것처럼, 달은 어떤 종류의 빛도 방출하지 않는 대신 단순히 태양 빛을 반사할 뿐이다.

현대에도 지구 중심적으로 표현하는 많은 사례가 있다. 지구가 태양을 공전하며 지축을 중심으로 회전하고 있음을 알고 있으면서도, "태양이 뜨고, 태양이 진다"라고 말한다. 또한 별들이 보이지 않더라도 항상 같은 곳에 있다는 것을 알면서도, 밤에 "별이 나타났다"고 말한다. 이렇듯 우리는 보이는 것을 기준으로 말할 때가 종종 있다.

태양 빛이 달 표면에 부딪혀서 지구로 반사되는 것이지만 달은 지구로 빛을 비춘다. 창세기 본문은 달이 자체적으로 빛을 만들어내고 있다고 말하는 것이 아니다. 중요한 것은 빛의 근원(출처)이 아니라, 지구에 빛을 비춘다는 상태이다. 광명체 중 큰 것에게는 낮을 주관하게 하시고, 작은 것은 밤을 주관하게 하셨다. 만약 달이 빛을 만들어내는 하나의 근원이었다면, 달이 주관하는 시간을 밤이라 부를 수 없다.

광명체 중 큰 것에게는 낮을 주관하게 하시고,
작은 것은 밤을 주관하게 하셨다.
만약 달이 빛을 만들어내는 하나의 근원이었다면,
달이 주관하는 시간을 밤이라 부를 수 없다.

Q9. 모든 동물이 창조 시에 초식을 했다면, 육식에 필요한 송곳니는 왜 있습니까?

성경에 의하면 모든 동물은 식물을 먹도록 창조되었고, 아담의 범죄 이전에 죄와 죽음은 없었으며, 모든 것들은 보시기에 좋았다. 그러나 현재 많은 동물은 육식을 위한 여러 신체적 특징을 갖고 있으며, 치명적인 독을 갖고 있기도 하며, 방어 시스템을 갖추고 있다. 이것은 어떻게 된 것일까. 성경은 우리에게 모든 것을 상세히 말해주지는 않지만, 여러 상황을 종합하여 합리적으로 추론해 볼 수 있다.

첫째, 하나님은 앞으로 일어날 일들을 이미 아시고 동물을 창조하실 때 육식에 필요한 기능들을 미리 만들어 놓으셨을 수 있다. 둘째, 육식에 필요해 보이는 기관들은 원래는 다른 기능이 있었을지도 모른다. 실제로 날카로운 송곳니는 단단한 열매를 자르거나 껍질을 벗기는 데도 효과적으로 사용된다. 셋째, 아담의 범죄 이후 유전적 변화가 일어나 만들어졌을 수 있다. 최초의 동물들은 초식동물로 창조되었으나, 땅이 저주를 받아 거친 환경이 되면서 동물에게도 변화와 적응이 일어나 필요한 기관들로 바뀌었을 수 있다. 넷째, 타락한 천사가 쫓겨난 후, 하나님의 창조능력을 흉내 낸 사탄에 의해 사람과 동물과 식물에 유전적 변형이 일어나고, 서로 물어뜯고 죽이는 형상으로 바꾸어 놓았을 가능성이다.

창세기 3장에는 사람과 동식물이 저주를 받아 강력한 유전적 변형이 일어났음을 잘 보여준다. 모든 육축과 들의 짐승이 저주를 받고, 뱀은 더욱 저주를 받아 배로 다니게 되고, 식물은 가시덤불과 엉겅퀴를 내고, 하와의 신체도 변화되어 잉태하는 고통이 따르게 되고, 땅의 소산이 줄어드는 엄청난 변화가 일어났다. 하나님 보시기에 좋았던 세상은 이제 죽음과 고통의 모습으로 바뀌었고, 아담은 자기의 잘못으로 저주받은 세상을 바라보면서, 하나님의 말씀을 거역하였던 일을 뼈저리게 후회하였을 것이다.

창세기 3장에는 사람과 동식물이 저주를 받아 강력한 유전적

변형이 일어났음을 잘 보여준다.

Q10. 가인의 아내와 가인이 두려워한 사람들은 누구입니까?

가인이 여호와께 아뢰… 무릇 나를 만나는 자마다 나를 죽이겠나이다…
아내와 동침하매 그가 임신하여 에녹을 낳은지라… (창세기 4:13~17)

성경비판가들은 "최초의 사람인 아담과 하와가 가인과 아벨을 낳고,
가인이 동생 아벨을 죽였는데, 가인은 아내를 어디서 얻었으며, 가인
이 두려워했던 주위의 사람들은 도대체 누구란 말인가? 따라서 창세
기는 사람이 지어낸 신화와 같은 책이다."라고 주장한다. 이 질문은
1925년에 미국 테네시주에서 있었던 유명한 '스코프스 재판'(일명
'원숭이 재판')에서 진화론 측 변호사가 성경을 믿을 수 없는 근거로
내걸었던 질문이기도 하다.

성경에는 아담은 930세까지 살았으며, 그동안에 많은 자녀를 낳았다
고 기록되어 있다(창세기 5:4~5). 그리고 아담이 셋을 얻을 때의 나이
가 130세이므로(창세기 5:3), 130세 이전까지 가인과 아벨, 2명의 자

녀만을 두었다는 것은 적절해 보이지 않는다. 아담에게 가인, 아벨, 셋 이외에 많은 자녀가 있었음은 분명하다. 따라서 아담의 큰아들인 가인에게는 배필로 삼을만한 그의 여동생들이 있었으며, 그중 하나를 아내로 얻었을 것이다. 또한, 살해당한 아벨도 결혼하여 후손들을 두었을 테니, 가인이 자기를 해칠 것이라 두려워했던 사람들은 아벨의 직계 후손들이었을 것이다.

가인이 자기를 해칠 것이라 두려워했던 사람들은 아벨의 직계 후손들이었을 것이다.

Q11. 성경이 천동설을 주장하고 있습니까?

해는… 하늘 이 끝에서 나와서 하늘 저 끝까지 운행함이여…

(시편 19:5, 6)

성경은 천동설을 말하고 있는가? 성경비판가들은 시편의 이 구절을 들면서, 성경은 천동설을 말하고 있기 때문에, 매우 비과학적인 책이며 창조론을 포기하고 진화론을 받아들여야 한다고 주장한다. 그러면서 언제나 갈릴레이를 핍박한 가톨릭교회의 이야기를 끼워 넣는다. 그러나 오늘날 기상예보에서 지구가 자전하는데도 불구하고, 해가 뜨는(일출) 시간, 해가 지는(일몰) 시간이라고 표현한다. 성경의 이 구절은 일반적으로 말하는 것처럼 '보이는 대로 말하는 상황 언어'를 사용했다. 그렇지 않았다면 의도한 메시지가 잘 전달되지 않으며, 어색하고, 잘 이해되지 않았을 것이다. 그리고 사실 태양도 운행하고 있다. 왜냐하면, 나선은하인 우리 은하 내에서 태양은 시속 790,000km로 은하계를 공전하고 있기 때문이다.

오늘날 기상예보에서 지구가 자전하는데도 불구하고,

해가 뜨는(일출) 시간, 해가 지는(일몰) 시간이라고 표현한다.

Q12. 곤충의 다리가 4개라고 한 것이나, 박쥐를 새라고 말한 성경의 기록은 오류가 아닙니까?

날개가 있고 네발로 기어 다니는 곤충은 너희가 혐오할 것이로되 다만 날개가 있고 네발로 기어 다니는 모든 곤충 중에 그 발에 뛰는 다리가 있어서 땅에서 뛰는 것은 너희가 먹을지니 곧 그중에 메뚜기 종류와 베짱이 종류와 귀뚜라미 종류와⋯ (레위기 11:20~22)

성경비판가들은 메뚜기나 귀뚜라미 같은 곤충은 다리가 넷이 아니라 여섯이므로, 위의 성경 구절은 오류이며, 성경이 생물학적 사실도 틀리다고 주장하고 있다. 그러나 위의 구절을 자세히 읽어보면, '뛰는 다리'라는 표현이 등장한다. 명백히 메뚜기는 커다란 두 개의 뒷다리를 가지고 있는데, 이 다리는 비행 전에 크게 뛰어오르는 데에 사용되는 다리로서, 기는 데에 사용되는 네 발과는 완전히 다른 모양이다. 히브리 사람들은 메뚜기와 유사한 곤충들이 갖고 있어서 뛰어오르는데 사용하는 두 개의 큰 뒷다리와 기는 데에 사용되는 네 개의 다리를 따로 구별하여 불렀음이 분명하다. 따라서 성경이 곤충들의 다리 숫자도 틀리냐는 비판은 합당하지 않다.

> 새 중에 너희가 가증히 여길 것은 이것이라 이것들이 가증한즉 먹지 말지니 곧 독수리와 솔개와 물수리와… 박쥐니라 (레위기 11:13~19)

박쥐는 새가 아니라 포유류인데 어떻게 새라고 불렀는가? 성경비판가들의 지적이다. 그러나 박쥐가 포유류로 분류된 것은 최근에 생물분류학자들에 의해 이루어진 일이다. 분명히 지금의 생물 분류 방법은 레위기가 쓰였던 시기에는 없었다. 그리고 '새'에 대한 과학적 정의도 존재하지 않았다. 본문에서 새를 나타낸 단어 '오프(owph)'는 단순히 날개를 가지고 날아다니는 생물을 의미한다. '오프' 라는 범주에는 새, 박쥐, 익룡 등이 포함될 수 있다.

성경이 곤충들의 다리 숫자도 틀리냐는 비판은 합당하지 않다.

각시메뚜기
출처 https://ko.wikipedia.org

Q13. 성경에는 원주율이 틀리게 기록되어 있습니까?

또 바다를 부어 만들었으니 그 직경이 십 규빗이요 그 모양이 둥글며 그 높이는 다섯 규빗이요 주위는 삼십 규빗 줄을 두를만하며 (열왕기상 7:23) (역대하 4:2 참조)

때때로 회의론자들은 솔로몬 성전에 있던 '바다'라는 물통에 관한 묘사가 나오는 이 구절을 사용하여, 성경에 기록된 수치대로 그 용기의 주위(둘레)를 직경으로 나눈다면(삼십 규빗 ÷ 십 규빗), 원주율이 3.14가 아니라 3.0이 된다고 주장하며, 성경의 정확성을 비웃는다. 그러나 이에 대해 세 가지의 가능한 설명이 있다.

첫째, 규빗은 팔꿈치에서 손가락 끝까지 길이로 히브리인의 규빗은 대략 45cm였다. 성인 남자의 팔 길이로 어떤 길이를 정확히 측정한다는 것은 쉽지 않다. 성경에 반(1/2) 규빗은 여러 차례 언급되어 있지만 1/3 규빗이나 1/4 규빗은 언급되어 있지 않다. 그러므로 반 규빗 이하나 이상은 반올림했을 수 있다.

둘째, 열왕기상 7:26에 바다의 두께가 "한 손 너비만 하고"라고 기록하고 있다. 그러므로 직경과 둘레가 바다의 안쪽인지 바깥쪽인지에 따라 계산된 값이 다를 수 있다.

셋째, 열왕기상 7:26에 그 용기가 백합화 모양의 잔과 같은 가장자리를 갖고 있었다고 기록하고 있다. 즉 백합화의 곡선처럼 바깥쪽으로 벌어진 테두리가 있었다면 23절은 너무도 정확한 기록이 된다.

때때로 회의론자들은 성경의 정확성을 비웃는다.
그러나 이에 대해 세 가지의 가능한 설명이 있다.

Q14. 다윗 왕의 아버지 이새의 아들은 일곱입니까 여덟입니까?

이새가 그의 아들 일곱을 다 사무엘 앞을 지나게 하나 사무엘이 이새에게 이르되 여호와께서 이들을 택하지 아니하셨느니라 하고 또 사무엘이 이새에게 이르되 네 아들들이 다 여기 있느냐 이새가 이르되 아직 막내가 남았는데 그는 양을 지키나이다… (사무엘상 16:10~11)

사무엘상 16:10~11은 분명 다윗의 아버지 이새는 8명의 아들을 두었고, 다윗은 막내인 여덟째였음을 의미한다. 그러나 역대상 2:13~15에 이새는 일곱째로 다윗을 낳았다고 기록되어 있다.

이새는 맏아들 엘리압과 둘째로 아비나답과 셋째로 시므아와 넷째로 느다넬과 다섯째로 랏대와 여섯째로 오셈과 일곱째로 다윗을 낳았으며 (역대상 2:13~15)

어떤 본문이 맞는가? 이새는 실제로 몇 명의 아들을 두었는가? 그리고 만일 한 곳의 기록과 다른 곳의 기록이 서로 모순된다면, 성경을 신뢰할 수 있는가?

역대기 저자는 설명하지 않았지만, 이새의 아들 중 한 명은 다윗이 왕이 되어 중요한 영향력을 행사하기 이전에 죽었을 가능성이 높다. 역대상 2:13~15에서는 이새가 낳은 아들이 총 일곱 명이라고 말하지는 않는다. 거기에는 단지 이새의 일곱 아들과 두 딸의 이름이 거명되고 있을 뿐이다. 만약 이새의 아들 중 한 명이 결혼 전에 일찍 죽었거나, 혹은 자녀가 없이, 아니면 특별히 주목할 만한 어떤 일을 하지 않고 죽었다면, 그의 이름이 역대상의 기록에서 누락된 것은 있을 수 있는 일이다. 오늘날에도 공식 족보를 제외하고, 살아있는 자녀들만 거론되는 것은 매우 흔한 관행이다.

**오늘날에도 공식 족보를 제외하고, 살아있는 자녀들만
거론되는 것은 매우 흔한 관행이다.**

Q15. 가룟 유다의 죽음에 관한 성경 기록은 모순입니까?

유다가 은을 성소에 던져 넣고 물러가서 스스로 목매어 죽은지라

(마태복음 27:5)

이 사람이 불의의 삯으로 밭을 사고 후에 몸이 곤두박질하여 배가 터져 창자가 다 흘러나온지라 (사도행전 1:18)

예수님을 판 가룟 유다의 죽음에 대한 성경 기록 중 마태는 목매어 죽었다고 기록하고 있고, 누가(사도행전의 저자)는 곤두박질하여 배가 터져 죽었다고 기록하고 있다. 그러나 성경에는 오류가 없다. 의사였던 누가는 목매어 죽은 이후에 발생한 일을 자세하게 묘사하고 있었다.

사람이 높은 곳에서 떨어져 죽었더라도 배가 터져 창자가 쏟아져 나오지는 않는다. 피부와 복근은 매우 강인해서, 칼에 찔리더라도 내부 장기는 쉽게 흘러나오지 않는다. 목매어 죽은 유다의 사체는 예루살렘의 뜨거운 태양 아래에서 빠르게 부패되었을 것이다. 몸 안에 있던

세균들은 활발히 번식했을 것이고, 사체가 부패하면서 조직과 세포들은 파괴되고, 부산물인 가스가 생겨났을 것이다. 생겨난 가스의 압력은 복강 내부에 축적되어 높아졌을 것이고, 유다의 사체는 부풀어진 풍선처럼 팽창했을 것이다. 그리고 사체는 땅에 떨어졌을 때 사체의 피부는 쉽게 파열되었고, 가스의 압력으로 배가 터지면서 내부의 창자가 다 흘러나왔다. 유다의 죽음에 관한 성경 기록에 아무런 모순이 없다. 단지 두 저자가 같은 사건을 다른 측면에서 묘사하고 있었을 뿐이었다.

유다의 죽음에 관한 성경 기록에 아무런 모순이 없다.
단지 두 저자가 같은 사건을 다른 측면에서 묘사하고
있었을 뿐이었다.

교회 안에 스며든
타협 논리들

교회 내에서 진화론과 타협한 사람들이 생겨났다. 성경 어디에도 진화나 수십억 년의 연대를 암시하는 구절을 찾아볼 수 없지만, 진화 과학자들의 위협과 권위 때문에, 6일 창조와 전 지구적 홍수를 신화나 지역적 홍수로 취급해 버렸다. 이러한 타협은 성경의 권위를 손상시키고, 아담의 실존, 타락, 하나님의 심판, 예수님의 구속 등 기독교의 근본 교리를 훼손하는 일이다.

Q1. 창세기의 천지창조를 오랜 연대로 설명할 수 있습니까?

창세기의 창조주간은 다음과 같은 이유에서 오랜 연대로 설명하기 어렵다는 것이 분명하다.

첫째, 창세기 1장 1절과 2절 사이에는 오랜 시간이 들어갈 여지가 없어 보인다. 히브리성서 맛소라 텍스트는 "~째 날이니라"라는 각 날이 끝날 때마다 문단 구분 표식(프투하)을 두었다. 만일 창세기 1장의 1절과 2절 사이에 오랜 시간적 간격이 존재한다면, 두 절 사이에 문단 구분 표식이 있어야 할 텐데 이 표식이 없다. 즉 간격이 존재하지 않는다는 것이다. 이는 창세기 1:1이 창조주간의 첫째 날에 포함되는 활동으로, 하늘과 땅을 이때 창조하셨으며, 동시에 태초의 창조사역에 대한 선포의 의미를 포함한다고 볼 수 있다.

둘째, 창세기 1장의 날들은 오랜 시대로 해석하기 어렵다. 창세기 1장에서 '날(day)'이라는 히브리어 단어는 '욤(yom)'이다. 구약성경에서 욤이라는 단어는 대부분 문자 그대로의 하루를 의미하는 것으로 사용되었다. 그리고 하루가 아닌 불특정 기간을 의미할 때는 문맥 속에서 그것을 분명히 알 수 있다. 창세기 1장의 각 날들은 "저녁이 되고 아침이 되니"라는 반복되는 구절과 함께 사용되고 있다. 그러므로 문맥상 각 날들이 시대가 될 수는 없어 보인다. 또한 창 1:14~19의 한 문단 내에 "낮, 밤, 징조, 계절, 날, 해, 낮을 주관, 밤을 주관, 빛과 어둠, 저녁, 아침"이라는 단어들과 함께 "넷째 날이니라"라고 기록되어 있다. 따라서 이 문단 내에서 '날'을 불특정한 시대로 볼 수 없다.

셋째, 태양이 창조되기 이전의 날들 역시 오랜 기간일 수 없어 보인다. 각 날들은 동일하게 "저녁이 되고 아침이 되니"로 묘사되었다. 이것은 창세기 1장의 엿새가 모두 동일한 하루임을 가리키는 것이다. 하나님은 첫째 날 지구와 마찬가지로 빛을 창조하셨다.

넷째, 출애굽기 20:11은 창세기 1장의 날들이 24시간의 하루임을 가리키고 있다.

이는 엿새 동안에 나 여호와가 하늘과 땅과 바다와 그 가운데 모든 것을 만들고 제 칠일에 쉬었음이라 그러므로 나 여호와가 안식일을 복되게 하여 그날을 거룩하게 하였느니라 (출애굽기 20:11)

여기에서 안식일의 하루는 24시간의 하루임이 분명하기에 동일한 문단 내에 서술된 6일이 긴 시대가 될 수 없음이 분명하다.

출애굽기 20:11은 창세기 1장의 날들이 24시간의 하루임을 가리키고 있다.

여기에서 안식일의 하루는 24시간의 하루임이 분명하기에 동일한 문단 내에 서술된 6일이 긴 시대가 될 수 없음이 분명하다.

Q2. 천지창조의 6일의 하루를 오랜 시대로 해석하면 어떤 문제가 있습니까?

　　　　　창세기 1장의 창조 과정에 대한 설명을 읽을 때, 적어도 두 가지를 중요하게 다루어야 한다. 그것은 사건의 순서와 날들의 길이이다. 성경은 하나님께서 생명체인 식물을 창조하신 후에 태양을 창조하셨다고 말씀한다. 그러나 진화론에 의하면, 태양이 존재한 후에 식물이 출현한다. 창세기 1~2장을 읽으면, 진화론에서 제안하는 시간 틀과 어울릴 수 없는 연대기가 산출된다. 오랜 지구 창조론자들은 창조주간의 하루는 장구한 지질시대를 나타낸다고 생각하고 있다. 하지만 "셋째 날에 창조된 식물들은 어떻게 넷째 날에 창조된 태양 없이 오랜 지질시대 동안 생존할 수 있었는가?" 라는 질문으로부터 자연스럽게 장구한 지질 시대의 문제점을 알아차릴 수 있다. 왜냐하면, 오랜 지구 창조론자들은 창조 이후의 하나님의 개입을 부정하기 때문이다.

　　창세기에 기록된 창조 기사는 우주의 첫 번째 사건에 대한 유일한 목격자의 증언을 우리에게 제공해준다. 이 본문을 읽으면, 하나님이 지구상의 생물들을 위해 자신의 창조를 어떻게 지혜롭게 이루셨는지를 볼 수 있다. 그리고 그분의 창조 과정은 인간이 만들어낸 진화론 또는 오래된 지구 연대 이론들과 매우 상반됨을 볼 수 있다. 그분은 식물들이 계속 번성할 수 있도록 하셨으며, 그의 권능으로 모든 생물을 붙들고 계신다.

창세기 1~2장을 읽으면, 진화론에서 제안하는 시간 틀과 어울릴 수 없는 연대기가 산출된다. 오랜 지구 창조론자들은 창조주간의 하루는 장구한 지질시대를 나타낸다고 생각하고 있다. 그렇다면 셋째 날에 창조된 식물들은 어떻게 넷째 날에 창조된 태양 없이 오랜 지질시대 동안 생존할 수 있었는가?

Q3. 창세기를 기록된 그대로 믿는 것이 왜 중요합니까?

대부분의 교회 역사에서, 유대인과 기독교인 학자들은 창세기 1장의 창조주간의 하루는 문자적인 하루를 뜻하는 것으로 이해했다. 그리고 현대의 히브리어 학자들 대부분 역시 창세기의 저자는 문자적인 '하루'를 알려주기 위해 의도했음을 이해한다. 그런데 많은 기독교인이 창세기의 날들을 문자적으로 이해하는 것이 별로 중요하지 않은 문제라고 생각한다. 이와 관련하여 구약성경 해설집 등 여러 저서와 많은 신학 논문을 남긴 앤드루 스타인만 박사는 다음과 같이 말했다.

"창세기는 복음 자체의 성패가 걸려있는 매우 중요한 책이다. 진화론은 인간집단이 진화했다고 주장하지만, 성경은 명확하게 죄가 한 사람으로부터 세상에 들어왔으며, 죄에서의 구속도 한 사람 예수 그리스도를 통해서 일어났다고 밝히고 있다. 만약 아담이 문자 그대로 첫 사람이 아니고, 첫 죄인이 아니라면, 우리를 죄와 죽음으로부터 건지시는 위해서, '마지막 아담'과 '둘째 사람'으로 오신 예수 그리스도의 사역을 믿을 어떠한 이유도 없다."

그렇다면 생물의 진화는 부정하지만, 수십억 년의 우주 연대와 지질 시대를 수용하는 '점진론적 창조론자'들의 견해 역시 기독교 신앙에 치명적인 해로운 결과를 초래한다. 왜냐하면 장구한 연대로 주장되는 지층에 동물들과 심지어 사람의 화석이 들어있다는 것은 아담 이전의 수천 수백만 년 전부터 그들이 살았고, 죽었음을 의미하기 때문이다. 만약 아담과 하와의 범죄 훨씬 이전에 생물들이 살다 죽었다면, 사망을 물리치신 예수 그리스도의 승리는 아담의 범죄에 대한 회복이 될 수 없다.

> "진화론과 장구한 연대 개념이 과학자들 사이에서 넓게 퍼져있고 오늘날의 세계가 깊이 받아들이고 있기 때문에, 보수적 성경주석가들조차 창조에 대한 설명이 진화론과 조화를 이루어야 할 필요를 느껴왔다. 그러나 이런 시도는 어쩔 수 없이 성경의 가르침을 벗어나게 된다. 창세기의 분명한 의미들을 부인할 뿐 아니라, 필연적으로 예수 그리스도의 구속 같은 기초적인 기독교 교리에 대한 부인으로 이어진다."

이는 성경의 가르침을 벗어나게 된다. 창세기의 분명한 의미들을 부인할 뿐 아니라, 필연적으로 예수 그리스도의 구속 같은 기초적인 기독교 교리에 대한 부인으로 이어진다.

Q4. 기독교인으로서
수억 수천만의 연대를
어떻게 생각해야 합니까?

많은 기독교 지도자가 생물학적 진화론은 거부하고 있지만, 지구의 나이에 대해서는 진정한 문제가 되지 않는다고 생각하고, 수십억 년의 지구 연대를 허락함으로써, '타협의 문'을 열어놓고 있다. 젊은 지구 창조론자들은 진화론을 거부하기보다, 오래된 연대를 거부하기 때문에 더 자주 공격받고 비난당한다.

세속 과학에서 지구의 나이 문제가 왜 중요할까? 왜냐하면 수억 수천만 년의 시간이 없다면 생물 진화론은 성립될 수 없기 때문이다. 하나님 없이 수많은 동식물을 설명해보려는 시도에서 장구한 시간은 절대적으로 필요하다. 그렇기 때문에 기독교인들은 다음의 사실을 이해하는 것이 중요하다.

첫째, 성경은 수억 년 또는 수백만 년에 대해 어떠한 암시도 하고 있지 않다. 당신이 아무 편견 없이 성경을 읽는다면, 성경은 하나님이 천지만물을 6일 동안에 창조하셨음을 분명히 말한다는 것을 알 수 있다. 또한 창세기에 기록된 족장들의 연대를 계산해보면, 태초 이후로 역사는 결코 오랜 기간이 될 수 없다.

둘째, 사람들이 고안해 낸 모든 연대측정 방법은 오류 가능성이 있다. 그것들은 증명할 수 없는 전제조건들이 성립된다는 가정 위에서 계산한다.

셋째, 장구한 연대와의 타협을 통해 하나님의 말씀 안에 수억 수천만 년의 시간이 들어오게 되면, 죽음, 질병, 가시, 고통, 질병, 투쟁, 육식… 등과 같은 것들이 아담의 범죄 훨씬 이전부터 있었으며, 이런 악한 것들의 존재는 하나님의 책임으로 만드는 결과를 가져온다.

결국 지구와 우주의 나이 문제는 인간의 생각과 하나님의 말씀 중 어디에 더 큰 권위를 둘 것인지에 관한 문제이다. 많은 목회자와 기독교인 교수들이 세속적 과학에 의해서 오래된 지구의 나이를 받아들이도록 보이지 않는 압력을 받는다. 만약 수십억 년의 지구 나이를 거부한다면, 비지성적이고 비과학적인 사람이라고 비난받거나 조롱당한다. 수억 수천만 년이라는 개념은 교회에 침입한 하나의 질병과도 같다.

결국 지구와 우주의 나이 문제는 인간의 생각과 하나님의 말씀 중 어디에 더 큰 권위를 둘 것인지에 관한 문제이다. 수억 수천만 년이라는 개념은 교회에 침입한 하나의 질병과도 같다.

Q5. 유신진화론은 무엇입니까?

유신진화론(Theistic Evolution), 또는 진화적 창조론은 하나님이 천지를 창조하실 때에 진화라는 방법을 사용하셨다는 주장이다. 그래서 진화론과 하나님을 동시에 믿을 수 있다는 주장이다. 이들의 주장에 의하면, 성경적 창조론자들이 "복음의 평판을 떨어뜨리고", "하나님 나라의 확장에 피해를 주며", "성도들 간에 불화를 일으킨다"는 것이다. 유신진화론자들이 자주 사용하는 주장은 다음과 같다.

"성경을 문자 그대로 받아들여서는 안 된다."

"창세기는 하나님의 창조 방법을 기술한 책이 아니다."

"하나님은 고대 근동 사람들의 낮은 과학 수준으로 말씀하셨다."

"이미 확립된 진화론을 거부하는 것은 지적 자살이다."

"하나님은 천천히 일하셨다."

"잘못된 젊은 지구 창조론이 사람들을 교회에서 떠나게 만들고 있다."

"젊은 지구 창조론은 안식교에서 시작한 신학적 개념이다."

유신진화론을 주장하는 사람들이 기대하는 바는 진화론자들의 비난을 피할 수 있다고 생각하는 것이다. 그러나 유신진화론을 수용하는 것은 결국 잘못된 과학과 잘못된 신학을 받아들이고 견디는 일이다. 왜냐하면, 궁극적으로 유신진화론은 모순투성이고, 예수 그리스도의 복음에 해를 끼치기 때문이다.

유신진화론을 수용하는 것은 결국 잘못된 과학과
잘못된 신학을 받아들이고 견디는 일이다.
왜냐하면, 궁극적으로 유신진화론은 모순투성이고,
예수 그리스도의 복음에 해를 끼치기 때문이다.

Q6. 유신진화론은 어떤 문제가 있습니까?

기독교인이 유신진화론을 받아들여서는 안 되는 이유는 다음과 같다.

첫째, 유신진화론은 성경을 세속적 이론에 굴복하도록 한다. 유신진화론자들은 진화론이 확립된 명백한 과학적 사실로 인정하며, 이와 성경이 불일치하는 경우, 성경을 다르게 해석하거나, 오류로 취급해 버린다. 즉 인간의 이론을 성경보다 위에 두고 있다!

둘째, 유신진화론은 성경을 기록된 그대로 읽는 방식을 무시하며, '성경의 명료성'을 부인하도록 만든다. 특히 창세기 1~11장의 기록을 역사적 사실이 아니라, 신화, 우화, 시, 비유 수준으로 격하시킨다. 다윈 이전에 살았던 많은 믿음의 선진들이 성경을 잘못 읽었다는 말과 다름없다. 이 무슨 오만한 주장인가?

셋째, 유신진화론은 창조주를 '진화를 사용하는 신'으로 만들어 버린다. 성경은 분명하게 하나님의 성품에 대해 완전하시고, 거룩하시고, 전지전능하시고, 생명이시며, 빛이시고, 사랑이시라고 말씀한다. 또한 그분의 속성이 "분명하게 보여 알 수 있다"고 하였다(로마서 1:20). 만일 하나님이 수억 수천만 년에 걸친 자연선택에 의한 진화 과정으로 생물들을 창조하셨다면, 그 과정 속 수많은 죽음과 고통은 어찌된 것인가? 그 잔인하고 처절한 진화적 과정들은 하나님의 성품을 부인하게 만든다.

넷째, 유신진화론은 예수님과 사도들의 증언을 무시한다. 만일 유신진화론이 맞는다면, 창세기의 기록뿐만 아니라, 다음 구절처럼 예수님의 말씀과 신약성경의 기록도 함께 틀린 말씀이 된다.

❶ 태초부터 있었던 사람(마가복음 10:6)

❷ 땅은 물에서 나왔다는 말씀(베드로후서 3:5)

❸ 노아의 홍수가 실제 있었음(마태복음 24:37~38)

❹ 사람은 동물과 구별되는 존재임(고린도전서 15:39)

❺ 죄가 세상에 들어온 이유는 아담의 범죄임
  (로마서 5:12~14, 고린도전서 15:45-49)

❻ 아담에게서 하와가 창조됨(디모데전서 2:13~14)

❼ 뱀이 하와를 유혹한 일은 실제 있었음(고린도후서 11:3)

다섯째, 유신진화론은 하나님의 형상을 닮은 사람의 인간성 말살을 방조한다. 진화론은 사람을 기껏해야 자신의 욕망과 자기의 생각대로 살아가는, 동물과 다름없는 수준으로 그 지위를 격하시켰다. 유신진화론자들은 이러한 인간성에 관하여 주요한 문제들을 무시하거나 경시한다.

여섯째, 유신진화론은 예수그리스도의 복음을 훼손하고 있다. 유신
진화론의 가르침은 하나님을 찾는 사람들에게 장애물이 된다. 태초
의 완벽했던 창조세계, 인간의 범죄와 타락, 죽음과 고통의 시작 등
이런 것들은 다른 내용으로 대체되거나 재해석될 수밖에 없다. 오늘
날 스스로 복음주의자라고 말하면서, 중요한 성경적 교리를 재해석
해야 한다고 주장한다면, 성경의 구절들을 마음대로 해석하는 길로
들어선 것에 지나지 않는다.

유신진화론은 예수그리스도의 복음을 훼손하고 있다.
유신진화론의 가르침은 하나님을 찾는 사람들에게 장애물이 된다.
태초의 완벽했던 창조세계, 인간의 범죄와 타락, 죽음과 고통의
시작 등 이런 것들은 다른 내용으로 대체되거나 재해석될 수밖에
없다.

Q7. 골격가설은 무엇입니까?

골격가설(Framework Hypothesis) 또는 구조가설은 창세기 1~11장을 실제 역사가 아니라, 문학적 장르의 상징이나, 비유, 시적 표현으로 해석해도 여전히 중요한 신학적 교훈을 준다고 주장한다. 그들은 성경을 비유적 이야기로, 특정한 사실을 상징화한 것이라고 믿으면서, 창조의 날들은 24시간의 하루가 아닌 상징적인 날로 받아들인다. 오늘날 많은 복음주의적 신학교에서 가르치는 골격가설의 근본적인 동기는 세속적 과학이 주장하는 진화론과 수십억 년의 지구 연대의 영향으로 창세기의 기록을 역사적 사실로 믿지 않기 때문이다.

히브리어로 쓰인 창세기 1~11장의 문법적 구조는 서술적 산문들이 이어진 형태이지, 시가 아니다. 그리고 창세기의 나머지 부분들과 다른 신, 구약의 성경들을 고려하여 문맥적으로 보더라도, 창세기 1~11장은 사실적인 역사를 기술하고 있다. 따라서 창세기를 이야기가 포함된 우화나 비유 같은 비역사적 문학으로 보는 해석들은 모두 자격 미달이다. 예수님과 성경의 모든 기자는 수없이 창세기의 전반부를 사실로 인용했으며, 역사적 사건으로 항상 받아들였다. 만약 창

세기 1~11장을 문학작품으로 여긴다면, 기독교의 교리 또한 그와
같이 취급될 수밖에 없다.

창세기를 이야기가 포함된 우화나 비유 같은 비역사적 문학으로
보는 해석들은 모두 자격 미달이다.
만약 창세기 1~11장을 문학작품으로 여긴다면,
기독교의 교리 또한 그와 같이 취급될 수밖에 없다.

Q8. 간격 이론은 무엇입니까?

간격이론(Gap Theory)은 창세기를 우주가 오래되었다는 세속적인 연대 개념과 맞추기 위한 일부 신학자들의 시도이다. 이들은 진화론을 반대하여 창세기를 문자적으로 받아들이지만, 지구에 대해 매우 오래된 연대를 수용한다. 이를 위하여, 창세기 1장의 1절과 2절 사이에 장구한 기간을 끼워 넣는다.

하나님께서 우리에게 만약 창세기 1장 1절과 2절 사이에 수십억 년의 간격이 있어서, 그 동안에 사탄, 죄, 심판, 형벌, 재창조 등이 이루어졌다고 이해시키려 했다면, 이와 관련된 무엇이라도 창세기의 저자에게 알려주셨을 것이다. 그런데 성경에서는 전혀 그런 흔적을 발견할 수 없다. 간격이론처럼 천지 창조 이전에 사탄이 이미 반역해버렸다면, 또는 아담 이전에 인간종족들을 모두 멸망시키고 동물계 전체의 멸종을 일으킨 '루시퍼-홍수' 같은 일들이 있어서, 질병, 폭력, 죽음, 부패의 흔적을 가진 수십억의 화석이 만들어졌다면, 어떻게 하나님께서 창조 때에 "심히 좋았더라"고 말씀하실 수 있었을까?

그리고 매우 많은 동물 화석들이 오늘날 살아있는 동물들의 모습과 사실상 동일하다. 전통적인 간격이론가들은 오늘날의 동물들이 과거에 존재했던 동물들의 직접적인 후손들이 아님에도 불구하고, 왜, 그리고 어떻게, 그렇게 동일한 모습을 다시 갖게 되었는가? 라는 문제에 부딪치게 된다.

또한 간격이론은 마가복음 10:6에서 예수님이

> 창조 시로부터 저희를 남자와 여자로 만드셨으니 (마가복음 10:6)

라고 말씀하신 것을 간과했다. 주님은 분명히 창세기 1:1과 아담과 하와의 창조 사이에 어떤 의미 있는 간격을 염두에 두지 않으셨다. 간격을 만들기 위해 필요한 개념은 "뒤바뀐" 사고일 뿐이다. 성경을 기준으로 하여 사람의 견해를 살펴보려는 것이 아니라, 인본주의적인 진화론적 견해를 기준하여 성경을 해석하려는 시도의 산물이다.

간격이론(Gap Theory)은 성경을 기준으로 하여 사람의 견해를 살펴보려는 것이 아니라, 인본주의적인 진화론적 견해를 기준하여 성경을 해석하려는 시도의 산물이다.

Q9. 날-시대 이론은 무엇입니까?

날-시대 이론(Day-Age theory)이란 창세기의 날들을 일상적인 하루로 받아들이지 않고, 각 날(day)을 한 시대(age)로 간주하여, 하나님이 오랜 세월 동안 진화의 방식을 사용하셔서 우주 만물을 창조하셨다는 이론이다. 이 이론은 성경의 6일 창조는 받아들이지 않으면서, 수십억 년의 지구 나이, 고생대, 중생대, 신생대와 같은 진화론적 지질시대는 사실로 받아들여 진화론의 틀에 성경을 끼워 맞추어 해석한 이론이다. 하지만 창조주께서 모든 창조를 철저히 자연적인 과정에 의존해서 수십억 년에 걸쳐 진행하셔야 할 특별한 이유도 없을뿐더러, 그에 대한 과학적 증거도 없다.

날-시대 이론은 수십억 년의 장구한 연대를 받아들이기 때문에, 생물들의 진화론적 출현 순서를 받아들이고, 노아 홍수를 지역적 홍수로 간주하고, 아담 이전에 죽음, 질병, 고통 등이 있었다고 인정한다. 이 이론은 다음과 같이 창조의 순서 해석에 대한 여러 문제를 야기한다.

식물은 셋째 날에 창조되었고, 해와 달은 넷째 날에 창조되었다. 어떻게 광합성을 필요로 하는 식물들은 태양 없이 장구한 한 시대 동안 살아갈 수 있었겠는가? 또한 날개 있는 모든 새(조류)는 다섯째 날에 창조되었고, 파충류를 포함한 땅의 짐승은 여섯째 날에 창조되었다. 진화론에 의하면 파충류가 진화하여 조류가 되었어야 하는데, 날-시대 이론은 조류가 파충류보다 먼저 장구한 한 시대를 살았다고 말해야 된다. 또한 고래를 포함한 큰 바다짐승들은 다섯째 날에 창조되었다. 그러면 포유류인 고래가 파충류보다 먼저 출현했다고 말해야 된다.

이 이론은 성경의 6일 창조는 받아들이지 않으면서, 수십억 년의 지구 나이, 고생대, 중생대, 신생대와 같은 진화론적 지질시대는 사실로 받아들여 진화론의 틀에 성경을 끼워 맞추어 해석한 이론이다.

Q10. 점진적 창조론은
무엇입니까?

점진적 창조론(진행적 창조론, Progressive Creationism)은 1986년부터 휴 로스를 비롯하여 데이비스 영 등이 주장한 이론이다. 점진적 창조론은 빅뱅이론과 우주의 장구한 연대 즉, 별들과 은하들의 형성, 태양계와 지구의 형성에 걸렸다는 장구한 진화론적 시간 틀을 그대로 받아들인다. 또한 지구에서의 장구한 진화론적 지질시대와 생물의 진화를 그대로 받아들인다. 그래서 하나님의 창조 사역은 수십억 년에 걸친 장구한 시간 동안에 시대적 간격을 두고, 진화론이 주장하는 생물 진화의 순서대로 점진적으로 창조되었다면서 창세기 1장의 각 날들, 또는 날들 사이에 장구한 시간이 존재한다고 주장한다.

이렇게 해석한다면, 하나님의 창조가 137억 년 전쯤에 빅뱅으로 시작되었고, 태양계와 지구는 46억 년 전에 창조되었고, 약 38억 년 전쯤에 최초 생명체를 창조하신 후, 5억5천만~5억 년 전인 캄브리아기에는 삼엽충 외에 많은 생물을 창조하셨다가 멸종시키시고, 중생대(2억2천만~6천5백만 년 전)에는 공룡들을 창조하셨다가 멸종시키시고, 신생대에 포유류들과 원숭이 같은 생물을 창조하셨고, 신생대 말에 사람을 창조하셨다는 것이다. 그래서 하나님께서 수십 억 년 동안에 걸쳐서, 생물들의 창조와 멸종을 반복하시다가, 마지막에 사람을 창조하셨다는 주장이다.

휴 로스는 진화론적 역사에 맞추어 최초의 사람인 아담은 약 5만~15만 년 전에 창조되었고, 그 이전의 유인원들은 육체는 있지만, 영이 없는 동물 같은 존재였다고 주장한다. 이런 식의 이론은 무신론자들에게조차 조롱거리가 된다. 칼 세이건은 그의 책 『접촉(Contact)』에서 다음과 같이 말했다.

> "하나님이 전지전능하시다면, 왜 우주가 처음 시작될 때, 그가 원하는 방법으로 시작하지 않았는가? 왜 그는 지속해서 수선하고, 한탄하는가? 성경의 하나님은 너절한 제작자이며, 형편없는 디자이너이다."

점진적 창조론은 하나님의 창조사역은 수십억 년에 걸친 장구한 시간 동안에 시대적 간격을 두고, 진화론이 주장하는 생물 진화의 순서대로 점진적으로 창조되었다면서 창세기 1장의 각 날들, 또는 날들 사이에 장구한 시간이 존재한다고 주장한다.

Q11. 점진적 창조론의 문제점은 무엇입니까?

첫째, 점진적 창조론은 하나님의 능력을 의심한다. 하나님은 왜 이러한 장구한 시간 동안에 걸쳐서 창조하셨는가? 왜 수소, 헬륨, 리튬 같은 가벼운 원소들만 창조하시고, 오랜 세월 후에 무거운 원소들이 생겨나시게 했는가? 1세대, 2세대, 3세대의 별들을 한 번에 창조하실 수는 없으셨는가? 왜 지구는 수십억 년이 지난 후에 창조하셨는가? 그런 능력이 없으신 분인가?

둘째, 점진적 창조론은 창조의 목적을 불분명하게 만든다. 점진적 창조론은 진화론에 기반한 지질시대 개념을 받아들이므로 암묵적으로 진화론을 받아들이는 셈이다. 만약 하나님이 고생대에 삼엽충을 중생대에 공룡들을 창조하셨다면, 왜 하나님께서는 사람이 볼 수도 없는 먼 과거에 그러한 생물들을 창조하셨다가 멸종을 허락하셨는가? 그 생물들을 창조하셨던 목적은 무엇이었는가?

셋째, 점진적 창조론은 창세기에 기록된 노아 홍수가 전 지구적 홍수였다는 사실을 부인한다. 노아의 홍수는 메소포타미아 지역에서 발생했던 국지적 홍수였으며, 모든 동물을 보존하려 했던 노아의 방주 이야기는 신화나 우화라고 주장한다. 만약 노아의 홍수가 지역적 홍수였다면, 하나님의 심판은 국지적으로 일어났으며, 심판에서 벗어난 사람들도 있었다는 말이 된다.

넷째, 점진적 창조론은 기독교 교리의 핵심을 훼손한다. 장구한 기간의 흔적으로 여기는 퇴적지층 속에 들어 있는 화석들은 죽음의 기록이기 때문에 아담의 범죄 이전에 죽음이 있었다고 말할 수밖에 없다. 만약 아담 이전에 이미 사망이 있었다면, 사망은 "죄의 삯"(로마서 6:23)이 될 수 없으며, "맨 나중에 멸망 받을 원수"(고린도전서 15:26)가 될 수 없다. 하나님께서 화석 속에 죽음뿐만 아니라, 질병, 기형, 독, 가시, 암, 기생충, 고통, 투쟁, 잡아먹음… 등의 모습을 둔 채 아담을 창조하신 후에 "보시기에 심히 좋았더라"라고 말씀하셨단 말인가? 이것은 하나님의 성품을 심각하게 왜곡하는 행위이다.

다섯째, 점진적 창조론은 성경의 여러 가르침과 모순된다. 창세기의 기록과 달리 별들과 태양은 지구보다 먼저 생겨났다고 말하며, 바다 생물들이 가장 먼저 출현한다고 주장한다. 점진적 창조론의 주장처럼 노아의 홍수가 지역적 홍수나 신화이고, 지구의 연대가 수십 억 년이라면, 예수님이 마지막 때에 대한 가르침에서 말씀하신 노아의 홍수 심판에 대해서 하신 말씀은 무엇이 되며, 창조 당시를 언급한 구절들은 무엇이란 말인가?

점진적 창조론은 하나님의 능력을 의심하고,

창조의 목적을 불분명하게 만든다.

창세기에 기록된 노아 홍수가 전 지구적 홍수였다는 사실을 부인한다. 기독교 교리의 핵심을 훼손한다.

이는 성경의 여러 가르침과 모순된다.

－－－－－

Q12. 다중격변론은 무엇입니까?

　　　　　다중격변론은 하나님께서 진화의 순서대로 생물들을 창조하시고 멸종시키는 일을 반복하셨는데, 지구 밖에서 날아온 운석 충돌 때문에 여러 번의 격변과 멸종이 일어났다는 주장이다. 마지막으로 일어난 격변이 노아의 홍수였으며 진화론적 지질시대와 연대를 대부분 인정한다. 그래서 퇴적지층 대부분은 노아 홍수가 아닌 운석 충돌과 같은 여러 격변에 의해 만들어졌고, 지층 속 화석들은 먼 과거에 있었던 멸종의 기록들이며, 공룡들의 멸종은 중생대 말에 일어났고, 아담 이전에 죽음이 있었다고 말한다.

다중격변론에서는 지구상에 남겨진 운석 충돌의 흔적인 운석공의 수로 장구한 연대와 다중격변을 추정하고 있지만, 최근의 운석공 연구에서 운석 충돌 시에 튀어 오른 파편들로 인해 수많은 2차성 운석공들이 동시에 만들어질 수 있음이 밝혀졌다. 따라서 운석공의 수로 오랜 연대를 추정할 수 없게 되었다. 또한 다중격변론에서는 1년여의 노아 홍수로는 두꺼운 지층 형성을 설명할 수 없다며, 전 지구적 대홍수를 부정하고 있다. 그러나 미국 세인트헬렌산의 폭발로 생겨난 지층이나, 인공수로를 통한 퇴적실험 등의 연구들은 노아 홍수를 통한 지층 형성을 지지한다.

퇴적지층 속 생물들의 죽음을 노아 홍수 심판이 아닌 여러 차례에 걸친 운석 충돌로 해석한다면, 우리가 믿는 하나님은 매우 이상한 분이 되어버린다. 왜 하나님은 주기적으로 운석을 동원하셔서 생물들을 멸하셨는가? 다중격변론은 앞에서 지적한 점진적 창조론의 문제점을 그대로 보여준다.

다중격변론은 하나님께서 진화의 순서대로 생물들을 창조하시고 멸종시키는 일을 반복하셨는데, 지구 밖에서 날아온 운석 충돌 때문에 여러 번의 격변과 멸종이 일어났다는 주장이다. 다중격변론은 앞에서 지적한 점진적 창조론의 문제점을 그대로 보여준다.

Q13. 교회의 교부들은 창조에 대해 어떠한 믿음을 갖고 있었습니까?

창세기를 문자적으로 보는 견해는 모세(출애굽기 20:8~11), 바울(로마서 5:12, 고린도전서 15:21~22, 45, 디모데전서 2:13~14), 베드로(베드로후서 3:3~7), 그리고 예수 그리스도(마태복음 19:3~6, 마가복음 10:6~9, 누가복음 17:26~27)의 견해였다. 그것은 또한 삼위일체 교리에 대한 신실한 방어자였던 바실 대주교를 포함하여 수많은 교부들의 견해이기도 했다.

대부분의 초대 교회 교부는 창세기 1장을 분명하고 직설적으로 기록된 실제 역사로서 해석했다. 그들은 창조 6일을 24시간의 하루로 해석했다. 창세기 1장이 우화라는 왜곡된 주장에 대항해서, 시리아의 에프렘(AD 306~373)과 가이사랴의 바실(AD 329~379)은 성경의 문자적 의미를 주장했다. 바실은 창세기의 날들은 24시간의 하루라고 말했다. 어거스틴의 멘토였던 밀란의 암브로스(AD 330~397)도 각 날들은 낮과 밤을 포함하는 24시간으로 이루어진 하루로 믿었다.

또한, 교회 교부들은 대홍수가 전 지구를 수몰시켰다고 믿었다. 예를 들어, 순교자 유스티노와 어거스틴, 안디옥의 데오빌로는 대홍수가 가장 높은 산 위로 15규빗이나 올랐다고 말했다. 노아 홍수가 전 지구적 홍수였다는 믿음은 중세시대에도 계속되었다. 당시의 최고 신학자 토마스 아퀴나스(AD 1225~1274)나 종교개혁자 칼뱅은 전 지구적 홍수를 믿었다. 초기 교회부터 16세기 이전의 교회는 젊은 지구 창조론을 믿었다. 지구는 수천 년밖에 되지 않았고, 24시간의 6일 동안에 창조되었고, 전 지구적 홍수로 멸망했다는 믿음을 갖고 있었다.

초기 교회부터 16세기 이전의 교회는 젊은 지구 창조론을 믿었다. 지구는 수천 년밖에 되지 않았고, 24시간의 6일 동안에 창조되었고, 전 지구적 홍수로 멸망했다는 믿음을 갖고 있었다.

Q14. 종교개혁자들은 창세기를 어떻게 믿었습니까?

종교개혁자들 중에서 가장 영향력 있었던 존 칼뱅(AD 1509~1564)은 창세기에 대해 다음과 같이 믿었다는 것을 알 수 있다.

▶ 지구의 나이는 젊다.

"우주가 창조된 지 불과 5,000년이 조금 더 지났다는 것을 알게 된다면, 그들은 실소를 금치 못할 것이다."

▶ 6일간의 연속적인 정상적인 날들 동안에 천지를 창조하셨다.

"나는 이 세계가 형성되는 데에 6일이 걸렸다고 위에서 말했다."

▶ 창조 첫째 날부터 밤과 낮의 주기가 이루어졌다.

"하나님은 해와 달이 없이도 우리에게 보내주실 수 있는 빛을 그의 장중에 가지고 계셨다. 문맥으로 보아 빛이 그렇게 창조되어 어둠과 교대되었다는 것은 확실하다."

▶ 해와 달과 별들은 넷째 날에 창조되었고, 지구에 빛의 분배자의 역할을 떠맡게 되었다.

"하나님은 지금의 태양이 낮 동안 빛의 분배자가 되고, 달과 별들은 밤 하늘을 비추어야 한다는 새로운 자연 질서를 만드셨다."

▶ 최초의 창조는 어떠한 악도 없이 보시기에 심히 좋았다.

"우주의 창조가 완성되고 난 후에, 하나님은 완벽하게 좋다고 선언하고 계신다. 하나님의 창조사역의 조화성은 최상의 완성품이었음을 알 수 있다."

▶ 육체적 죽음은 죄의 결과이다.

"아담의 죽음은 죄로 인해 부과되었다."

▶ 하나님께서는 친히 아담과 하와를 창조하셨다.

"하나님은 유일무이한 방법으로 최초의 조상들에게 생명을 부여하셨지만, 그 외의 다른 사람들은 조상의 혈통을 이어받아 부모에게서 태어났다."

▶ 노아의 홍수는 전 지구적인 규모였다.

"그 강수는 40일간 지속되었다. 모세는 온 세계가 다 물에 잠겼다는 것을 보여주기 위해서 이 사실을 자세히 강조하였다."

종교개혁의 아버지 마틴 루터도 창세기에 쓰인 그대로의 문자직 견해를 수용했다.

"우리는 모세의 기록으로부터 이 세계는 6,000년 이전에는 존재하지 않았다는 것을 알고 있다."

"모세는 꾸미지 않고 사실 그대로를 말했다. 즉, 이 세계와 모든 피조물은 기록된 말씀 그대로 6일 동안에 창조되었다."

종교개혁자들 중에서 가장 영향력 있었던
존 칼뱅도, 종교개혁의 아버지 마틴 루터도
창세기에 쓰인 그대로의 문자적 견해를 수용했다.

Q15. 고대 유대인 역사가들은 창세기를 어떻게 인식하였습니까?

창세기의 의미에 대해 타협하는 사람들은 창세기의 문자적 해석이 현대의 발명품이라고 주장한다. 그러나 그러한 주장과는 반대로 대다수의 고대 주석가들은 창세기 1장의 날들을 보통의 날(24시간으로 된 하루)들이라고 해석했다.

역사가 플라비우스 요세푸스(AD 37~약 100)는 인류가 모세의 시대까지 단지 3,000년 정도 되었다고 명백하게 언급하였다. 그는 성경에 무엇을 더하거나 빼거나, 또는 성경의 신적 교리 중 어떤 것이라도 바꾸느니 차라리 죽는 것이 낫다고 할 정도였다고 말했다.

요세푸스는 그의 책 『유대 고대사』에서 모세의 설명이 전적으로 문자적으로 해석되어야 한다고 논평하였다. "이것은 징말로 첫째 날이었다. 그리고 단지 6일 동안에 이 세계와 그 안에 있는 모든 것들이 만들어졌다." 그의 논평은 창세기에 기록된 모세의 글만큼 의미가 분명하였다. 요세푸스는 아담에서 대홍수 사이에 어떠한 시간적 간격도 허용하지 않았다. 또한 대홍수를 물이 모든 곳을 덮었던 전 지구적 홍수로 기록하였다.

요세푸스의 시대에 이교적인 헬라 역사가들은 성경에 기록된 유대인의 역사를 부인했다. 마찬가지로 오늘날 진화론자들은 성경에 기록된 역사를 거부하고, 지구와 그 위에 살고 있는 생명체들의 진정한 역사를 부인하고 있다. 요세푸스의 저술들은 현대 교회가 창세기와 지구의 시작에 관한 성경의 기록에 강력히 서 있어야 한다고 격려한다. 그는 예수님의 시대에 살았던 유대인들이 가진 창세기에 대한 견해는 일관적으로 "창세기는 말하고 있는 그대로를 의미한다."였음을 보여준다.

- - - - -

요세푸스의 저술들은 현대 교회가 창세기와 지구의 시작에 관한 성경의 기록에 강력히 서 있어야 한다고 격려한다.
그는 예수님의 시대에 살았던 유대인들이 가진 창세기에 대한 견해는 일관적으로
"창세기는 말하고 있는 그대로를 의미한다."였음을 보여준다.

- - - - -

5

진화론은
과학적 사실이
아니다!

많은 사람들이 진화론은 과학적 사실이라고 생각하고 있다. 최근 연구들은 진화론의 주장이 매우 불합리하고, 관측되는 증거들과 모순됨을 밝혀내고 있다. 진화론의 주 메커니즘인 돌연변이와 자연선택은 고등한 생물로 진화하는데 필요한, 새로운 유전정보의 획득 과정이 될 수 없다. 진화론은 실패한 가설인 것이다.

Q1. 생물의 종 분화는 진화의 증거가 아닌가요?

진화론자들은 종종 창조론자들이 '종의 고정'을 믿고 있다고 주장한다. 즉 창조론자들은 모든 생물 종들은 원래 하나님에 의해서 창조되었기 때문에, 오늘날에는 새로운 종(species, 種)이 발생하지 않는다고 믿는 사람들이라 말한다. 그러나 종 분화는 창조론적 생물학에서도 중요한 부분이다.

오늘날 하나님의 창조를 믿는 생물학자들은 하나님이 적응 능력을 지닌 다양한 종류의 생물들을 창조하셨고, 새로운 종들은 원래의 창조된 종류 내에서 파생된 것으로 생각한다. 예를 들어 북극 늑대와 아프리카 늑대는 모두 원래의 창조된 늑대 종류에서 유래되었다고 생각한다. 오늘날의 생물들은 원래의 창조된 종류 즉, 창조과수원에 심어진 종류라는 나무에서 파생된 가지에 해당된다. 생물 분류체계를 개척했던 유명한 창조과학자 린네(1707~1778)는 식물의 잡종교배를 연구하면서, 새로운 종들은 원래 창조된 종류(kinds) 내에서부터 생겨났다는 것을 확인했다. 종 분화는 단지 몇 세대 만에도 일어날 수 있다.

이에 비해 진화론자들은 모든 종류의 생물들이 하나의 공통 조상으로부터 파생되었다는 진화계통나무를 주장한다. 그러나 물고기 종류가 개구리 종류로 되거나, 도마뱀 종류가 새 종류가 되는 변화는 관찰되지 않는다. 개들은 여전히 개들로, 개구리들은 개구리들로, 말들은 말들로 남아있다.

진화론에 의하면 단세포 미생물이 수억 수천만 년에 걸친 돌연변이와 자연선택에 의해서 어류, 파충류, 조류, 포유류, 사람으로 변화되었다. 그러나 돌연변이는 새로운 유전정보를 만들어내지 못하며 오히려 이미 존재하는 정보의 일부를 파괴시킬 뿐이다. 게다가 화석들도 진화론의 주장에서 예상되는 무수한 과도기적 전이형태가 없다는 것을 확인해준다. 진화론이 주장하는 유전적 변화는 이미 존재하고 있던 유전자들이 재배열되거나 제거되면서 일어나는 변이(variation)에 불과하다.

미생물에서 사람으로의 진화되었다는 개념은 과학적으로 전혀 지지받지 못하는 철학적 가설이다. 진화론은 과학적인 것처럼 보인다. 그러나 전혀 과학적이지 않다.

미생물에서 사람으로의 진화되었다는 개념은 과학적으로
전혀 지지받지 못하는 철학적 가설이다.
진화론은 과학적인 것처럼 보인다.
그러나 전혀 과학적이지 않다.

Q2. 다윈의 진화계통나무는 무엇입니까?

모든 생물은 하나의 공통조상에서 유래했다는 다윈의 유명한 진화계통나무(evolutionary tree)가 틀렸다는 것을 아는 사람들이 얼마나 될까? 생명의 기원에 관한 다윈의 개념은 그가 초기에 그렸던 그림에 잘 나타나 있다. 한 생명체가 우연히 자연 발생했고, 오랜 시간이 흘러가면서 나뭇가지들로 분화되었고, 생물들은 다양해졌다는 것이다. 다윈은 실제로 발생하는 종의 다양성을 보고 자연선택에 의한 종의 변이(variation)가 쌓여서 복잡한 고등생물들을 끝없이 만들어냈을 것으로 잘못 생각했다.

모든 생물은 하나의 공통 조상을 갖는다는 다윈의 신념을 지지하는 자연선택 이론이 맞기 위해서는 우연히 발생한 유익한 돌연변이가 다음 세대로 유전되어야만 한다. 1930년대에 무작위적 돌연변이에 의해 세부적 변화들이 만들어졌다는 신다윈주의로 알려진 현대 진화이론이 등장했다. 그 이후 생물학자들은 해면동물, 절지동물, 현화식물, 포유류 등 모든 종류의 그룹에 대한 진화계통수를 구축해왔다. 그들은 모든 생물이 보편적인 공통 조상을 갖는 나무 안에서, 원시의 공통 조상 줄기로부터 멋지게 연결될 수 있을 것이라 믿었다. 그러나 그렇지 않았다. 한 진화론자는 이렇게 말했다.

> "과학자들은 생물들의 진화적 관계를 규명하기 위해서 유전자 시퀀싱을 사용해 왔다. 찰스 다윈은 그것을 '위대한 생명나무(the great Tree of Life)'라고 불렀다. ⋯ 생명나무는 뒤엉켜있고, 어떤 가지들은 절망적이다."

만약 생물들이 유전자를 교환해왔다면, 공통 조상 나무는 어떻게 생겨났을까? 교환할 유전자들은 처음에 어떻게 있게 되었는가? 정보의 공유는 진화보다 지적설계에 더 가까운 것이다. 정보는 이미 그곳에 있었다. 단지 주변으로 전해졌을 뿐이다. 진화계통나무는 실존하는 것으로 착각해왔던, 유령나무였다.

그러나 다윈의 열렬한 추종자들은 수많은 반대 증거들에도 개의치 않고, 여전히 착시의 힘을 빌려 점선들을 이어가며, 그 나무를 숭배하고 있다. 진화론자들은 흩어져있는 데이터들을 억지로 끼워 맞추며, 그들의 이야기를 지속하고 있다.

진화계통나무는 실존하는 것으로 착각해왔던, 유령나무였다.
진화론자들은 흩어져있는 데이터들을 억지로 끼워 맞추며,
그들의 이야기를 지속하고 있다.

Q3. 돌연변이가 진화의 주 메커니즘입니까?

진화론에서 주장하는 진화의 주 메커니즘은 돌연변이 (mutation)이다. 돌연변이는 DNA 복제 과정 중 발생하는 방향성 없는 무작위적인 오류로서, 대부분 해롭거나, 중성적이며, 새로운 유전 정보를 만들어낼 수 없고, 간혹 유익한 돌연변이라는 것도 기능의 소실 때문이며, 해로운 돌연변이가 훨씬 더 많이 일어나고 있음이 밝혀지고 있다.

돌연변이는 세포 내에 들어 있는 유전정보, 유전자 복제, 유전자 손상 탐지, 유전자 수선 지침, 유전자 네트워킹 등에 대해 한 세대의 수명 동안에는 눈에 띄지 않을 정도의 약간의 손상이 될 수도 있다. 그러나 돌연변이가 계속 축적되면 미래에는 눈에 띄는 결함으로 나타날 수 있다.

20세기 유전학자들은 돌연변이 발생률을 증가시킴으로써 진화를 가속화시키려고 노력해왔다. 새로운 생물체가 태어나거나 적어도 향상된 기관이 나타나기를 기대하면서, 초파리나 식물을 많은 양의 방사선이나 화학물질에 노출시켰다. 그러나 수십 년간 이러한 연구들은 실패로 끝났다. 초파리에서 날개가 변형되거나, 눈에서 다리가 나오는 것과 같은 다양한 돌연변이들이 일어났지만, 향상된 돌연변이는 단 한 번도 관측되지 않았다. 모든 돌연변이는 생물체에 해로웠다.

돌연변이는 DNA에 들어 있는 유전정보의 소실과 쇠퇴를 초래하는 하향적 변화이기 때문에, 유전정보의 획득 과정이 필요한 진화의 주 메커니즘이 될 수 없다.

돌연변이는 DNA에 들어 있는 유전정보의 소실과 쇠퇴를 초래하는 하향적 변화이기 때문에, 유전정보의 획득 과정이 필요한 진화의 주 메커니즘이 될 수 없다.

Q4. 돌연변이는 생명체에게 어떤 영향을 끼칩니까?

돌연변이는 생물들의 상향적 진화를 달성하기에는 너무도 거리가 멀어 보인다. 돌연변이는 사람에게서 심장병, 각종 암, 기형, 폐 질환, 신장 질환, 신경 질환 등 약 4,000여 종류의 파괴적인 유전병들의 원인이 된다. 예를 들어 과학자들은 낭성섬유증이라는 질병이 아미노산 1,480개로 이루어진 이온 운송 단백질의 유전암호를 지정하는 유전자 내에서 단지 3개의 뉴클레오티드가 무작위적으로 변하면서 유발된다는 사실을 밝혔다. 인간 유전체(genome)는 DNA 내에 약 32억 개의 뉴클레오티드를 갖고 있는데, 이 중 단 3개의 뉴클레오티드가 무작위적인 변화가 치명적인 결과를 초래한 것이다.

진화론자들은 생물체에 유익을 주는 긍정적 돌연변이와 부정적 돌연변이가 거의 동등하게 일어나는 것처럼 말하고 있다. 하지만 긍정적 돌연변이는 너무 드물고, 그것도 유전정보의 소실로 인한 유익함이라는 것을 숨기고 있다. 한 유전학자는 해로운 돌연변이에 대한 '유익한 돌연변이'의 비율을 정량화하기 위해 컴퓨터 분석을 했다. 기능의 소실로 인한 유익이기는 하지만 유익한 돌연변이는 186개가 발견된 반면, 해로운 돌연변이는 453,732개나 발견되었다. 유익한 돌연변이 대 해로운 돌연변이의 비율은 0.041%였다.

분명히 해로운 돌연변이들은 뭔가 유익한 돌연변이보다 훨씬 더 많이 발생하고 우세하다. 오랜 시간이 지나 이러한 돌연변이들이 축적된다면, 해로운 돌연변이들이 더 많이 축적될 것이고, 그 생물체는 결과적으로 진화론적 발전을 가져오는 것이 아니라 멸종되고 말 것이다. 만약 생물들이 정말로 진화론자들이 주장하는 것처럼 수억 수천만 년에 걸쳐서 돌연변이가 축적되어 진화해왔다면, 생물들의 멸종은 피할 수 없었을 것이다.

진화론은 사람과 동물이 가진 모든 경이로운 기관(눈, 귀, 허파, 심장, 신장, 간장, 뇌, 골격, 다리, 팔)과 수많은 효소, 단백질, 생체물질을 만드는 DNA 내의 모든 유전정보가 완전히 무작위적 돌연변이들을 통해서 생겨났다고 가르친다. 어떤 기계의 구성과 작동을 생각해보라. 만약 기계나 기계의 구성을 암호화하여 저장된 설계도에 무작위적 변화가 발생했다면 과연 도움이 될까? 결코 아니다. 분자 기계나 유전정보에 대한 무작위적 변화는 그 기능과 정보를 파괴할 뿐이다.

오랜 시간이 지나 이러한 돌연변이들이 축적된다면, 해로운 돌연변이들이 더 많이 축적될 것이고, 그 생물체는 결과적으로 진화론적 발전을 가져오는 것이 아니라 멸종되고 말 것이다.

Q5. 진화론에서 기능하지 못하는 중간체의 문제가 무엇입니까?

　　찰스 다윈은 『종의 기원』에서 다음과 같이 말했다. "만약 어떠한 복잡한 장기가 수많은, 연속적인, 가벼운 변형들에 의해서 형성될 수 없다는 것이 입증된다면, 나의 이론은 확실히 무너지고 말 것이다."

진화론에서 생물에게 유익을 주는 구조들은 자연선택을 통해 보존된다. 만약 어떤 구조가 기능을 못 한다면, 생물에게 유익을 주지 못할 것이며, 그 구조는 생물의 자원을 낭비하다가 자연적으로 도태될 것이다. 다윈은 기능하지 않는 중간 상태의 구조들이 존재할 수도 있을 것이라고 말했다. 하지만 이는 본질적으로 '환원불가능한 복잡성(irreducibly complex, 한 요소도 제거불가능한 복잡성)'이라는 문제에 봉착하게 된다. 지적 설계론자인 마이클 베히는 다음과 같이 설명한다.

"환원불가능한 복잡성이란 하나의 시스템의 기본적인 기능에 기여하는 많은 부분이 상호 작용하도록 구성되었을 때, 이 중에서 하나의 요소만 제거하여도 시스템 전체의 효율적인 기능이 중단되는 것을 말한다. '환원불가능한 복잡성'을 가진 하나의 시스템은 이전 시스템에서 조금씩, 연속적인 변형으로, 점차적으로 만들어질 수 없다. 왜냐하면, 이 시스템에서 어떠한 요소라도 제거된 이전 시스템은 제대로 기능하지 못하기 때문이다. 자연선택은 하나의 기능 자체를 선택하는 것이기 때문에, '환원불가능한 복잡성'을 갖는 시스템은 자연선택을 통해서 완벽한 하나의 단위로써만 선택되어야 한다. 이 사실은 다윈주의처럼 점진적인 변화를 상상하는 개념과는 조화될 수 없다."

스웨덴의 생물학자인 로이트룹은 다음과 같이 말했다.

"다윈의 가설을 거부하는 많은 이유 중 가장 먼저 지적되는 이유는 작은 수준의 많은 변화가 축적되어 매우 혁신적인 구조가 존재할 수 없다는 것이다. 만약 그러한 작은 변화들이 일어났다 하더라도, 자연선택은 이를 완성시킬 수 없다. 왜냐하면, 초기 단계나 중간단계의 장기들은 생존에 불리하기 때문이다."

터키의 진화론자인 코루는 다음과 같이 말했다.

"눈과 날개의 공통적인 특징은 완전히 발달되었을 때에만 기능을 발휘할 수 있다는 것이다. 즉 절반만 완성된 눈은 볼 수 없고, 절반만 발달된 날개를 가진 새는 날 수 없다. 어떻게 이런 기관들이 출현하

게 되었는지는 앞으로 명백히 밝혀야 하는 자연의 미스터리 중 하나
로 남아있다."

기능하지 못하는 중간체의 문제는 진화론의 근본적인 결함이 되고
있다.

**다윈은 기능하지 않는 중간 상태의 구조들이 존재할 수도 있을 것
이라고 말했다. 하지만 이는 본질적으로 '환원불가능한 복잡성
(irreducibly complex)'이라는 문제에 봉착하게 된다.**
**기능하지 못하는 중간체의 문제는 진화론의 근본적인 결함이
되고 있다.**

Q6. 돌연변이로 내성이나 저항성이 생겨나는 것은 진화가 아닌가요?

항생물질(antibiotics)은 다른 경쟁적인 박테리아들을 죽이기 위해 박테리아와 곰팡이에 의해 분비되는 천연물질이다. 과학자들은 어떤 박테리아가 DNA의 여러 변형이나 돌연변이를 통해서 항생제에 내성을 갖게 되는 것을 발견하였다. 진화론자들은 이러한 세균의 항생제 내성 획득이 진화가 작동되는 증거라고 주장한다. 그러나 이것이 진화의 증거가 되기 위해서는, 항생제 내성 또는 저항성에 대한 메커니즘이 기존 효소의 조절로 나타난 것이 아니라, 분자생물학적 수준에서 새로운 효소 또는 새로운 대사경로 때문이라는 것이 입증되어야만 한다.

그러나 세균의 저항성은 돌연변이에 의해 기존의 유전정보를 잃어버렸거나, 수평유전자전달이라 불리는 DNA 교환 방법을 통해 기존에 있던 박테리아의 내성 유전자들을 공유하게 되면서 얻어진다. 예를 들어 항생제 저항성은 세포 내로 항생물질을 운반하는 섭취 통로 단백질이 파괴되거나, 항생물질을 분해시키는 조절 시스템이 파괴되면서, 분해 효소가 훨씬 더 많이 생성되어 저항성을 갖게 된 것이다. 이것은 새로운 유전정보의 획득(gain of information) 과정과는 아무런 관련이 없다. 이미 존재하는 어떤 것이 선택되는 현상은 새로운 유전정보를 획득해야 가능한 진화를 전혀 지지하지 않는다. 또한 모기가 살충제에 대한 저항성을 얻게 되는 원인은 살충제 성분인 유기인제와 카바민산염에 대해서 모기가 가진 아세틸콜린 에스테라제 효소 감수성을 잃어버렸기 때문이었다.

생명체에 진화가 일어나기 위해서는 엄청난 양의 유전정보가 증가되는 과정이 있어야 한다. 그러나 진화의 주 메커니즘인 돌연변이는 새로운 유전정보를 증가시키지 못하고, 유전정보의 쇠퇴만을 가져온다. 사실 진화 열차는 반대 방향으로 가고 있다. 무작위적인 돌연변이가 새로운 유전정보를 만들어낼 수 있는가? 지금까지 관찰된 사례가 없다.

진화의 주 메커니즘인 돌연변이는 새로운 유전정보를 증가시키지 못하고, 유전정보의 쇠퇴만을 가져온다. 무작위적인 돌연변이가 새로운 유전정보를 만들어낼 수 있는가? 지금까지 관찰된 사례가 없다.

Q7. 자연선택이 관찰되는 것은 진화의 증거이지 않나요?

　　'자연선택(natural selection)'은 종종 '적자생존(survival of the fittest)' 이라고도 불리는 진화의 주 메커니즘이다. 하지만 자연선택은 이미 존재하던 특성 중에서 선택하는 과정으로, 유전자 풀(pool)이 소실되는 과정이다. 자연선택은 진화적 발전에 필요한 새로운 유전자를 만드는 과정이 아니다. 자연선택의 사례가 진화의 증거가 될 수 없다.

생물체는 생존을 위해서 적응한다. 예를 들어 다양한 털 길이와 색깔을 가진 곰 개체군의 경우, 긴 털을 갖게 하는 유전자는 추운 기후에서의 생존 가능성을 높일 것이다. 또한 흰색 털을 갖게 하는 유전자는 눈이 많은 극지방에서 곰의 위장술을 높여 먹이에 쉽게 접근할 수 있게 해줄 것이다. 이러한 이유로 흰색의 긴 털을 가진 곰들이 극지방에서 살아남게 되었다면, 이것이 진화일까? 과연 이러한 변화가 아메바 같은 생물에서 사람에게 이르기까지 진화해가는 상향적 발전의 과정일까? 결코 아니다. 이러한 변화는 새로운 유전정보의 증가를 가져오는 변화가 아닌, 이미 존재하던 특성 중에서 일부 특성만이 선택되어 일어난 변화로서, 유전자 풀의 감소로 일어난 적응의 결과이다. 북극곰은 원래 다양했던 유전자 중에서 짧은 털을 내는 유전자와 짙은 색깔의 털을 내는 유전자를 잃어버린 결과로 변화된 모습이다.

그러므로 적응(adaptation) 또는 분화(specialization)는 언제나 생물체 내에 들어있던 일부 유전정보를 잃어버린 대가로 얻어진 것이다. 만약 긴 털의 흰색 곰이 극지방이 아닌 예전의 환경으로 되돌아가더라도, 짧고 짙은 색의 털을 갖게 하는 유전정보가 기적적으로 다시 나타나지는 않을 것이다. 자연선택은 이미 존재하는 유전자 풀 내의 유전정보 내에서만 작동되기 때문이다.

자연선택은 생물체가 처한 환경에 적응하는 방법이고, 쇠퇴해 가는 세상에서 멸종되지 않도록 도와주는 방법이다. 하나의 커다란 유전자 풀이 조각조각 나뉘면서 후손 세대에서 다양한 품종이 생겨날 수 있다. 비록 이런 과정으로 새로운 품종이 출현하더라도 새로운 유전정보가 생겨난 것은 아니다. 따라서 자연선택은 특정 개체군의 유전정보를 증가시키지 않는, 유전정보가 감소되는 과정으로서, 상향적 진화의 주 메커니즘이 될 수 없다.

자연선택은 진화적 발전에 필요한 새로운 유전자를 만드는 과정이 아니다. 자연선택의 사례가 진화의 증거가 될 수 없다.

Q8. 식물들이 서로 돕고 있다는 것은 무슨 얘기입니까?

땅속에 있는 나무의 거대한 뿌리 시스템은 서로 네트워크를 구성하고 있고, 심지어 진균류(fungus)하고도 밀접하게 얽혀져 있다. 진균류의 세맥을 통한 연결망은 다른 나무들과 연결되어 있고, 심지어 다른 종의 나무들과도 연결되어 있다. 나무는 공기로부터 당 같은 탄소함유 화합물을 만들어내지만, 진균류는 만들지 못한다. 따라서 나무의 뿌리 밖으로 흘러나오는 탄소함유물은 진균류에게 유용하다. 대신에 진균류는 땅속의 질소나 인과 같은 필수 영양분들을 분리하는데 도움을 주는 특별한 효소들을 생산하여 나무들이 이런 영양분을 더 많이 얻을 수 있게 해 준다. 이처럼 서로 다른 두 생물 종이 상호 이익을 얻는 관계는 매우 흔하며, 공생(symbiosis)이라고 불린다.

진화론자들은 나무들이 생존경쟁을 하며 다른 나무들과 진화론적 투쟁 속에서 자라고 있다고 말한다. 나무가 더 많은 햇빛을 얻기 위해 더 높이 자라려고 투쟁하고 있으며, 이로 인해 주변 나무들은 가려져서 적은 햇빛을 얻게 된다는 논리이다. 그러나 캐나다의 숲 생태학자인 수잔 시마드는 이러한 설명에 의심을 품었다. 그녀는 진균류의 세 맥들이 다른 종의 나무들과도 연결되어 있다는 것에 주목했다. 시마드는 자작나무와 전나무의 묘목들을 심으면서, 나무에 진균류들이 자랄 수 있도록 접종시켰다. 1년 후에 몇몇 나무 위로 천막을 쳐서 그늘에 놓이게 된 나무는 햇빛에 노출된 나무보다 적은 광합성으로 인해 적은 탄소화합물을 만들게 하였다.

6주 후에 그녀는 어떤 나무로부터 나온 탄소인지를 알아내기 위해서, 비닐 백으로 나무를 씌워 밀봉하고, 동위원소를 구분하여 표지된 이산화탄소를 나무 안에 주입했다. 수주 후에 이 나무들을 분석했을 때 결과는 놀라웠다. 한 나무에서 만들어진 탄소화합물이 다른 나무의 끝에서도 자주 발견되었으며, 전체적으로 그늘에 있는 나무들이 햇볕에 있는 나무들로부터 많은 탄소를 받아들이고 있었다.

이를 요약해 보면, 진균류들이 탄소의 흐름을 관리하는데, 건강한 나무로부터 탄소를 취해서, 그늘에 있는 나무에게 전해주고 있었다. 그리고 이러한 일은 식물 종에 상관없이 일어나고 있었다. 다시 말해서 건강한 전나무가 만든 탄소가 그늘에 있는 자작나무의 생존을 돕기 위해서 전달되고 있었다. 일반적으로 숲의 큰 나무들에 의해서 작은 나무가 햇빛을 빼앗겼더라도 예상보다 큰 문제가 되지 않는 이유를 명백하게 설명해준다.

이것은 진화론의 주장이 틀렸으며, 살아있는 생물들이 서로 복합적으로 상호관계를 가지며 살아가도록 설계되어 있다는 또 하나의 놀라운 사례이다.

진화론자들은 나무들이 생존경쟁을 하며 다른 나무들과
진화론적 투쟁 속에서 자라고 있다고 말한다.
이것은 진화론의 주장이 틀렸으며,
살아있는 생물들이 서로 복합적으로 상호관계를 가지며
살아가도록 설계되어 있다는 또 하나의 놀라운 사례이다.

Q9. 파리 날개에 곤충이 그려진 것은 진화입니까?

아랍에미리트에 사는 작은 과실파리인 고니우렐리아 트리덴스(Goniurellia tridens)의 날개에는 놀랍게도 그림이 그려져 있다. 투명한 각 날개에 6개의 다리, 2개의 더듬이, 머리, 흉부, 가늘어진 복부가 있는, 개미와 유사한 곤충의 모습이 선명하게 드러나 있다. 이 그림의 정확한 기능은 명확하지 않다. 어떤 사람들은 구애를 위해, 또는 위협을 받을 때 방어용일 것으로 생각한다. 그러나 이 파리의 길이는 약 3mm이고, '개미' 그림은 길이가 1mm에 불과하여 파리의 포식자가 작은 그림을 보고 물러날 가능성은 별로 없어 보인다.

파리 전문가들 역시 이 날개 그림이 개미와 같은 곤충을 "절대적으로 완벽하게" 묘사하고 있다는 것에 동의하고 있다. 마치 미술 작품처럼 놀랍도록 정확한 사실적 묘사는 지적 예술가의 솜씨임을 보여준다. 그림이 우연히 그려질 수 있을까? 무작위적인 돌연변이가 그림도 그리게 된 것일까? 파리 날개의 '개미' 그림이 맹목적인 돌연변이와 자연선택에 의해 점진적으로 하나씩 하나씩 생겨나서 형성되었다고는 생각할 수 없다. 하나님은 만물을 다스리시고 주관하시는 전지전능하신 분일뿐만 아니라, 멋진 예술가이시다.

파리 날개의 '개미' 그림이 맹목적인 돌연변이와 자연선택에 의해
점진적으로 하나씩 하나씩 생겨나서 형성되었다고는
생각할 수 없다.
하나님은 만물을 다스리시고 주관하시는
전지전능하신 분일뿐만 아니라, 멋진 예술가이시다.

Q10. 빗해파리의 유전체가 진화론을 반박한다는 것은 무엇인가요?

빛을 내며 회전하는 디스크 볼처럼 바다를 떠다니는 빗해파리(comb jelly)의 유전체(genome)가 해독되었는데, 그 결과는 진화론적인 예측이 모두 틀렸다는 것을 보여주었다. 빗해파리는 어떤 면에서는 해파리와 비슷하지만, 빛을 감지하고 먹이를 감지하는 복잡한 신경계를 갖고 있고, 다채로운 스펙트럼의 생물 발광으로 번쩍이며, 독특한 근육 조직과 촉수로 이동한다. 처음에 진화론자들은 빗해파리를 해면동물이나 판형동물과 같은 신경계가 없는 생물로부터 진화했다고 판단하였다. 다른 진화론자는 빗해파리를 진화계통나무의 초기에 가져다 놓았다.

그러나 빗해파리의 유전체에서 진화론적으로는 이해할 수 없는 발견은 다음과 같다. 첫째, 진화론적으로 빗해파리보다 더 원시적이거나, 더 진화되었을 것으로 간주되는 다른 생물들에서 일반적으로 발견되는 유전자들이 빗해파리에게서 발견되지 않았다. 예를 들어 생물체의 패턴과 발달을 제어하는 많은 보통의 유전자 타입이 빗해파리에는 없었다. 또한 신경계가 없는 생물이나 복잡한 신경계가 있는 생물 모두에서 흔히 발견되는 마이크로 RNA라 불리는 중요한 작은 조절 분자들이 없었다. 그리고 더 단순한 생물들과 더 복잡한 생물들에 있는 여러 유형의 면역반응을 개시하는 기본 단백질들이 없었다.

둘째, 빗해파리에게서 이전에 다른 동물에서 한 번도 본 적이 없는 생물학적, 생화학적 시스템을 나타내는 새로운 유형의 유전자들이 발견되었다. 진화론적으로 이것은 매우 괴상한 일이다. 빗해파리에서 확인된 19,523개의 단백질 암호 유전자 중에서, 단지 44%만이 다른 동물의 유전자와 유사했다. 흥미로운 사실은 새로운 유전자 중에 고도로 복잡한 정보처리 시스템을 나타내는 많은 유형의 유전자들이 존재한다는 것이다. 예를 들어, 빗해파리 유전체는 지금까지 동물에게서 보고된 RNA 교정 효소의 암호화된 유전자를 가장 많이 갖고 있었다.

진화는 방향도 없고, 생각도 없고, 계획도 없는, 무작위적인 자연주의적 과정이다. 그런데 이런 과정을 통해 수백 개의 서로 맞물려 상호작용을 하는, 완전히 기능을 하고 있는 복잡한 일련의 세포 시스템이 없어지고, 완전히 다른 어떤 시스템으로 대체될 수 있었을까? 빗해파리처럼 극도의 생화학적 복잡성을 보이는 경이롭고 매혹적인 생물은 진화를 부정하고, 전능하신 창조주를 가리킨다.

빗해파리처럼 극도의 생화학적 복잡성을 보이는 경이롭고 매혹적인 생물은 진화를 부정하고, 전능하신 창조주를 가리킨다.

Q11. 유전학은 진화론을 지지합니까?

진화론에 의하면 효모와 같은 미생물과 사람은 십억 년 전쯤에 갈라졌다고 한다. 그런데 사람의 유전자 중 수백 개가 효모(yeast) 내에서도 잘 작동되고 있었다. 이런 현상을 진화론자들은 '공통 조상'이라고 설명하고, 창조론자들은 '공통 설계'라고 설명한다. 어느 쪽이 옳은가? 텍사스 대학의 한 연구에서는 다음과 같이 설명한다.

"효모와 인간은 10억 년 동안 별도의 경로로 진화되어왔지만, 그들은 아직도 매우 강한 가계적 유사성이 있다는 것이 밝혀졌다. 효모 세포 내로 한 번에 400개 이상의 인간 유전자를 삽입한 후에, 이들 유전자의 거의 50%가 기능을 수행할 수 있었으며, 그 미생물이 살아갈 수 있도록 해주는 것을 발견했다."

"이것은 매우 놀라운 일로서 동일한 유전자가 10억 년의 분기 후에도 동일한 기능을 수행할 수 있다는 것을 의미한다."

정말 그렇게 오랜 시간이 흘렀다면, 서로 매우 다른 유전자들로 바

뛰어야 하는 것이 아닌가? 진화론은 변화의 점진적 축적을 예측하지 않았는가? 효모와 사람의 어떤 공통 조상이 있었고, 각자의 길로 분리되어 10억 년이 흐르면서 진화되지 않았는가? 효모의 차원에서 도대체 몇 세대나 흘렀을까? 그렇다면 공통적인 모습이 거의 없어야 하지 않겠는가? 그런데도 이 연구자들은 다음과 같이 말한다.

> "빵 속에 들어 있는 효모와 사람은 서로 갈라진 후 10억 년의 진화에도 불구하고, 두 생물의 공통 조상에 있었던 수백 개의 유전자는 그들 두 생물 모두에서 거의 변화되지 않았다."

이는 확실히 진화론자들이 예상했던 결론이 아니었다. 진화론자들은 자신들이 믿는 이론을 어떻게든 살리기 위해 다음과 같은 말장난을 하고 있다.

> "진화는 일어나지 않을 때를 제외하곤 언제나 일어난다. 진화는 극도로 빠르게 일어날 수도 있고, 극도로 느리게 일어날 수도 있다. 공통 조상에서 진화될 수도 있고, 독립적으로 각각 진화될 수도 있다. 진화로 복잡한 기관이 만들어지기도 하고, 단순한 구조로 퇴화되기도 한다."

합리적인 사람이라면, 진화론자들의 말장난을 쉽게 알아차릴 수 있을 것이다. 진화론의 오류는 점점 더 심각해지고 있다.

진화론의 오류는 점점 더 심각해지고 있다.

Q12. 진화론에서는 유성생식을 어떻게 설명하고 있습니까?

유성생식(sexual reproduction)이란 생물 중 암, 수 두 가지 성을 가진 개체에 의해 번식하는 것을 말한다. 왜 생물들은 매우 비효율적으로 보이는 유성생식의 방식으로 진화되었을까? 만약 수많은 동식물과 사람이 가진 유성생식이 무작위적 돌연변이들에 의한 결과라면, 다음과 같이 도저히 믿어지지 않는 우연한 사건들이 단계마다 일어났어야 한다.

첫째, 놀랍도록 복잡하고, 근본적으로 다르면서도 상호보완적인 암, 수의 생식기관이 같은 시점, 같은 장소에서, 단계별로 독립적으로, 완전한 모습으로, 돌연변이들이 한꺼번에 일어나야 한다. 만일 암, 수 둘 중에 하나에게 조금이라도 불완전한 돌연변이들이 일어났다면, 암수의 생식기관은 둘 다 소용없어지고, 그 생물체는 멸종될 것이다.

둘째, 암수의 생리적, 화학적, 감정적 시스템들 또한 서로 일치하도록 돌연변이들이 일어나야 한다.

셋째, 꽃가루나 정자 등 수컷 생식기관의 복잡한 생식세포가 난자와 같은 암컷 생식기관의 생식세포와 일치하도록, 기계적, 화학적, 전기적 친화성을 가지게 하는 돌연변이들이 암, 수 둘에게 한꺼번에 정교하게 일어나야만 한다.

넷째, 수정란 내에서 분자 수준으로 발생하는 매우 복잡한 수정 과정들이 극도로 정확하게 작동되게끔 돌연변이들이 일어나야 한다.

다섯째, 성체를 통해 수태된 수정란이 생식능력을 가진 또 다른 성체로 만들어지는 임신 기간 동안 그 환경이 철저히 조절되도록 돌연변이들이 일어나야만 한다.

여섯째, 이와 같은 놀라운 기적적인 돌연변이들이 수많은 동식물의 암수에서 반복적으로 늘 일어났어야만 한다.

이러한 일이 과연 일어날 수 있었겠는가? 목적도 없고, 방향도 없고, 계획도 없는, 무작위적인 돌연변이들이 이러한 모든 것들을 만들었다는 것을 믿기 위해서는 사실 엄청난 믿음이 필요하다.

놀라운 기적적인 돌연변이들이 수많은 동식물의 암수에서 반복적으로 늘 일어났어야만 한다. 엄청난 믿음이 필요하다.

Q13. 동물의 변태는 진화의 증거입니까?

변태(metamorphosis)와 같은 복잡한 과정은 무작위적 돌연변이로 일어날 수 없어 보인다. 올챙이에서 개구리로의 놀라운 변화가 우연한 돌연변이로 생겨났는가? 완전한 아가미를 가지고 있는 물고기처럼 생긴 올챙이는 완전히 새로운 형태의 생물체로 빠르게 모양을 탈바꿈한다. 입은 넓어지고, 꼬리는 분해되어 사라지고, 파리를 잡아챌 수 있는 혀가 발달되고, 콧구멍이 만들어지고, 눈은 튀어나와 머리 위쪽으로 이동한다. 마침내 폐가 발달되어 만들어지고, 네 다리가 성장하면, 올챙이는 물 밖으로 튀어나와 땅에서도 살아갈 수 있게 된다.

이 놀라운 변화를 가져오는 변태는 겉모습의 변화보다 훨씬 많은 것들이 숨겨져 있다. 사실상 모든 장기와 생체 시스템들은 근본적으로 다시 만들어져야 한다. 예를 들어, 신경계는 새로운 모델의 눈, 귀, 다리, 혀 등이 작동되도록 완전히 재배선 되어야 한다. 똑같은 개조가 개구리의 생화학에서도 일어나야 한다. 혈액의 헤모글로빈, 눈의 광색소 등 많은 변화가 일어나야만 한다.

생물학자들은 개구리의 '재탄생'이 보여주는 극도의 복잡성에 대해서 입을 다물지 못한다. 이 모든 변화는 일련의 단계를 따라 정확한 순서를 지키며 일어난다. 예를 들면 다리가 작동되기 전에 꼬리가 사라진다면 올챙이에게는 굉장한 어려움이 될 것이다. 내부 장기, 뼈, 신경, 생화학… 등 모든 것이 마찬가지로 하나라도 잘못된 차례에서 일어난다면, 전체 변태 과정은 중지되고 실패될 것이다.

대부분의 곤충도 완벽한 변태 과정을 거친다. 애벌레는 자신 주위에 고치 또는 번데기를 만든다. 그리고 그 속에서 몸은 두껍고 펄프 같은 액체로 분해된다. 수일, 수주, 또는 수개월 후, 나비와 같은 성숙한 성체가 극적으로 다른 모습으로 놀라운 능력을 가지고 태어나는 것이다. 먹이, 서식지, 행동 등이 애벌레와 성체 사이에 완전히 다르다.

도대체 변태라는 많은 단계를 거치는 과정이 어떻게 진화될 수 있었을까? 어떤 돌연변이가 애벌레를 개선시켰는가? 확실히 고치 안에서 발생한 것과 같은 신경, 근육, 눈, 뇌와 대부분의 다른 장기들은 애벌레에는 없다. 그렇게 애벌레가 개선되었다고 치더라도, 그것은 후에 왜 '죽'과 같은 액화상태로 끝나는가? 두꺼운 액체 안에서의 수많은 변화는 성체가 완전히 형성되기 전이므로, 어떤 생존경쟁이나 바깥 세상에서의 적응에 의해서 만들어지지 않았다. 어떻게 애벌레와 성충이 함께 발생하도록 유전물질이 무작위적 돌연변이들로 만들어졌는가? 어떤 유전물질이 돌연변이로 먼저 만들어졌는가? 애벌레인가 성충인가? 어떤 돌연변이가 일어났기에 땅바닥을 기던 애벌레가 핀 만한 크기의 뇌를 갖고도 4,800km를 정확하게 항해할 수 있는 제왕나비로 변화될 수 있었는가? 동물의 변태를 보면 돌연변이에 의한 진화론은 성립될 수 없다.

도대체 변태라는 많은 단계를 거치는 과정이 어떻게 진화될 수

있었을까? 동물의 변태를 보면 돌연변이에 의한 진화론은

성립될 수 없다.

Q14. 진화론에서는 이타주의와 공생관계를 어떻게 설명하나요?

진화론은 이타주의와 공생관계를 설명하지 못한다. 사람과 많은 동물은 다른 사람이나 다른 동물을 구하기 위해서 위험을 감수기도 하며, 삶을 희생하기도 한다. 생존경쟁을 말하고 있는 자연선택에서, 이타적인(자기희생) 개체는 빠르게 사라질 수밖에 없다. 그러한 위험하고 희생이 큰 행동이 어떻게 유전될 수 있었는가?

만일 이타적 행동을 지시하는 유전자를 가지는 개체가 있었다면, 자신이 희생하여 죽었으므로 이 유전자를 후손에게 전달하지 못했을 것이다. 만약 진화가 옳다면 이기적인 행동은 이타적인 행동을 완전히 제거했어야 한다. 즉 이타주의는 진화론과 모순된다.

서로 다른 많은 생물체는 서로가 서로에게 완전히 의존하고 있다. 이것을 공생관계라 한다. 예를 들면 무화과나무와 무화과말벌, 유카나무와 유카나방, 많은 기생충과 숙주들, 화분을 가진 식물과 꿀벌 등이다. 만약 상호의존적인 공생관계에서의 한 개체가 먼저 진화했다면 생존할 수 없다. 공생관계에 있는 그룹의 모든 구성원이 생존하기 위해서는, 그들 모두가 동시에 진화했어야만 한다. 모든 공생관계가 동시에 진화되었을 것이라고 믿는 것은 말 그대로 상상 속 신념에 불과하다.

만약 진화가 옳다면 이기적인 행동은 이타적인 행동을
완전히 제거했어야 한다.
즉 이타주의는 진화론과 모순된다.

Q15. 생물체가 지닌 정교한 기능들을 진화로 설명할 수 있습니까?

간단한 생물체로 평가하는 세균에게서 고도로 정교한 초미세 회전 모터가 발견되었다. 세균의 편모에서 발견된 모터는 50nm의 초정밀 모터로서 인간이 만든 가장 적은 모터의 1/2000 크기이며, 분당 1만 번(자동차 엔진은 2~3천 번) 회전하는 것으로 밝혀졌다. 이러한 고도로 효율적이고 정교한 모터가 우연히 어쩌다가 생겨날 수 있는가? 그리고 이러한 모터를 가지고 있는 생물체가 단순하며 원시적인 생물체라고 말할 수 있는가?

2000년대에 들어서서 물리학자들이 개발한 최첨단 발광다이오드 (LEDs)가 수천만 년 전의 나비들에 이미 장착되어 있음이 밝혀졌고, 철새뿐만 아니라 제왕나비도 경도를 측정하여 장거리 항해를 하고 있었고, 어떤 새우는 자기장을 인식하여 이동하고 있었으며, 귀상어는 360도 입체 시각을 가지고 있었고, 도마뱀붙이는 경이로운 발바닥 구조뿐만 아니라 사람의 눈보다 350배나 더 좋은 고성능의 야간

투시 눈을 가지고 있었고, 한 심해 물고기는 망막 위로 빛을 반사하는 거울을 가지고 있었으며, 어떤 심해 물고기는 투명한 결정 돔 뒤에서 눈이 보호되고 있을 뿐만이 아니라 우주선의 조종석처럼 회전할 수 있었다.

해면동물은 인간이 발명한 최첨단의 공학 기술인 광섬유를 가지고 있었고, 큰뒷부리도요새는 알래스카 서부로부터 뉴질랜드까지 11,679km를 논스톱으로 날아갔으며, 사하라 사막의 한 개미는 고등수학으로 자신의 길을 찾아가고 있었고, 회충도 감각기관으로 들어오는 입력 신호들로 미적분 계산을 수행하는 것처럼 보이며, 헤라클레스 딱정벌레는 습도에 반응하여 색깔을 변화시키는 외피를 가지고 있었고, 비둘기는 최첨단 나침반을 가지고 있었고, 바다거북도 자기장을 인식하여 항해하고 있었으며, 벌들은 춤으로 의사전달을 하고 있었고, 거미줄은 강철보다 100배 정도 강한 세계에 가장 강한 섬유로 개발되고 있으며, 파리, 잠자리, 나비 등의 경이로운 비행기술들을 모방하여 로봇 비행체가 개발되고 있다.

이러한 생물들에서 계속 밝혀지고 있는 고도로 정교한 최첨단 기능들이 모두 방향도 없고, 목적도 없는, 무작위적 돌연변이들로 우연히 생겨날 수 있었을까? 아니다. 이러한 초고도 복잡성은 초월적 지성의 창조주가 계심을 가리킨다.

초고도 복잡성은 초월적 지성의 창조주가 계심을 가리킨다.

Q16. 진화는 만능입니까?

진화론자들의 설명을 종합해보면 그들은 진화를 만능처럼 부리고 있는 듯하다.

진화는 더 복잡한 것도 더 단순한 것도 설명할 수 있다.

진화는 빠르게 일어나기도 하고 느리게 일어나기도 한다. 진화는 한 번 일어나기도 하고, 여러 번 일어나기도 하고, 안 일어나기도 한다.

진화가 일어나 어떤 새들은 비행할 수 있었고, 어떤 새들은 비행할 수 없었다.

진화는 기관들을 더 복잡하게도 만들기도 하고, 더 간결하게 만들기도 한다. 진화는 눈(eyes)을 만들기도 하고, 없어지게도 한다.

진화는 치타처럼 빠른 동물을 만들기도 하고, 나무늘보처럼 느린 동물을 만들기도 한다.

진화에 의해서 공룡들은 거대한 크기로 자라났고, 벌새들은 작은 크기로 줄어들었다.

진화로 공작들은 화려해졌고, 진화로 까마귀는 검어졌다. 진화로 기린은 목이 길어졌고, 진화로 박쥐는 초음파가 생겨났고, 진화로 편충은 납작해졌다. 진화로 지느러미가 다리로 되었다가, 다시 진화로 다리가 지느러미로 되었다.

진화가 일어나 어떤 생물은 포식자가 되었고, 어떤 생물은 먹이가 되었다. 진화로 어떤 생물들은 홀로 다니고, 어떤 생물들은 떼로 다닌다.

진화로 노란색, 빨간색, 파란색 등의 아름다운 꽃들이 생겨났고, 진화로 맛있는 열매도 독이 있는 열매도 생겨났다.

큰 것과 작은 것, 빠른 것과 느린 것, 무거운 것과 가벼운 것, 아름다움과 추함, 낭비와 절약, 이기주의와 이타주의, 종교와 무신론, 살육과 선, 정신이상과 이성, 멸종과 다산, 전쟁과 평화... 진화는 모든 것을 설명할 수 있다.

정말 진화는 만능일까?

진화론자들의 설명을 종합해보면 그들은 진화를 만능처럼 부리고 있는 듯하다. 정말 진화는 만능일까?

6

진화의 증거라는
것들의
진실은?

오랜 기간 동안 진화의 증거라고 주장됐던 것들은 사기, 위조, 거짓, 무지의 소산이었다. 『종의 기원』이 출간된 이후 160년이 지났지만, 아직도 논란의 여지가 없는 진화의 증거는 발견되지 않고 있다. 오히려 진화론의 반대 증거들만 산처럼 쌓여가고 있다.

A1. 핀치새의 부리 변화는 진화의 증거가 아니다

　　　　　　1830년대에 찰스 다윈이 방문하여 유명해진 갈라파고스 섬에는 13종의 핀치새가 살고 있었다. 그 핀치새들은 다양한 크기와 모양의 부리를 가지고 있었고, 그 부리는 모두 먹이 섭취와 생활 형태에 적합하도록 맞추어져 있었다. 다윈은 그것들이 모두 한 쌍의 핀치새에서 번식된 후손들이고, 자연 선택으로 인해 서로 다르게 분화되었다고 설명했다. 하지만 그것은 아메바에서 사람으로의 변화되었다는 진화론적 변화의 증거가 아니다. 놀랍게도 이 이론은 오늘날의 창조론자들을 지지하는 설명이 되고 있다. 왜냐하면 새로운 유전정보가 전혀 증가되지 않았기 때문이다. 만약 자손들에서 다양한 모습을 나타내게끔 부모 세대가 충분한 유전적 변화 가능성을 지닌 채 창조되었다면, 적응한 개체들이 자연 선택되어 간단한 변화를 보일 수 있다.

최근 40년간 핀치새를 연구한 연구자들의 결과가 보고된 논문은 갈라파고스 섬과 본토의 여러 곳에서 수집된 15종의 120마리의 핀치새들의 유전체(genome)를 비교한 연구였다. 연구 결과는 다윈의 주장을 지지하지 않았다. 다윈의 핀치새들 사이에 유전체가 뒤섞여 있었다. 한 공통조상에서의 분화를 나타낼 것이라는 다윈의 그림과는 반대로, 유전체 데이터는 나뉘었으리라 추정했던 종들 사이의 많은 교잡을 보여주었다. 또한 가뭄 시에는 강한 부리를 가진 핀치새가 선호되었으나, 비가 많은 시기가 돌아오자 그 변종은 평균으로 되돌아갔다. 적응(adaptation)과 같은 변화는 새로운 유전정보의 획득과는 전혀 관련이 없는 변화이다. 결국 핀치새의 부리는 어떠한 복잡성도 새롭게 얻어지는 과정이 아님이 밝혀진 것이다.

한 연구자가 다윈의 진화론을 밝히기 위해서 40년 동안 갈라파고스의 핀치새를 연구했다. 그리고 연구 결과가 허망하게도 핀치새의 다양성이 단지 잡종 간의 짝짓기 때문이었다는 것을 알게 된다면, 어떤 느낌이 들었을까?

연구 결과는 다윈의 주장을 지지하지 않았다. 다윈의 핀치새들 사이에 유전체가 뒤섞여 있었고, 허망하게도 핀치새의 다양성이 단지 잡종 간의 짝짓기 때문이었다.

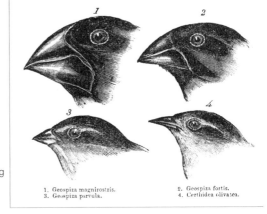

핀치새 부리의 변화
1. 큰 핀치새,
2. 중간크기 핀치새,
3. 작은 나무 핀치,
4. 솔새 핀치
출처 https://commons.wikimedia.org

A2. 갈라파고스 섬은 진화의 실험실이 아니었다

　　갈라파고스 섬에는 독특한 식물과 동물들이 있다. 그 섬에는 갈라파고스 땅거북, 바다사자, 다양한 핀치새, 갈라파고스 신천옹, 바다이구아나 등과 수백 종의 토종 식물 등 다양한 생물상을 갖고 있다. 전 세계의 다양한 환경에서 다양한 독특한 생물 종이 있다는 것은 사실이다. 그러나 이러한 독특한 생물 종들이 수직적 진화의 증거가 될 수 있을까?

다윈의 단순한 결론은 틀린 것으로 보인다. 갈라파고스에 있는 생물들은 성경적 창조모델과 훨씬 더 적합하다. 하나님은 동물과 식물들을 "그 종류대로(after their kind)" 창조하셨다. 하나님은 각 종류의 생물들에 유전적 다양성과 변화하는 환경에 대한 적응 메커니즘을 장착 시켜 놓으셨다. 그래서 초기의 생물들과 그들의 후손들은 전 세계의 여러 생태학적 장소들로 퍼져나가면서 채울 수 있었다. 그래서 오늘날 갈색곰, 흑곰, 북극곰 등 다양한 곰들이 있고, 흑곰도 10여 개의 아종들이 있지만, 그 모든 곰은 큰곰 속(genus Ursus)에 속하며, 서로 교배될 수 있다. 곰들은 언제나 곰이다. 수평적 다양성은 일어나고 있지만, 수직적 진화에 대한 증거는 없다. 다윈은 수평적 변이를 수직적 진화로 잘못 생각했던 것이다.

유명한 갈라파고스의 핀치새는 진화의 예가 아니며, 생물 종에서 흔히 볼 수 있는 변이(variation)의 예이다. 갈라파고스의 다른 섬들에는 약간 다른 거북이가 산다. 동물학자들은 거북이의 등껍질 모양을 기반으로 어떤 섬에서 온 것인지를 식별할 수 있다. 이것은 단지 거북이 종류 내의 변이이고, 창조된 모든 종류의 생물들에서 볼 수 있는 것이다. 여기에는 진화가 없다. 따라서 갈라파고스 제도에 어떤 독특한 식물과 동물이 있다고 하지만, 그곳에서 진화가 일어난 것이 아니다.

갈라파고스 제도에 어떤 독특한 식물과 동물이 있다고 하지만,
그곳에서 진화가 일어난 것이 아니다.

A3. 고래의 진화 이야기는 사실이 아니다

진화론은 바다생물이 육상생물로 진화한 후에, 다시 육상동물이 바다로 되돌아가, 고래를 포함하는 고래목(cetaceans)의 바다생물이 되었다고 추정한다. 이러한 이론은 추정일 뿐이다. 이 추정에 비해 다른 대안, 즉 물고기에서 바로 고래로 진화했다는 추정은 훨씬 많은 문제점을 갖고 있다. 물론 육상에 살던 포유류가 진화하여 바다생물인 고래가 되었다는 추정 역시 엄청난 문제점을 갖고 있다.

과학자들은 향유고래의 뛰어난 잠수능력에 놀라워하고 있는데, 향유고래는 최대 2시간 동안 숨을 참은 채로 수심 3,000m까지 잠수가 가능하다. 고래는 일생을 수중에서 생활하는 포유동물이지만, 아가미로 호흡하는 물고기와 달리 사람처럼 허파로 호흡한다.

분명한 첫 번째 문제점은 작은 육상 포유류에서 고래로 진화하는 데 필요한 신체 크기의 변화이다. 25kg의 개 정도 크기의 육상동물이 30m 길이에 150t이나 나가는 고래가 되기 위해서는 몸무게가 6,000배로 커져야 한다. 대왕고래의 혀는 코끼리만큼의 무게가 나간다. 또한 육상에서 호흡하며 살던 동물이 거대한 크기로 바다에서 수영하며 살아가는 동물로 진화하기 위해서는 모든 신체 장기와 구조의 대대적인 설계 변경이 필요하다.

예를 들어 심장의 크기는 사람의 주먹 크기에서, 승용차 크기로 진화되어야 한다. 심장 판막은 작은 동전 크기에서 커다란 쟁반 크기로 진화해야 할 것이다. 사람의 심장은 1분에 약 70번을 뛰는 반면 고래의 심장은 1분에 단지 9번만 뛴다. 그러나 고래의 심방 박출력은 사람의 박출력보다 몇 배나 강하다. 이것은 전체 순환 시스템에 대대적인 설계 변경이 필요한 일이다. 사실 찰스 다윈도 『종의 기원』 서두에서, 수염고래와 다른 고래들이 어떻게, 그리고 왜 진화했는지는 해양포유류의 진화에 가장 큰 미스터리 중 하나라고 말했다.

「진화론의 상징물들」이라는 DVD에서 베린스키는 육상 포유류가 고래 같은 바다생물로 진화하는데 필요한 모든 변화를 정량화하였다. 그는 고래가 되기 위해서 변화되어야 하는 것들로 깊은 물 속으로 잠수하기 위한 폐, 수압에 견딜 수 있는 강한 뇌의 용기, 털이 있던 피부에서 불침투성의 매끄러운 피부로, 앞다리는 지느러미로, 뒷다리는 퇴화되고, 꼬리는 수평방향의 지느러미로, 물속에 들을 수 있는 청각 구조, 소화기관, 생식기관, 분수공 등 줄잡아 50,000가지를 제시했다. 더군다나 이러한 변화들이 암, 수 동시에 일어나야 생존할 수 있다.

고래의 진화를 보여준다는 화석들은 파키세투스, 암블로세투스, 로드호세투스이다. 이들은 바실로사우리드스라고 알려진 고래와 육상

동물의 연결고리로 주장되고 있다. 칼 워너 박사는 이 화석들에 대한 주장들을 조사하고, 글을 쓴 연구자들을 인터뷰한 후에, 이 화석들 중 어떤 것도 고래의 중간 형태라고 볼 수 없다고 보고했다.

연구자들은 이 화석들 중 어떤 것도 고래의 중간 형태라고 볼 수 없다고 보고했다.

A4. 환경에 의한 생물 변화에는 오랜 시간이 걸리지 않는다

캘리포니아의 모하비 사막에는 피스가 크레이터라고 불리는 검은 용암류로 둘러싸인 한 화산이 있다. 주변 지역에 살고 있는 대부분의 옆줄무늬 도마뱀들은 갈색의 몸 색깔을 갖고 있지만, 화산에 사는 친척 도마뱀들은 거의 검은색을 갖고 있다. 그러한 검은 색깔의 도마뱀은 어떻게 생겨났는가? 이것은 실제로 진화가 작동되고 있는 것일까?

캘리포니아 대학의 연구자들이 갈색의 도마뱀을 검은색의 용암류 환경에 노출시키자, 1주일 만에 몸체 색깔을 검은색으로 바뀌는 것을 발견했다. 이것은 진화가 아니다. 왜냐하면 도마뱀이 1주일 내에 색깔을 바꿀 수 있었기 때문이다. 만약 옆줄무늬 도마뱀이 진화론적 메커니즘(돌연변이와 자연선택)을 기다려야 한다면, 결코 용암지대에서 살아남을 수 없을 것이다. 우연히 운 좋은 돌연변이들이 일어나고, 자연선택 되어 후손에게 나타나기 위해서는 너무 오랜 시간이 걸리기 때문이다.

이러한 변화(적응 능력)는 도마뱀 유전체에 사전에 프로그래밍 되었음을 의미한다. 몸체 색깔의 변화는 단일 개체의 수명 내에서 일어날 수 있었다. 한 세대도 지나지 않아, 어두운 배경에 맞추어 빠르게 몸 색깔을 변화시킬 수 있는 능력은 도마뱀 유전체에 이미 들어있었다. 그것은 돌연변이 때문이 아니다.

사전에 장착되어 있던 적응능력이 도마뱀의 색깔 변화를 설명할 수 있다면, 진화론의 고전적인 상징물들(예로 가지나방, 갈라파고스 핀치새 등)에 대한 진화론적 설명은 기각되는 것이다.

한 세대도 지나지 않아, 어두운 배경에 맞추어 빠르게 몸 색깔을 변화시킬 수 있는 능력은 도마뱀 유전체에 이미 들어있었다. 그것은 돌연변이 때문이 아니다.

A5. 초파리는 600세대 후에도 진화하지 않았다

1900년대 초 이후, 진화론자들은 작은 초파리(fruit fly) 들을 사용하여 수많은 실험을 수행하여 왔다. 초파리는 진화 유전학을 위해 심도 있게 연구되어온 생물체이다. 이 곤충은 유전적으로 비교적 단순하기 때문에 주로 사용되었다. 그것은 13,000개의 유전자를 포함하는 단지 4쌍의 쉽게 관찰되는 염색체를 갖고 있다. X선과 같은 방사선은 돌연변이를 유발하기 때문에, 실험실에서 여러 주파수와 강도로 노출되었고, 날개가 없거나, 다리가 짧아지거나, 퇴행적 이상들을 나타내는 초파리들을 만들어내었다. 1910년 이후로 유전학자들은 이 생물체에 대한 돌연변이들을 3,000편 이상의 논문으로 보고했으나, 얼마나 자주 그리고 얼마나 나쁘게 돌연변이가 일어났든지 간에, 아직 단 한 마리의 초파리도 다른 어떤 생물로 진화했다는 기록은 과학 저널에서 보고되지 않고 있다.

캘리포니아 대학의 몰리 버크는 초파리를 600세대 이상 추적하며 유전적 변화를 연구했다. 대학 실험실은 1991년부터 초파리들 중 천천히 성장하며 수명이 긴 그룹과 빨리 성장하며 짧은 수명을 가진 초파리들을 분리시키며 키워왔다. 연구자들은 두 그룹 사이에 초파리의 성장과 수명에 영향을 주는 DNA 염기서열을 비교했다. 사람으로 치면 12,000년에 해당하는 기간 후에도, 초파리들은 놀랍게도 거의 차이가 없었다.

1980년에 초파리의 유전자 조작에서도 진화는 관측되지 않았고, 수십 년 동안 초파리의 수많은 세대 동안에도 관측되지 않았다. 단지 실험은 이들 생물체는 그들이 견딜 수 있는 유전적 변화량에 실제적인 한계를 가지고 있음을 보여주었다. 그 한계를 넘어서게 될 때, 생물체는 진화하는 것이 아니라 죽어버린다.

생물체는 그들이 견딜 수 있는 유전적 변화량에 실제적인 한계를 가지고 있다. 그 한계를 넘어서게 될 때,

생물체는 진화하는 것이 아니라 죽어버린다.

A6. 고립된 환경에서 살았던
생물들에도 진화는 없었다

브라질 북부와 베네수엘라에 걸쳐 있는 테이블산(tepui, 테푸이)은 너무 외지고 접근하기 어려워서 지구상에서 가장 고립된 생태 환경 중 하나다. 사면이 1,000m에 이르는 깎아지른 절벽이기 때문에, 진화론자들은 그 생태학적 서식지가 진화에 대한 자연적 실험실이 될 것으로 기대했다. 왜냐하면, 테푸이 꼭대기에서 고립되어 겨우 살아가는 생물들은 다른 곳에 사는 생물들과 유전자를 공유할 수 없기 때문이다. 테푸이가 분리되어 고립된 시기는 중생대 백악기부터로 평가되기 때문에, 꼭대기에 고립된 생물들은 진화하여 다양화될 수 있는 충분한 시간을 가졌을 것이다.

이러한 '종 분화의 이상적인 탁아소'는 하나의 자연적 실험실이 되어, 수백 수천만 년 동안의 진화를 살펴볼 수 있는 기회로서 과학자들을 유혹했다. 한 국제 연구팀이 17곳의 테푸이를 방문하여 양서류와 파충류들을 채집하고, 그들의 유전자들을 서로 비교하는 힘든 작업을 수행했다. 개구리와 뱀이 한 테푸이에서 다른 테푸이로 자력으로 이동하는 것은 불가능하다. 그 생물들이 자력으로 이동하기 위해서는 1천 미터의 절벽을 내려와서, 낮은 고도의 완전히 다른 생태계를 횡단한 후에, 다시 1천 미터의 절벽을 기어 올라가야 한다.

연구자들은 매우 큰 유전적 차이를 기대했다. "만약 각 테푸이 정상 지역이 정말로 고대의 남아있는 고유지역이었다면, 이들 생물군에 대한 계통발생학적 분석은 유전적으로 구별되는, 육상에 사는 가까운 친척에는 없는, 각 테푸이 별로 독특한 개체군으로 확인될 것이다." 그러나 결과는 그렇지 않았다. 연구자들은 "각 정상 부위 지역에 사는 생물 종들의 개체군은 다른 정상부위에 사는 개체군과 또는 주변 고지대에 사는 개체군과 매우 일치하였다."면서 대부분은 1% 미만의 차이를 보인다고 말했다.

진화론에 의하면, 육상에 살던 생물이 고래로 진화하여 바다로 되돌아가는 데 걸린 시간이 2천만 년이다. 이 기간은 생물들이 테푸이에 고립되었다는 기간보다 훨씬 적다. 그러나 그곳에서 어떠한 진화도 발견되지 않았다. 만물의 기원을 진화로 설명하려는 진화론자들의 테푸이에 대한 연구가 실패로 끝났다는 사실을 교과서나 TV에서 들을 수 없다는 사실은 슬픈 일이다.

만물의 기원을 진화로 설명하려는 진화론자들의 테푸이에 대한 연구가 실패로 끝났다는 사실을 교과서나 TV에서 들을 수 없다는 사실은 슬픈 일이다.

A7. 체르노빌의 돌연변이 실험은 진화론을 지지하지 않는다

     방사능 노출은 돌연변이를 일으킬 수 있다. 1986년 우크라이나의 체르노빌에서 원자로 폭발 사건이 일어났다. 체르노빌에서 출입이 자유로운 새들은 꾸준하게 방사능에 노출되어 왔다. 진화론에 의하면 이것은 어떤 새가 돌연변이를 일으켜 운 좋은 개체를 만들어내는 기회가 될 수 있었다. 원자로가 폭발한 지 25년 후인 2011년에 주변 지역의 새(birds)들에게 방사능이 어떠한 영향을 미쳤는지 조사되었다.

조사 결과 주변 지역에서 새들의 뇌는 점점 작아지고 있었다는 것이다. 25년 동안 방사능에 노출된 생물들은 돌연변이의 증가로 인해 발전(진화)되지 않았고, 고통받고 있었다. 그들은 48종의 550여 마리의 새들을 조사하여, 뇌의 크기가 전체적으로 5% 정도 감소했음을 발견했다. "뇌 크기는 연령이 많은 개체보다 1년 정도 된 새들에서 상당히 작아졌는데, 이것은 작은 뇌 크기에 대한 방향성 선택을 의미한다." 이것은 방사능이 이들 새들의 적응에 도움이 되지 않고, 방해가 되고 있다는 뜻이다.

진화론에 의하면, 돌연변이를 일으킬 수 있는 환경은 진화적 적합성을 획득하기 위한 양성소이지 않은가! 그러나 광범위한 자연적 실험실에서 진화는 또다시 실패했다. 체르노빌 근처에 가면서, 어떤 유익한 것이 일어날 것을 희망하지 말라. 돌연변이원에 노출되면 진화될 수 있는가? 아니다. 암이 발생하거나, 사망할 것이다.

돌연변이원에 노출되면 진화될 수 있는가?

아니다. 암이 발생하거나, 사망할 것이다.

A8. 수렴진화(평행진화)는
말장난에 불과하다

진화론자들은 예상 못했던 진화론과 모순되는 증거들로부터 도피하기 위한 편리한 수단을 갖고 있다. 진화론에 의하면, 동물들은 장구한 기간 동안 진화하면서 서로 분기되었고, 진화계통나무의 각 가지 끝에 있는 생물들은 진화로 인해 서로 멀어졌다. 그런데 멀리 떨어진 가지에 위치하는 진화적으로 친척이 아닌 생물들이 매우 유사한 특성을 갖고 있음이 발견되고 있다. 이러한 발견은 진화론자들을 매우 당혹스럽게 만드는 것이었다. 그래서 진화론자들은 자신들의 이론이 훼손되지 않도록 교묘한 속임수를 발명해냈다. 그것은 수렴진화(convergent evolution, 평행진화)라고 불리며, 유사한 특성이 독립적으로 각각 여러 번 진화되었다는 주장이다.

진화계통나무에서 멀리 떨어져 있는 비둘기, 거북, 연어, 박쥐, 소, 사슴 등에서 자기장 감지 능력이 발견되었다. 동물에만 있는 것으로 생각했던 빌리루빈이 식물(흰극락조)에서도 발견되었고, 육상식물의 리그닌이 홍조류에서도 발견되었다. 박쥐와 돌고래의 음파탐지 장치는 서로 매우 유사했으며, 여치와 포유류의 청각기관도 서로 유사했다. 말미잘과 조류의 신경 신호 채널은 유사했고, 해파리의 횡문근은 척추동물과 유사했다. 진화계통나무의 먼 가지에 위치한 생물들에서 이러한 동일한 특성들이 어떻게 있게 되었는가? 이제 진화론에서는 이러한 특성들이 독립적으로 각각 진화했다고 말한다. 이런 진화 횟수는 점점 증가한다. 새들의 자외선 시각은 11번 진화되었고, 맹장은 32번 진화됐으며, 생물발광은 수십 번 독립적으로 진화되었다고 주장한다.

돌연변이는 목적도 없고, 방향도 없고, 지성도 없고, 계획도 없고, 지시도 없는, 무작위적인 과정이다. 이러한 과정으로 고도로 복잡한 장기나 특성이 우연히 한 번 일어나는 것도 기적 같은 일인데, 두 번 또는 여러 번 일어날 수 있을까? 그것도 동일한 유전정보를 만들어내는 기적이 우연히 여러 번 일어나는 것이 가능할까? 이러한 우연을 믿기 위해서는 엄청난 믿음이 필요하다. '수렴진화'는 증거가 전혀 없음에도 불구하고, 자신들 이론의 실패를 포장하기 위한, 말장난에 불과한 용어인 것이다. 수렴진화는 진화론의 실패를 가리키고 있는 또 하나의 증거이다. 대신에 진화적으로 전혀 관련이 없는 생물들 사이의 유사성은 공통 설계자를 가리킨다.

'수렴진화'는 증거가 전혀 없음에도 불구하고, 자신들 이론의 실패를 포장하기 위한, 말장난에 불과한 용어인 것이다.
수렴진화는 진화론의 실패를 가리키고 있는 또 하나의 증거이다.

A9. 전기를 만드는 물고기의 진화 이야기는 틀렸다

진화론으로 잘 설명되지 않는 특별한 기관 중 하나는 바로 물속에서 전기를 발생시키는 물고기에 들어 있는 '전기기관'이다. 전기물고기는 6개의 큰 계통(뱀장어, 메기, 가오리 등) 속에 수백여 종이 있다. 전기뱀장어는 말을 기절시킬 정도로 강력한 전기충격을 만들면서도 자신은 감전되지 않는다.

화석기록에 의하면 이 전기물고기들은 서로 다른 진화적 조상을 갖고 있다고 알려져 있다. 그러므로 전기기관은 한 번이 아니라 여러 번 진화한 셈이다. 다윈은 이 문제를 『종의 기원』에서 이미 인식하고 있었다. "물고기의 전기기관은 특별히 어려운 또 하나의 사례이다. 이러한 놀라운 기관이 어떤 단계를 거쳐 만들어졌는지 상상하는 것은 불가능하다."

최근 〈Science〉 지에 게재된 한 논문에 의하면, 독립적으로 진화된 여섯 계통의 전기물고기들은 먹이 포획, 방어, 항해, 의사소통 등에 사용되는 전기기관을 만들기 위해, 근본적으로 동일한 유전자와 세포 경로를 사용하고 있었다. "전기기관이 진화의 역사 동안에 6번이나 독립적으로 발생되었다는 것은 놀라운 일이다. 전기물고기들은 특정 근육을 강력한 전기를 발생시킬 수 있는 기관으로 전환시켰다."

생체 내에서 전기기관이 무작위적 과정으로 우연히 한 번 생겨났을 가능성도 없어 보인다. 그러나 진화론자들은 전기기관이 독립적으로 6번이나 생겨날 수 있었다고 눈도 깜빡이지 않고 말한다. 수렴진화는 관측되는 사실에 대한 실명이 아니라 전문적 용어를 사용하여 과학적 설명인 척 하는 말도 안 되는 교리다.

수렴진화는 관측되는 사실에 대한 설명이 아니라 전문적 용어를 사용하여 과학적 설명인 척 하는 말도 안 되는 교리다.

A10. 돌고래와 박쥐의 초음파 기관은 진화로 생길 수 없다

박쥐와 돌고래는 둘 다 음파를 발사하여 물체의 위치를 파악하는 반향정위(echolocation)를 사용한다. 이 두 생물의 유전자 수준에서의 유사성은 어느 정도일까? 새로운 분석에 의하면, 박쥐와 돌고래의 음파탐지에 관여하는 200여 개의 유전자가 서로 동일했다. 이 유전자들은 두 생물에서 각각 독립적으로 생겨났다고 추정되었다. 왜냐하면 그들의 공통조상으로 추정되는 생물은 이러한 정밀한 초음파 발생 및 감지 기관을 갖고 있지 않기 때문이다.

박쥐와 돌고래는 근본적으로 다른 환경에서 살아가는 동물임에도 예상외로 청력 및 시력과 관련된 유전자들을 포함해서 200여 개가 동일했다. "이러한 유사성은 반향정위를 사용하지 않는 동물에게서 볼 수 없다."

Science Now는 이렇게 보도하였다. "돌고래와 박쥐는 공통점이 별로 없지만 강력한 장비를 공유하고 있다. 돌고래와 박쥐는 둘 다 초음파를 방출시키고, 그 반향을 감지하고 분석함으로써 먹잇감을 사냥한다. 이 연구는 이 놀라운 능력이 포유류의 각 그룹에서 발생했던 동일한 유전적 돌연변이들에 의해서 독립적으로 각각 일어났음을 보여준다." 계속하여 "자연은 수렴진화의 예들로 가득하다."면서 날개가 새(조류), 박쥐(포유류), 곤충(절지동물), 익룡(파충류)에게서 4번이나 독립적으로 진화되었다는 예를 들고 있다.

지능도 없고, 생각도 없는, 무작위적인 돌연변이로, 고도로 복잡한 음파탐지 기관과 200여 개의 유전자들이 두 번 동일하게 우연히 만들어질 수 있었을까? 과학적 발견이 계속될수록 진화론이 넘어야 할 장벽은 거대한 산이 되고 있다.

과학적 발견이 계속될수록 진화론이 넘어야 할 장벽은 거대한 산이 되고 있다.

A11. 상동성은 진화의 증거가
아니다

서로 다른 동물 사이에 많은 유사성이 존재하는 것을
볼 수 있다. 많은 동물이 두 개의 눈, 두 개의 귀, 네 개의 다리, 하나
의 심장, 하나의 뇌, 다섯 개의 손발가락 등을 가지고 있다. 자연 세
계는 이러한 종류의 양상들로 가득한데, 진화론자들은 이것에 대
해 특별한 용어를 사용하여 '상동성(homology)' 혹은 '상동구조
(homologous structures)'라고 부른다. 진화론에 의하면 상동성이란
하나의 공통조상으로부터 유래되었기 때문에 유사하게 보인다는 의
미이다.

사람과 개구리는 모두 손발가락을 갖고 있다. 사람과 개구리가 공통
조상으로부터 유전되어서 손발가락을 갖고 있다면, 그 손발가락이
유사한 방식으로 자라나야 한다. 그러나 사람과 개구리에서 손발가
락들이 발생되는 과정은 서로 다르다. 사람은 삽모양(spade-like)의
구조에서 시작하여 가락 사이가 갈라지는 방식으로 손발가락들이 발
생한다. 그러나 개구리는 아체(bud)로부터 살이 붙으면서 바깥으로
손발가락이 자라난다.

20세기 최고의 발생학자 중 한 명인 개빈 드비어는 '상동성: 풀리지 않은 문제'라는 제목의 논문에서, 상동구조가 매우 다른 방식으로 발달되는 많은 예를 제시했다. 진화론자였던 그에게 그것은 미스터리였다. 왜냐하면 예상했던 것과 반대였기 때문이었다. 스페인의 발생학자 페르 알베르히는 생물의 상동구조가 서로 다르게 발달하는 것은 "예외가 아니라, 규칙이다"라고 말했다.

진화론에서는 유사싱이 공통조상에 대한 부정할 수 없는 증거라고 말한다. 그러나 이것은 사실이 아니다. 왜냐하면 진화론에서도 공통조상으로 설명할 수 없다고 인정하는 생물들 가운데서도 비슷한 유사성이 종종 발견되기 때문이다. 그럼에도 불구하고, 진화론은 상동성을 "공통조상으로 인한 유사성"으로 정의하는 동시에 상사성(homoplasy)을 "수렴진화로 인한 유사성"이라고 정의한다. 즉 진화론자들에게는 공통조상과 관련 있는 유사성도 진화의 증거이며, 공통조상과 관련 없는 유사성도 진화의 증거이다. 즉 그들은 어떠한 유사성이든지 발견되기만 한다면 진화의 증거로 삼는다.

진화론에서는 유사성이 공통조상에 대한 부정할 수 없는 증거라고 말한다.
그들은 어떠한 유사성이든지 발견되기만 한다면 진화의 증거로 삼는다.

A12. 가지나방은 진화의 증거가 아니다

가지나방(후추나방) 이야기는 다음과 같다. 영국의 한 지역에서 산업혁명으로 오염이 심해지면서 나무를 덮고 있던 밝은색의 이끼류들은 죽어갔고 검댕도 증가하여 나무줄기들이 어두운색으로 변했다. 이로 인해 밝은색의 가지나방은 눈에 잘 띄게 되어 새들에게 잘 잡아먹혔고, 어두운색의 나방들이 증가했다. 나중에 이 오염이 제거된 후에는 밝은색의 나방이 다시 주류를 이루게 되었다는 이야기이다. 이 가지나방 이야기는 개체 수의 변화 이야기이며, 영국의 한 지역에서 일어난 지역적 결과일 뿐이다. 수천만 년의 시간이 지나면서, 아메바로부터 인간으로의 진화에 필요한 여러 종류의 복잡한 유전정보가 증가했다는 진화론에 어떠한 증거도 제공하지 못한다.

더군다나 이 옛날이야기에는 많은 결함이 있는 것이 밝혀졌다. 가지나방은 밤에 활동하기 때문에 낮 동안에는 나무줄기 위에서 쉬지 않는데도, 새들에 의해 먹히는 것으로 촬영된 나방은 실험실에서 키워진 후, 인위적으로 나무줄기 위에 놓여진 것이었다. 또한, 낮에 나무줄기 위에 있는 가지나방을 촬영하기 위해서, 죽은 가지나방을 접착

제로 붙였다.

최근의 새로운 연구에서는 가지나방의 행동이 위장술에 중요한 역할을 하는 것을 발견했다. 연구자들은 "나방은 나무껍질 위에서 실제로 보이지 않도록 하는 위치와 몸의 방향을 능동적으로 찾고 있는 것처럼 보였다."라고 말한다. 이러한 사실은 당시의 진화론자들이 나방의 날개가 나무껍질과 색깔이 일치하는지를 단순히 따졌을 뿐, 나방이 자기 몸을 숨기기 위해 취했을 복잡한 행동에 대해서 무지했음을 보여준다.

가지나방 이야기는 개체 수의 변화 이야기이며,
영국의 한 지역에서 일어난 지역적 결과일 뿐이다.
수천만 년의 시간이 지나면서, 아메바로부터 인간으로의 진화에
필요한 여러 종류의 복잡한 유전정보가 증가했다는 진화론에
어떠한 증거도 제공하지 못한다.

A13. 헤켈의 반복발생설은
사기다

독일의 유명한 생물학자 에른스트 헤켈(1834~1919)은 사람, 파충류, 조류, 물고기의 배아들 사이에는 유사성이 있다면서, 인간의 배아는 닭과 같은 난황, 도마뱀과 같은 꼬리, 물고기와 같은 아가미를 갖고 있다고 주장했다. 그리고 그가 그렸던 배아 그림은 강력한 진화의 증거로서 교과서에 실리게 되었다. 그 그림은 "개체발생은 계통발생을 되풀이한다."라는 문장으로 요약되는데, 한 개체의 발생과정 중 배발생의 단계들은 그 진화적 조상들의 계통발생, 즉 진화적 역사를 되풀이한다는 것이다. 이것은 발생반복설(진화재연설)로 불리게 되었고, 오랜 기간 동안 수많은 교과서와 책에 진화의 상징물로 게재됐다.

그러나 1997년에 발생학자인 미가엘 리처드슨이 〈Science(1997. 9. 5)〉에서, 헤켈의 그림이 조작임을 폭로하였다. 그는 이렇게 말했다. "이것은 과학적 위조사건 중에서 최악의 경우 중 하나이다. 사람들이 위대한 과학자로 생각했던 그가 고의로 과학적 사실을 오도했다는 것은 충격적이다. 헤켈의 행위는 나를 화나게 만든다. 그는 인간 배아를 다른 생물의 배아들과 발달상 동일 단계에서 동일하게 보이도록 그렸다. 이것은 사기다."

그는 헤켈은 그림을 추가, 삭제, 변조하였을 뿐만 아니라, "종들이 서로 유사해 보이도록 그 크기를 실제보다 10배의 차이가 나도록 그렸다. 헤켈은 종 간의 차이점을 모호하게 하기 위해 대부분의 경우에 종의 이름을 기재하지 않았다. 마치 하나의 대표종이 전체의 동물 집단을 정확하게 대변하는 깃처럼 꾸몄다"라고 말했다. 100여 년이 넘도록 진화의 강력한 증거로 사용됐던 헤켈의 배발생도는 위조된 사기였다.

100여 년이 넘도록 진화의 강력한 증거로 사용됐던

헤켈의 배발생도는 위조된 사기였다.

A14. 흔적기관은 하나도 없다

진화론은 사람이 수백만 년 전에 원숭이와 같은 동물에서 진화했기 때문에, 우리 몸에는 과거에 기능이 있었지만, 지금은 쓸모없는 장기들이 있다고 말한다. 흔히 주장했던 예가 충수돌기 (appendix)이다. 몇 년 전까지만 해도 대부분의 진화론자들은 충수돌기는 한때 훨씬 더 컸고, 토끼에서처럼 식물 섬유를 소화하는 데 도움을 주었을 것으로 믿었다. 사람의 충수돌기는 원숭이나 다른 동물의 것보다도 상대적으로 작기 때문에, 과거 유용성의 대부분을 잃어버렸을 것으로 가정했다.

찰스 다윈은 이러한 퇴화된 구조를 흔적기관으로 불렀다. 그는 흔적기관을 자신의 진화설을 지지하는 중요한 증거로 생각했다. 독일의 해부학자로서 진화론자였던 비더스하임은 1895년에 우리 몸의 장기 중 86개가 쓸모없는 흔적기관이라고 말했다. 거기에는 충수돌기, 편도선, 사랑니, 미골(꼬리뼈), 귀 근육 등을 포함하여, 심지어 갑상선, 송과선, 흉선, 뇌하수체도 포함되어 있었다. 그러나 현대 과학은 사람의 몸에서 쓸모없는 장기는 단 하나도 없음을 확인하였다.

편도선은 인후를 감염으로부터 보호한다. 충수돌기 또한 감염과 싸우며 장내 미생물의 피난처가 된다. 미골은 우리가 편안하게 앉게 해주고, 골반장기를 부착 시켜 분리되지 않도록 해준다. 흉선은 감염으로부터 신체를 보호하는 T세포의 활동을 돕는다. 송과선은 중요한 호르몬 분비기관으로 멜라토닌과 세로토닌을 분비한다. 갑상선은 영, 유년기에 신체가 정상적으로 발육하기 위해 필수적이다. 뇌하수체는 성장과 발육에 필수적인 많은 호르몬을 분비하는 중요한 기관이다.

진화론자들은 오랫동안 사람과 동물의 많은 장기가 쓸모없으며, 이러한 흔적기관들은 진화론의 강력한 증거라고 주장해왔다. 그러나 오늘날 흔적기관은 존재하지 않는다.

진화론자들은 오랫동안 사람과 동물의 많은 장기가 쓸모없으며, 이러한 흔적기관들은 진화론의 강력한 증거라고 주장해왔다. 그러나 오늘날 흔적기관은 존재하지 않는다.

A15. '정크 DNA'는 더 이상
쓰레기가 아니다

      2003년에 인간 유전체(genome)의 모든 정보가 해독되면서 알려진 의외의 사실 중 하나는 단백질 암호 유전자의 숫자가 2만1천 개 정도로 예상보다 매우 적다는 것이었다. 또한 32억 개의 염기로 구성된 인간 유전체에서 단지 약 2% 정도만 단백질로 발현되는 정보를 가지고 있는 암호부위이며, 나머지 대다수를 차지하는 98%의 부위가 비암호 부위로 밝혀졌다. 세속적 과학자들은 이 비암호 부위의 대부분을 '정크(junk, 쓰레기) DNA'라는 명칭으로 불렀다. 왜냐하면 장구한 진화론적 시대들을 거치면서 DNA가 그 기능들을 잃어버렸다고 생각했기 때문이었다. 그리고 이 쓸모없는 정크 DNA는 유전체가 설계되지 않았다는, 즉 우연히 생겨났다는 진화론적 주장의 근거가 되어왔다. "하나님은 쓰레기도 만드셨는가?"가 그들의 구호였다.

그러나 2012년 32개 연구소와 442명의 국제 과학자들이 참여한 'DNA 백과사전' 프로젝트의 연구 결과가 30편의 논문으로 발표됐는데, '쓰레기'라 무시돼왔던 DNA 대부분(80%)이 사실은 중요한 기능을 수행하고 있다는 사실이 확인됐다. 마치 전등을 켜고 끄듯이, 유전자 발현을 조절하는 '스위치 DNA'가 사람 유전체 안에 400만 개나 존재하였다. 암, 당뇨병, 심장병, 정신질환은 물론 류마티스성 관절염, 크론병 등 희귀병들은 이 유전자 스위치의 작동에 의해 발생한다는 점을 밝혀냈다. 그러면 나머지 20%의 유전체는 무엇인가? 그들도 역시 기능을 가지고 있는가? 이 프로젝트의 수석 연구자인 이원 버니는 말했다. "80%는 곧 100%가 될 것이다. 불필요한 DNA 부분은 정말로 없다. 이제 '정크(쓰레기)'라는 비유는 유용하지 않다."

이것은 그동안 주장되어 오던 "정크 DNA" 신화에 완전히 결정적인 타격이 되었다. 조나단 웰스가 그의 책 "정크 DNA의 신화"에서 폭로했던 것처럼 이 진화론적 개념은 과학적 관점에서 하나의 사기였음이 밝혀진 것이다.

2013년의 또 다른 연구에 의하면, 유전체의 약 10% 정도는 'vlincRNA'라 불리는 새로운 특성의 조절 분자들로 되어 있는데, 평균 83,360개의 염기쌍을 가지고 있는 이들은 세포의 정체성, 발달 상태, 암 등과 관련 있는 것이 발견되었다. 이들은 인간 세포의 발달, 조직의 발달, 사람의 전반적인 건강에 있어서 이들이 매우 중요한 역할을 하고 있었다. 따라서 이제 '정크 DNA'라는 용어는 쓰레기통에 들어가게 되었다.

'정크 DNA'라는 이 진화론적 개념은 과학적 관점에서 하나의 사기였음이 밝혀진 것이다.

A16. 시조새는 더 이상 새의 조상이 아니다

     1861년, 독일 졸렌호펜의 석회암 채석장 안에서 파충류와 조류 사이의 전이(중간) 형태로 주장되는 화석이 발견되었다. 날개와 깃털이 있고, 이빨과 긴 꼬리를 가졌으며, 날개에 발톱이 있었다. 이 새로운 생물은 시조새(Archaeopteryx, '고대의 날개'라는 뜻)라는 이름이 붙여졌다. 그 후 몇몇 화석들이 더 발견되었고, 파충류와 조류 사이의 연결고리인지 시조새 논쟁이 불붙게 되었다.

과학자들은 1982년 '국제 시조새 회의'에서 시조새는 파충류도 아니고, 반조류-반파충류도 아닌 그냥 조류라고 공식 결정하였다. 과학자들이 시조새를 조류로 보는 이유는 다음과 같다. 조류와 골격이 비슷하고, 조류처럼 타원형의 잘 발달한 날개를 갖고 있으며, 현대 조류와 같은 깃털을 갖고 있고, 날개뼈와 다리뼈는 조류처럼 가늘고 속이 비어 있었다. 또 두개골의 모양은 파충류에 가깝다고 초기에 주장되었으나, 추후 연구로 조류에 훨씬 더 가까운 것으로 밝혀졌고, 뇌는 본질적으로 조류와 같이 큰 소뇌와 시각 피질을 갖고 있었으며, 완전한 새가 시조새가 발견된 연대의 암석에서 발견되었고, 시조새

보다 진화론적 연대로 7500만 년 이전인 텍사스의 트라이아스기 지층에서 까마귀 크기의 완전한 두 마리의 새들이 발견되었다.

시조새는 부리에 치아와 날개에 발톱을 가지고 있지만, 오늘날에도 몇몇 조류나 멸종된 조류들도 치아를 갖고 있으며 호애친이나 투래코 같은 새들은 날개에 발톱을 갖고 있다. 덧붙여서, 시조새 초기 표본들을 의심하는 사람들이 있었다. 1861년 발견된 첫 번째 시조새 화석은 영국 박물관에 터무니없이 비싼 가격으로 팔렸고, 1877년에 발견된 두 번째 화석도 베를린의 험볼드 박물관에 엄청난 가격으로 팔렸다. 이러한 화석을 발견하는 것은 엄청난 돈을 벌 수 있는 기회였다. 1983년에 호일 등 영국의 과학자들은 최초에 발견된 시조새 화석의 조작 가능성을 4편의 논문으로 제기했다. 런던박물관 시조새 표본은 화석이 들어있던 두 석판이 서로 맞지 않으며, 시멘트 얼룩 자국이 있고, 깃털 자국은 누군가가 화석 위에 신중히 새겨 넣은 것이라 결론지었다.

영국박물관은 이 문제를 조사하기 위해 특별위원회를 구성했고, 표본을 조사했고, 1986년에 아무런 단서도 발견되지 않았다며 사건을 끝냈다. 그리고 그 표본을 치워버려 좀 더 자세한 조사를 위해 표본을 연구하는 것은 이제 불가능하다. 어느 쪽이든 간에 시조새 화석은 진화의 증거가 될 수 없다.

어느 쪽이든 간에 시조새 화석은 진화의 증거가 될 수 없다.

A17. 말의 진화는 사실이 아니다

시조새와 더불어 말은 가장 효과적으로 진화를 보여주는 표본처럼 제시되어 왔다. 말의 화석이 생물군의 발전과정을 계통적으로 보여주는 소위 계열화석을 이룬다는 이유에서다. 진화론에 의하면 말은 에오히푸스-메소히푸스-메리키푸스-플리오히푸스-에쿠스로 진화되면서, 발가락 수가 감소되어, 현재 한 개의 발굽이 되었다.

이러한 진화론적 말의 계열화석에는 많은 문제점이 있다. 말 화석의 이빨은 씹는 이빨과 가는 이빨 두 종류로 명백하게 구별되며 중간 형태를 나타내는 말은 전혀 없으며, 말의 크기를 진화의 증거로 삼는다는 것은 불합리하다. 왜냐하면 현존하는 말 중에서도 아르헨티나의 팔라벨라는 키가 50cm에 불과하며, 경기용 말은 2m나 되기 때문이다. 그러므로 크기의 변화로 진화를 주장할 수는 없다. 말 화석의 늑골을 살펴보면 에오히푸스는 18쌍의 늑골을 지니며, 메소히푸스는 15쌍, 플리오히푸스는 19쌍, 현재의 말인 에쿠스는 18쌍의 늑골을 가진 것으로 보아, 말 화석의 늑골은 진화와 전혀 무관해 보인다.

또한 말의 발가락 수도 진화의 증거가 못 된다. 왜냐하면 제3기 중간에서 발견되는 말의 발가락이 두 개나 한 개로 변해가는 것을 보여주는 전이형태 화석이 전혀 없기 때문이다. 각각의 말들은 진화의 계열을 보여주는 것이 아니라, 같은 시대에 살았던 다른 종류의 말이거나 혹은 변이로 인하여 발가락 수가 준 멸종된 변종이다.

진화론자인 프란시스 히칭은 다음과 같이 의문점을 제기하고 있다. 첫째, 최초의 말이라고 추측하는 에오히푸스는 말이 아니다. 실제로 발견되었을 때 말로 분류되지 않았다. 골격구조와 생태를 추적해 볼 때 오늘날의 바위너구리와 흡사하다. 게다가 에오히푸스 화석은 에쿠스 네반덴시스, 에쿠스 옥시덴탈리스 등 현재의 말과 같은 지층에서 나란히 발견된다. 둘째, 말 화석의 완벽한 계열이 지층 아래서부터 위까지 적절히 진화론적 순서에 맞추어 발견되는 곳은 없고, 여리 저기서 불규칙하게, 불연속적으로 나타난다. 셋째, 발가락이 많은 동물로부터 한 개의 발가락을 지닌 동물로의 배열이라는 것은 순전히 이론에 불과한 순서일 뿐, 많은 반론을 받고 있는 부자연스러운 배열이다.

따라서 말 화석은 여러 종류의 말을 보여줄 뿐, 결코 진화의 증거로 적당하지 않다. 만일 동일한 종 내에서의 다양성을 편견으로 대한다면, 오늘날의 살아있는 사슴이나 기린 등도 말의 계열과 같이 진화를 보여주는 것으로 얼마든지 인위적으로 배열할 수 있다. 실제로 말의 진화 이야기는 진화론자들도 비판하고 있다.

실제로 말의 진화 이야기는 진화론자들도 비판하고 있다.

A18. 진화론의 성선택 이론은
　　　 허구다

　　　공작새는 어떻게 환상적으로 아름다운 부채 같은 꼬리를 갖게 되었을까? 공작의 꼬리는 눈(eyes)처럼 보이는 뛰어난 패턴들로 이루어져 있다. 이것을 진화로 설명하기 어렵다는 사실은 찰스 다윈 역시 마찬가지였다. 다윈은 1860년에 "공작새 꼬리에 있는 깃털들을 볼 때마다 고통스러웠다"라고 말했으며, 1871년에 "성선택(sexual selection)" 이론을 제안했다. 이 이론에 의하면 공작의 화려한 꼬리는 더 쉽게 짝을 유혹할 수 있었고, 공작의 생존에 도움을 줄 수 있었기 때문에, 그 매혹적인 꼬리를 (우연한 돌연변이와 자연선택으로) 진화시켰다는 것이다.

그러나 2008년 일본 과학자들은 공작새의 짝짓기를 위한 과시행동을 6년 동안 관찰한 후, 암컷은 수컷 공작의 화려한 꼬리에 관심이 없었으며, 오히려 수컷의 발성(vocalizations)에 더 많은 관심을 갖는 것처럼 보인다고 보고했다. 이 결과는 수컷 공작새의 화려한 깃털은 암컷 짝의 선택에 반응하여 진화되었다는 오래된 주장이 틀렸음을 가리킨다. 2013년에 보고된 새에 관한 연구도 성선택 이론에 결정타를 날렸다. "화려한 깃털은 잊어버려라. 새들은 좋은 냄새가 나는 짝을 선택한다"라는 글에서, 수컷이 암컷을 유혹할 수 있는 것은 화려한 외모가 아니라, 냄새라고 말했다. 또 2015년의 한 연구도 "가장 매력적인 수컷 새는 최상의 유전자를 가지고 있지 않다"는 것이었다. 유전학자들은 "화려한 수컷은 암컷에게는 매력적일 수 있지만, 암컷을 차지하기 위한 싸움에서는 불리하여 유전자를 전달하지 못할 수 있다"는 것이다. 오늘날 다윈의 성선택 이론은 오류였음이 밝혀진 것이다.

유전학자들은 "화려한 수컷은 암컷에게는 매력적일 수 있지만, 암컷을 차지하기 위한 싸움에서는 불리하여 유전자를 전달하지 못할 수 있다"는 것이다. 오늘날 다윈의 성선택 이론은 오류였음이 밝혀진 것이다.

7

인류의 조상은 누구?

사람이 원숭이 같은 유인원에서 진화했다는 증거는 아직까지 없다.
진화 고인류학자들이 주장했던 여러 유인원들은 매우 의심스러운 것
들이었고, 최근의 발견은 인류 진화계통도를 완전히 붕괴시키고 있
었다.
그러나 많은 기독교인들이 이러한 사실을 잘 알지 못하고 있다.

Q1. 인류는 유인원에서 진화되었습니까?

       진화론에 의하면 사람은 고대 영장류에서 오스트랄로피테쿠스(약 400만 년 전), 호모 하빌리스(약 200만 년 전), 호모 에렉투스(직립원인, 약 100만 년 전), 네안데르탈인(약 10만 년 전), 현생인류(호모 사피엔스 사피엔스, 약 4만 년 전)로 진화했다고 주장한다. 그러면서 많은 유인원들이 인류의 진화론적 조상으로 주장됐었다. 그러나 1868년 프랑스 동굴에서 발견된 크로마뇽인은 완전한 현대인으로 밝혀졌고, 1892년 50만 년 전 직립원인으로 주장됐던 자바인(피테칸트로푸스)는 커다란 긴팔원숭이에 불과했으며, 1911년 영국 필트다운 자갈웅덩이에서 발견되어 40~50만 년 전의 유인원으로 주장됐던 필트다운인은 사람 두개골과 원숭이 턱뼈를 조립한 사기였음이 밝혀졌고, 1922년 이빨 한 개로 40만 년 전의 유인원으로 주장됐던 네브라스카인은 결국 멧돼지의 이빨로 밝혀졌으며, 1932년 인도에서 발견되어 한동안 진화론의 영광의 자리를 차지했던 라마피테쿠스는 1980년 완전한 두개골이 발견되어 오랑우탄의 것임이 확인되었다. 1974년 요한슨이 이디오피아에서 발견했다는 320만 년 전의 유인원 오스트랄로피테쿠스(일명 루시)는 침팬지로 추정되며, 직립보

행의 증거로 주장됐던 무릎 관절은 발굴 장소에서 3km 떨어져 있던 것이었다.

최근의 발견에 의하면, 진화론적 연대로 70만~100만 년 전의 고대인은 불을 사용했고, 50만 년 전의 고대인은 장애아를 돌보았으며, 80만 년 전의 호모 에렉투스는 요리 공간과 잠자는 공간이 나뉘어 있는 조직화된 공간 개념을 가지고 있었고, 50만 년 전의 호모 에렉투스는 조개껍질에 기하학적 무늬를 남기고 있었고, 30만 년 전의 독일 석탄층에서는 정교하게 만들어진 8자루의 창들이 발견되었다. 또한 바다로 둘러싸인 그리스 크레타섬에서 발견된 도구들에 의하면, 고대인들은 13만 년 전에도 배를 만들어 바다를 건널 수 있었다.

2013년의 놀라운 발견은 인류 진화론을 완전히 붕괴시키고 있는데, 조지아 드마니시에서 발굴된 5개의 두개골에 의하면 호모 에렉투스, 호모 루돌펜시스, 호모 하빌리스 등이 모두 함께 돌아다녔다는 것이다. 2015년에도 중국에서 더욱 놀라운 발견이 있었는데, 호모 하빌리스와 호모 에렉투스는 1만4천 년 전에도 살았다는 것이다. 또한 루마니아의 한 동굴에서 발견된 사람 턱뼈로부터 DNA 염기서열이 분석되었는데, 초기 유럽인의 유전체 8~11%가 네안데르탈인의 DNA였다. 이것은 그 사람의 증조-증조할아버지 정도가 네안데르탈인이었다는 것을 의미한다. 2017년 모로코에서 놀라운 발견이 있었는데, 현생인류가 진화론적 연대로 30만 년 전에도 존재했다는 것이다. 그리고 2018년 보고에 의하면, 네안데르탈인은 구부정하지 않고 꼿꼿했으며, 현대 인류보다 폐활량이 더 컸다.

이렇듯 인류 진화론은 계속 바뀌고 있을 뿐만 아니라, 수많은 문제점을 가지고 있다. 창을 만들어 사냥하고, 도구를 만들고, 불을 사용하고, 배를 만들어 이동할 수 있었던, 충분히 현명했던 사람들이, 왜 수십만 년 동안이나, 말을 타지 못하고, 농사도 짓지 못하며, 문자도 만들지 못하고, 도시를 만들지도 못한 채, 수렵 생활을 하며 동굴에서만 살았는가?

30만 년 전에도 현대 인류가 있었다면, 아담은 언제 있었는가? 점진적 창조론자인 휴 로스는 하나님이 5만 년 전에 똑똑한 유인원 하나를 골라 아담으로 만드셨을 것이라 말했다. 이제 아담은 30만 년 전의 똑똑한 유인원으로 수정해야 할까? 그리고 호모 하빌리스와 호모 에렉투스가 1만 4천 년 전에도 살았다면, 그들은 현대인인가? 유인원인가? 호모 에렉투스와 호모 하빌리스가 아담 이후에도 28만6천 년 동안 있었다는 말인가? 이 무슨 불합리하고 우스꽝스러운 궤변인가! 수시로 바뀌고 불합리한 인류 진화론과 성경을 억지로 짜 맞출 필요가 전혀 없다.

이 무슨 불합리하고 우스꽝스러운 궤변인가!
수시로 바뀌고 불합리한 인류 진화론과 성경을
억지로 짜 맞출 필요가 전혀 없다.

Q2. 역사적 아담이 중요한 이유는 무엇입니까?

진화론자들은 아담이 실존했던 역사적 인물이라고 믿고 있는 사람들을 조롱한다. 많은 기독교인도 아담의 실존을 의심하고 있다. 우리는 유인원의 후손인가? 아담의 후손인가? 기독교 외부와 내부에서 진화론을 찬성하는 사람들은 진화론이 과학적으로 입증됐기 때문에, 역사적 아담은 없다고 주장한다. 과학적 권위로 아담은 결코 존재하지 않았다는 것이다. 진화론에 의하면, 멸종된 유인원 같은 생물이 자신보다 인간의 특성을 조금 더 닮은 아이를 낳았고, 다음 세대에도 그랬고, 점차 계속 변화되어, 수많은 세대가 흘러간 후에 우리와 같은 인간을 낳았다는 것이다. 진화론적 인류 역사에 의하면 우리는 유인원과 연결되어 있고 아담과 연결되어 있지 않다.

그러나 성경적 역사에 의하면 우리는 아담과 연결되어 있다. 성경에 의하면 우리 각 사람은 아담의 죄성을 가지고 태어났기 때문에 죄를 짓고 죽음을 형벌로 받게 된다. 그래서 죄가 없으신 예수님께서 우리를 위하여 십자가에 죽으심으로, 아담 안에서 모든 사람이 죽은 것 같이 그리스도 안에서 모든 사람이 삶을 얻게 된 것이다. 만약 아담이 역사적으로 결코 존재하지 않았다면, 우리가 원죄를 가지고 태어났다고 믿을 이유가 없으며, 예수님께서 우리를 대신해 죽으실 아무런 이유가 없다.

그래서 아담은 중요하다! 진화론자들에게 아담은 존재하지 않아야만 한다. 그러나 성경적 기독교에서 아담은 존재해야만 한다. 그렇지 않다면 예수 그리스도의 십자가에 달리심과 무덤에서의 부활은 완전히 쓸모없는 일이 되는 것이다. 성경은 이것에 대한 많은 증거를 보여주고 있는데, 예수님을 '마지막 아담(last Adam)'으로 표현한 것은(고린도전서 15:45) 첫 사람 아담이 역사적으로 사실이기 때문이다.

만약 아담이 역사적으로 결코 존재하지 않았다면,
우리가 원죄를 가지고 태어났다고 믿을 이유가 없으며,
예수님께서 우리를 대신해 죽으실 아무런 이유가 없다.

Q3. 네안데르탈인은 무엇입니까?

150여 년의 논란 끝에 결국 네안데르탈인(Neanderthal Man)을 현생인류로 밝혀졌다. 네안데르탈인의 화석은 1829년에 발견되었다. 당시의 선도적 해부학자였던 루돌프 피르호(1821~1902) 교수는 초기에 발굴됐던 소수의 뼈로부터, 네안데르탈인의 뼈는 현생인류인 호모 사피엔스의 것이었지만, 어린 시절의 구루병과 이후에 관절염으로 인해 변형됐다고 믿었다.

1900년대 초반에 이르러 진화론이 과학계를 지배하기 시작하자, 네안데르탈인은 짐승과 같은 원시인의 모습으로 그려졌고, 수십 년 동안 교과서에 등장했던 원숭이 같은 사람으로, 인류 진화에서 중요한 연결고리였다. 그러나 더 많은 연구가 이루어지면서, 네안데르탈인의 모습은 점차 바뀌었다. 더 많은 뼈가 발견되면서, 네안데르탈인은 더 이상 짐승 같지 않게 되었고, 직립보행을 했으며, 현대인보다 더 곧은 척추를 갖고 있었던, 강인하고 튼튼한 사람이었다는 것이 밝혀졌다. 마침내 충분한 뼈들이 발견되면서, 부분적이 아니라, 전체 골격 구조를 조립할 수 있게 되었다. 뼈들에 근육을 입혔고, 피부를 씌

위, 신체 전부를 재현할 수 있게 되었다. 그들이 살았던 곳에 대한 더 많은 심도 깊은 연구 후에, 그들은 장식품을 사용했으며, 불을 사용했고, 악기를 연주했고, 동굴 벽화를 그렸고, 죽은 자를 매장했으며, 심지어 말을 할 수도 있었다는 것을 발견했다.

최근 한 연구에 따르면, 네안데르탈인은 수십 년 동안 흔히 그려졌던 것처럼 몸을 굽힌 구부정한 자세가 아니라, 현대적인 직립 자세를 취했고, 횡경막으로 깊게 호흡을 했다. 이 연구는 "네안데르탈인은 팔을 늘어뜨리고, 구부정하게 걷는 동굴인"이라는 신화에 대한 마지막 장례를 치르는 발견이었다. 결국 네안데르탈인은 오늘날의 우리와 동일했던 완전한 사람이었다.

150여 년의 논란 끝에 결국 네안데르탈인을 현생인류로 밝혀졌다. 결국 네안데르탈인은 오늘날의 우리와 동일했던 완전한 사람이었다.

Q4. 사람 발자국 화석이 발견된 것은 인류 진화론은 어떤 관련이 있습니까?

지중해에 있는 그리스 크레타섬에서 570만 년 전의 "사람의 것으로 보이는" 화석 발자국이 발견되었다. 진화론에 따르면, 그 시기에 인류의 조상은 아프리카에만 있었고, 원숭이 같은 발을 가졌으며, 약 360만 년 전까지는 직립보행을 하지 못했다고 주장해왔다. 연구자들은 발자국이 매우 사람의 것처럼 보임에도 불구하고, 조심하고 있었다.

"우리는 인간 진화에 대한 전통적인 견해에 상반될 수 있는 의미를 가진 사례를 보고한다."

왜냐하면 연구자들은 진화론의 기존 입장을 반박할 수 있는 발견은 의심받게 될 것을 알고 있기 때문이다.

성경적 창조론자들은 창세기에 기록된 것처럼, 모든 피조물이 창조주간에 하나님의 명령에 따라 완벽하게 창조되었음을 알고 있기 때문에, 사람 발자국 화석이 발견된 것에 대해 놀라지 않는다. 따라서 사람 발자국처럼 보이는 발자국은 실제로 사람에 의해서 만들어진 것이라는 사실을 받아들이는 데 문제가 없다.

이 발자국 화석의 발견은 매우 중요하다. 왜냐하면 이 발자국들은 사람이 그 시기에 이미 살았다는 것을 의미하기 때문이다. 그 발자국은 노아 홍수 이전의 사람이 만든 발자국일 수 없다. 왜냐하면 전 지구적 홍수로 인해 홍수 이전의 땅들은 두터운 퇴적지층 아래 묻혀버렸고, 노아 방주에 있던 사람만 살아남았기 때문이다. 크레타섬의 발자국은 지질기록에서 매우 늦게 퇴적된 퇴적물에서 발견되었기 때문에, 홍수 이후에 만들어졌음이 분명하다.

**크레타섬의 발자국은
지질기록에서 매우 늦게 퇴적된 퇴적물에서 발견되었기 때문에,
홍수 이후에 만들어졌음이 분명하다.**

Q5. 구석기 인류 조상은 실제로 뗀석기(타제석기)를 사용했습니까?

인류가 유인원으로부터 진화되면서 돌 도구의 사용은 개량되었고, 커다란 뇌를 가진 호모 사피엔스가 출현했다는 것이 진화론자들의 주장이었다. '날카롭게 깨진 돌 도구'는 원시인류의 지능을 측정하는 데 사용되어 왔다. 그런데 원숭이들도 무심코 돌을 깨뜨리고 있음이 밝혀졌다. 구석기 시대의 초기인류가 만들었다는 돌 도구(석기)와 카푸친 원숭이(capuchin monkeys)가 깨뜨린 돌 조각을 나란히 놓았을 때, 그것들은 동일하게 보였다. 카푸친 원숭이들은 도구를 만들려는 의도 없이 돌들을 깨뜨리고 있었다. 그러나 깨진 돌들은 원시인류의 지능을 측정하는 데에 종종 사용되던 돌 도구와 동일하게 보였다.

케냐에서 발견된 가장 오래된 330만 년 전의 돌 도구를 포함하여, 구석기인들이 만들었다고 주장되던 뗀석기들은 원숭이들이 만든 것인지도 모른다. 이 발견은 진화론자들에게 너무도 충격적이었다. 언론 매체들도 보도 제목은 다음과 같았다. "원숭이들도 돌을 깨뜨린다. 사람만이 그러한 특별한 일을 하는 것이 아니었다."(Live Science. 2016. 10. 19). "석기시대 사람의 돌 도구 중 일부는 원숭이들의 폐기물일 수 있다."(New Scientist. 2016. 10. 19)

카푸친 원숭이가 이처럼 돌들을 세게 내려치는 이유는 분명하지 않다. 원숭이들은 깨진 돌 조각을 만든 후에 그것을 사용하지 않는다고 연구자들은 보고했다. 원숭이들이 깨뜨린 돌 조각이 사람이 만들었다고 추정하는 돌 도구와 동일하다면, 어떻게 그것을 지능의 진화에 대한 하나의 평가척도로 사용할 수 있을까? 이제 구석기 시대의 원시인류가 날카롭게 깨진 돌이나 뗀석기를 사용했었다는 주장은 모호한 주장이 되어 버렸다.

원숭이들이 깨뜨린 돌 조각이

사람이 만들었다고 추정하는 돌 도구와 동일하다면,

어떻게 그것을 지능의 진화에 대한

하나의 평가척도로 사용할 수 있을까?

Q6. 침팬지와 사람이 98% 유사하다는 것이 사실인가요?

진화론자들은 사람과 침팬지의 유전자가 98% 동일하다고 선전하면서, 이것은 인류가 원숭이 같은 조상으로부터 진화되었다는 강력한 증거라고 주장하고 있다. 그러나 침팬지와 사람은 염색체 개수부터 다르다. 사람은 23쌍의 염색체를 갖고 있는 반면에 침팬지는 24쌍을 갖고 있다.

또한 사람과 침팬지에서 18쌍의 염색체가 '실제로 동일한' 반면, 4, 9, 12번 염색체는 '개조되었다'고 말한다. 다시 말하면, 염색체상의 유전자와 표지(markers)들은 인간과 침팬지 내에서 순서가 동일하지 않다는 것이다. 각 염색체의 끝에는 텔로미어라고 불리는 일련의 반복적 DNA 서열이 있는데, 침팬지는 약 23킬로 베이스(1킬로 베이스는 DNA 염기쌍 1,000개)의 반복서열을 가지는 데 비해, 사람은 영장류 가운데 독특하게 가장 짧은 10킬로 베이스만의 텔로미어를 가지고 있다.

유사성이 98%라는 결과는 두 종 사이에 이미 유사하다고 알려진 유전자 DNA 염기서열 중에서 극히 일부분만을 골라서 비교한 수치이다. 실제로 사람과 침팬지의 DNA 염기서열은 15%가 다른데, 이는 약 4억5천만 개의 염기서열이 다르다는 것을 의미한다. 침팬지와 사람이 진화계통나무에서 갈라선 지 6백만 년의 시간이 흘렀다 하더라도, 이러한 막대한 양의 유전정보가 새롭게 생겨날 수 있는 어떠한 자연적 과정도 알려진 바가 없다.

오히려 〈Nature〉 지에 게재된 논문에 따르면, 사람과 침팬지의 Y 염색체를 비교한 연구 결과 두 종의 Y 염색체는 서로 '끔찍하게' 달랐다. 연구팀에 따르면 침팬지의 Y 염색체는 단지 2/3만 사람의 Y 염색체와 유사한 유전자들을 갖고 있었고, 단지 47%만이 사람과 같은 단백질 암호 부분을 갖고 있었다. 연구자들은 Y 염색체 사이에 이러한 뚜렷한 차이를 보면서, 이제 "사람의 Y 염색체와 침팬지의 Y 염색체 사이의 관계는 산산조각이 났다"고 말했다. 이러한 '엄청난 차이'는 진화론의 주장처럼 이들이 공통조상을 가지고 있는 것이 아니라, 서로 독특하게 설계되었다는 주장이 더 합리적임을 가리킨다.

〈Nature〉 지에 게재된 논문에 따르면,
침팬지의 Y 염색체는 단지 2/3만
사람의 Y 염색체와 유사한 유전자들을 갖고 있었고,
단지 47%만이 사람과 같은 단백질 암호 부분을 갖고 있었다.

Q7. 인류의 조상은 미개한 존재였나요?

진화론에서는 현대 인류인 크로마뇽인이 유럽에 도착한 연대가 43,000년 전이고, 인류의 농업은 13,000년 전에 시작되었다고 말한다. 그렇다면 현대 인류는 농업을 시작하기 전 30,000년 동안 무엇을 하고 있었는가? 30,000년이면 300세기이다. 이 긴 시간 동안 얼마나 많은 사람들이 살다 죽었을까? 이 긴 기간 동안 씨를 뿌리면 식물을 키울 수 있다는 것을 어떻게 아무도 몰랐을까? 그 기간의 1/4도 안 되는 알려진 인류 역사 동안에 동일한 신체와 두뇌를 가진 현대 인류는 흙집에서 살던 수준에서 우주선을 만들어 달에 보내는 수준이 되지 않았는가?

크로마뇽인 이전의 고대 인류를 포함하면 문제는 더욱 악화된다. 네안데르탈인, 호모 에렉투스, 호모 하빌리스 등은 크로마뇽인이 도착하기 이전에, 불을 사용했고, 무기를 만들었고, 화장을 했고, 약용식물을 먹었으며, 배를 만들어 항해했으며, 예술 활동을 했고, 악기를 만들었던 사람들로 실제로 우리와 같았다고 진화론적 인류학자들도 인정한다. 만약 그들이 이만한 일들을 할 수 있었다면, 왜 190만 년 동안이나 농사를 짓는 일이나 말을 타고 이동하는 일은 하지 못했는 가? 창조론자들은 오래전부터 이 문제를 제기해왔다.

고대 사람들이 자신들의 삶을 더 편안하게 해주는 방법들을 찾아냈 으리라 생각하는 것이 훨씬 자연스럽다. 비가 온다면 오두막을 지었 을 것이고, 여행할 거리가 멀어 발이 아프다면 타고 갈 동물을 발견 했을 것이다. 만약 어떤 식물이 맛있었다면, 그것을 심고 재배하여 수확했을 것이다. 진화론의 추정처럼 선사시대의 인류들이 이와 같 은 일을 수행할 능력이 없었다고 할 이유가 전혀 없다.

창세기에 의하면, 인간은 에덴 이후에 곧바로 농업을 시작했다. 그 들은 악기를 만들고, 금속을 제련하고, 목축을 하였다. 그들은 저주 받아 변화된 세상에서 어떻게든 살아가기 위해서 하나님이 주신 지 적 능력을 사용했다. 그러면서 거친 환경을 극복하는 방법들을 찾아 냈을 것이다. 아담이 살아있던 시기에 사람들은 도시를 건설했다. 창 세기 10장에 나오는 민족들의 표는 노아 홍수 이후 그리고 바벨에서 언어의 혼란이 일어난 이후에 인류가 분산되었다는 것이 신뢰할만한 역사임을 가리킨다. 놀랍도록 정확한 이름, 족보, 지명, 평가 연대들 은 고고학적 발견들과 일치한다. 초월적 지성을 가지신 창조주 하나 님의 형상을 따라 창조된 사람은 처음부터 지적으로 현명했다는 창 조론적 설명은 실제 인류 역사와 일치한다.

창조주 하나님의 형상을 따라 창조된 사람은 처음부터 지적으로 현명했다는 창조론적 설명은 실제 인류 역사와 일치한다.

8

창세기 대홍수는
역사적 사실이다!

창세기 6~9장에는 하나님의 심판이었던 전 지구적 홍수가 기록되어 있다. 이 노아 홍수의 역사적 사실성 여부는 매우 중요하다. 왜냐하면 이것은 성경의 무오성 논쟁뿐만 아니라, 퇴적지층들에 부여된 장구한 연대와 지질시대가 사실인지 아닌지, 나아가 진화론이 사실인지 아닌지에 대한 결론과 연결되어 있기 때문이다.

사진 대홍수, 시스티나 성당 천장화, 미켈란젤로, 로마 바티칸 궁전
출처 https://commons.wikimedia.org

Q1. 노아 홍수가 중요한 이유는 무엇입니까?

성경 창세기 6~9장에는 하나님이 타락한 인류를 심판하셨던 노아의 홍수가 기록되어 있다. 큰 깊음의 샘들이 터지며 시작된 대홍수로 천하의 높은 산들은 다 잠겼고, 육지에 있던 모든 생물은 쓸어버림을 당했으며, 방주에 탔던 8명의 사람과 동물들만 살아남았다는 기록이다. 전 지구적 대홍수였던 노아의 홍수가 실제로 있었던 역사적 사건이었는지 아니었는지는 여러 측면에서 매우 중요하다.

1788년 제임스 허튼이 『지구의 이론』이란 책을 통해 장구한 지질연대 개념을 도입했고, 뒤를 이어 등장한 찰스 라이엘은 『지질학의 원리』라는 책을 발간하면서 '동일과정설(uniformitarianism)'이라는 이론을 보편화하기에 이른다. 이 이론은 "현재는 과거를 아는 열쇠이다"라는 기치 아래, 오늘날과 같은 느린 퇴적과 침식 과정이 과거에도 항상 동일한 속도로 일어났고, 이러한 점진적인 과정들에 의해서 두터운 퇴적지층들과 침식 지형들이 수억 수천만 년의 장구한 기간에 점진적으로 형성되었다는 이론이다.

1859년 찰스 다윈이 『종의 기원』을 발간하면서 진화론이 본격 등장하게 된다. 다윈의 진화론이 성립하기 위해서는 반드시 장구한 시간이 필요했다. 우연히 생겨난 아메바 같은 단순한 생물이 무수한 돌연변이와 자연선택을 거쳐 사람으로 진화했다면, 분명 오랜 시간이 걸렸을 것이기 때문이다. 따라서 진화론과 함께 동일과정설은 수많은 문제점이 있음에도 불구하고, 현대 지질학의 패러다임으로 자리 잡게 되었다. 오늘날 모든 교과서에는 각 생물의 진화계통도와 함께, 고생대, 중생대, 신생대 등과 같은 지질시대와 지질주상도가 실려 있고, 진화론과 함께 수십억 년의 지구 연대는 과학적으로 입증된 사실처럼 가르쳐지고 있다.

전 지구적인 노아의 홍수가 실제로 있었다면, 동일과정설은 기각된다. 두터운 퇴적지층들은 수억 수천만 년의 증거이든지, 노아 홍수의 증거이든지 둘 중의 하나이다. 만약 수억 수천만 년의 증거라면, 노아 홍수는 허구가 되는 것이고, 노아 홍수의 증거라면, 수억 수천만 년의 지질시대는 허구가 되는 것이다. 그래서 장구한 시간이 절대적으로 필요한 진화론자들과 유신진화론자들은 물론이고, 장구한 시간을 받아들이는 점진적 창조론자들도 노아의 홍수를 지역적 홍수였다고 주장하는 것이다.

장구한 시간이 절대적으로 필요한 진화론자들과 유신진화론자들은 물론이고, 장구한 시간을 받아들이는 점진적 창조론자들도 노아의 홍수를 지역적 홍수였다고 주장하는 것이다.

Q2. 노아 홍수의 이유와 목적은 무엇입니까?

인간의 타락으로 말미암아 세상에 죄악이 가득하고 온 땅이 하나님 앞에 포악해지자, 하나님께서는 이 세상을 물로 쓸어버리시고, 노아의 가족으로부터 새롭게 출발하도록 하기 위함이었다.

여호와께서 사람의 죄악이 세상에 가득함과 그의 마음으로 생각하는 모든 계획이 항상 악할 뿐임을 보시고 땅 위에 사람 지으셨음을 한탄하사 마음에 근심하시고 이르시되 내가 창조한 사람을 내가 지면에서 쓸어버리되 사람으로부터 가축과 기는 것과 공중의 새까지 그리하리니

(창세기 6:5~7)

그때에 온 땅이 하나님 앞에 부패하여 포악함이 땅에 가득한지라 하나님이 보신즉 땅이 부패하였으니 이는 땅에서 모든 혈육 있는 자의 행위가 부패함이었더라 하나님이 노아에게 이르시되 모든 혈육 있는 자의 포악함이 땅에 가득하므로 그 끝 날이 내 앞에 이르렀으니 내가 그들을 땅과 함께 멸하리라 (창세기 6:11~13)

예수님도 마지막 때에 이 땅의 사람들도 노아 시대의 사람들과 같을 것이라고 말씀하셨다.

> 노아의 때와 같이 인자의 임함도 그러하리라 홍수 전에 노아가 방주에 들어가던 날까지 사람들이 먹고 마시고 장가들고 시집가고 있으면서 홍수가 나서 그들을 다 멸하기까지 깨닫지 못하였으니 인자의 임함도 이와 같으리라 (마태복음 24:37~39)

그러므로 노아의 홍수는 불의한 자들의 죄를 심판하시며, 하나님을 경외하는 노아를 구원하시는 과정을 통하여, 마지막에 있을 예수 그리스도의 심판과 십자가 구원의 복음을 우리에게 전하고 있다.

노아의 홍수는 불의한 자들의 죄를 심판하시며,
하나님을 경외하는 노아를 구원하시는 과정을 통하여,
마지막에 있을 예수 그리스도의 심판과 십자가 구원의 복음을
우리에게 전하고 있다.

Q3. 노아의 홍수가 지역적 홍수일 수도 있습니까?

창세기 6~9장에 기록된 단어들과 문맥으로 볼 때, 노아의 홍수는 전 지구적 대홍수였음이 분명하다. 노아의 홍수는 하나님의 심판으로, 타락한 모든 사람들뿐만이 아니라, 새와 가축과 들짐승과 땅에 기는 모든 것들과 땅을 멸하시기 위해서 의도되었다. 따라서 사람들 중 일부만 멸망시키고, 남은 자들이 있게 하는 것은 하나님의 공의로우심에 어긋나며, 장차 예수님의 재림 시 심판을 피하는 사람도 있다는 논리가 된다. 그리고 하나님이 다시는 모든 생물을 홍수로 멸하시지 않겠다는 언약을 하실 필요가 없다. (창세기 9:8~17)

만약 노아의 홍수가 지역적 홍수였다면, 거대한 방주를 지을 필요가 없었다. 방주의 규모는 한 지역에 분포된 동물만 싣기에 엄청나게 컸다. 그리고 노아의 식구들과 동물들은 높은 산이나 인근 지역으로 피하면 됐으며, 특히 새들을 태울 필요가 없었다. 또한 노아의 방주가 있었더라도 하류로 떠내려갔을 테니 방주가 아라랏산에 머물렀을 리가 없다.

노아의 홍수는 큰 깊음의 샘들이 터지며 하늘의 창문들이 열리면서 시작되었다. (창세기 7:11). 이것은 지표면의 균열에 의한 초고압의 지하수 분출, 수많은 화산폭발, 막대한 용암분출, 강력한 지진들, 거대한 쓰나미들, 지각판들의 격변적 이동, 거대한 산맥들의 융기, 습곡, 해령의 탄생, 엄청난 퇴적 및 침식 등이 동반되었음을 가리킨다. 그 결과 노아 홍수는 오늘날 전 세계 대륙에서 관측되고 있는 광대한 넓이의 두터운 퇴적지층들, 거대 평탄면, 거대한 협곡들, 해저캐년들, 수극들, 거대한 용암대지, 거대한 습곡지형 등을 만들었을 것이다. 또한 갑자기 밀려오는 두터운 퇴적물들에 의해서 수많은 생물들은 급격히 매몰되었을 것이고, 수조 개의 화석들로 퇴적지층 속에 남겨지게 되었다.

성경 여러 곳에서 노아의 홍수와 방주 사건은 기록되어 있다. 만약 노아 홍수와 방주 사건이 신화나, 사람들이 꾸며낸 이야기거나, 중동 지역에 있었던 지역적 홍수였다면, 성경은 하나님의 말씀으로의 권위를 잃어버리게 된다.

그들은 전에 노아의 날 방주를 준비할 동안 하나님이 오래 참고 기다리실 때에 복종하지 아니하던 자들이라 방주에서 물로 말미암아 구원을 얻은 자가 몇 명뿐이니 겨우 여덟 명이라 (베드로전서 3:20)

만약 노아 홍수와 방주 사건이 신화나, 사람들이 꾸며낸
이야기거나, 중동 지역에 있었던 지역적 홍수였다면,
성경은 하나님의 말씀으로의 권위를 잃어버리게 된다.

Q4. 노아는 전 세계에 널리 퍼져 있는 육상동물들을 어떻게 모을 수 있었나요?

노아는 멀리 이곳저곳을 다니면서 방주에 탈 동물들을 모을 필요가 없었다. 성경에 의하면, 하나님의 주권적인 섭리로 동물들이 노아에게 나왔다고 기록하고 있다.

네게로 나아오리니 (창세기 6:20)
암수 둘씩 노아에게 나아와 (창세기 7:9)
둘씩 노아에게 나아와 (창세기 7:15)

노아가 동물들을 모아들인 것이 아니라, 하나님이 동물들을 노아에게 보내셨다.

또한, 노아 홍수 이전의 대륙분포와 기후는 오늘날과는 달랐다. 지구 전체는 따뜻한 아열대 기후였으며, 지역에 따른 극심한 온도차도 없었을 것이다. 오늘날 한대, 열대, 온대 지역에 적응한 동물들도 노아 홍수 이전에는 같은 지역에서 살고 있었을 것이다. 그래서 동물들은 방주를 타기 위해 멀리 여행하지 않아도 되었을 것이다. 그리고 노아 홍수 이후에 다양한 환경 변화와 열악해진 생태학적 조건으로 인해, 종류 내에서의 종 분화가 일어났던 것이다.

성경에 의하면, 하나님의 주권적인 섭리로 동물들이 노아에게 나왔다고 기록하고 있다.

Q5. 노아는 방주에 쓸 역청을 어디서 구했습니까?

성경을 비판하는 사람들은 역청(pitch)은 석유나 석탄으로부터 만들어지는데, 노아 시대에는 석유나 석탄이 없어서 노아는 역청을 구하지 못했을 것이고, 노아의 방주는 방수가 안 되어 물이 새어 들어왔을 것이라고 주장한다.

역청은 콜타르를 가열 증류할 때 남겨지는 검은색의 아교와 같은 끈적끈적한 물질로서, 아스팔트와 유사한 물질이다. 오늘날 역청은 일반적으로 석탄을 가열할 때 만들어진다. 사람들은 석유나 석탄 외에 역청의 다른 출처를 대부분 알지 못한다. 그러나 역청은 나무를 가열하거나 증류할 때도 만들어진다.

석유와 석탄 산업이 발달하기 전에 이미 역청을 만드는 방법이 존재했다. 적어도 천 년 동안 유럽에서 역청을 만드는 산업이 발달해 있었다. 거대한 목조 선박들을 만드는데 역청 제조는 꼭 필요했고, 유럽 역사 도처에 기록되고 있다. 역청제조는 어느 정도 기술을 필요로 하는 작업이었기 때문에, 많은 유럽 사람들의 성씨에 그 흔적이 남아 있다. 폴란드에서 역청이나 타르를 의미하는 "smola"는 "Smola, Smolander, Smolen, Smolenski, Smolarz" 등으로, 독일에서 역청을 의미하는 "teer"는 "Teer, Teerman" 등으로, 영국에서는 "Pitcher, Tarrier, Tarmen" 등으로 성씨에 남아 있는데, 이들은 역청을 만드는 사람이라는 뜻이다.

역청은 울창한 숲에서 나무의 송진(resin)을 채취하면서 시작된다. 비스듬히 홈을 파 송진이 흘러내리게 한 후, 나무 밑에 용기를 두어 채취한다. 송진 채취가 끝난 후 나무를 잘게 잘라 흙으로 덮은 후 천천히 태워 숯을 만든다. 역청을 만드는 마지막 단계는 송진을 끓이면서 숯가루를 배합하는 것이다. 숯가루의 배합률에 따라 다른 성질을 가지는 역청을 만들 수 있다. 이렇게 만들어진 역청은 대양을 항해하는 목조선박의 방수를 위해 사용되었다.

노아가 이와 같은 방법으로 역청을 만들었는지는 알 수 없다. 그러나 석유와 석탄이 없어도 역청이 만들 수 있고, 노아 이전에 이미 역청을 만드는 방법이 개발되어 전해 내려왔을 가능성이 크다.

석유와 석탄이 없어도 역청이 만들 수 있고, 노아 이전에 이미 역청을 만드는 방법이 개발되어 전해 내려왔을 가능성이 크다.

Q6. 노아 홍수의 기간은 얼마입니까?

성경은 노아의 홍수 사건을 창세기 6~9장에 걸쳐 매우 자세하게 기록하고 있다. 특히 홍수가 진행된 날짜들을 매우 상세히 기록해 놓고 있는데, 이것은 노아의 홍수가 설화나 꾸며낸 이야기가 아니라, 실제 일어났던 일임을 증거하고 있는 것이다. 홍수는 노아가 육백세 되던 해에 일어났는데, 노아가 방주에 있었던 기간은 1년 17일이었다.

노아 홍수 기간

480세	대홍수 경고(창 6:13)	
600세	대홍수 시작(창 7:11-14)	
	2월 10일	방주에 들어감. 7일을 기다림.
	2월 17일	40주 야간 비가 내리기 시작.
		150일간 땅에 물이 창일
	7월 17일	방주가 아라랏 산에 도착.
		물이 줄어들기 시작.
	10월 1일	산들의 봉우리가 보임
	11월 19일	비둘기를 내보냄.
		감람 새 잎사귀를 물고 옴
601세	1월 1일	방주 뚜껑을 제침
	2월 27일	땅이 말랐으며, 방주에서 나옴.

Q7.　노아 홍수를 일으킨 물은 어디에서 왔습니까?

　　　　성경은 노아 홍수를 일으킨 물이 두 근원에서 왔음을 말해주고 있다. 창세기 7:11에는

　　그 날에 큰 깊음의 샘들이 터지며 (창세기 7:11)

라고 기록되어 있다. 이것은 거대한 지하수들이 터져 나왔음을 가리킨다. 초고압 상태로 있던 물은 대기권 높은 곳까지 뿜어져 나갔다가 다시 비가 되어 지상으로 떨어졌을 것이다. 최근 아시아대륙 깊은 땅속 맨틀 내에 막대한 양의 물이 존재하고 있음이 밝혀졌다. 그렇다면 얼마나 많은 물이 맨틀에 저장되어 있을까? 평가들은 다양한데, 현재 지구의 대양에 있는 모든 물의 10~30배 정도의 양이 저장되어 있을 것으로 평가된다.

또한 창세기 7:11에

　　하늘의 창문들이(창세기 7:11)

열리면서 물들이 하늘로부터도 왔다고 기록하고 있다. 창세기 1장에는 창조 둘째 날에 하나님이 물 가운데 궁창을 만드시고 궁창 아래의 물과 궁창 위의 물로 나누셨다. 오늘날에는 존재하지 않는 이 궁창 위의 물은 대기권 밖에 존재했던 것으로, 오늘날 대기권 안에 비를 내리게 하는 구름과는 다른 것으로 추정된다. 이 물 층은 거대한 덮개처럼 지구를 둘러싸고 있었으며, 지구의 기후와 기상 변화에 심대한 영향을 끼쳤을 것으로 추정된다. 이로 인해 지구의 온도를 따뜻하고 규일하며 온화한 기후를 만들어주었을 것이다.

노아 홍수 시에 내린 비는 보통의 비가 아니었다. 왜냐하면 그 비는 방주가 땅에서 떠오르기 시작했을 때까지 40일 동안 지속됐고, 천하의 높은 산들을 다 덮어버렸고(창세기 7:19), 백오십일 동안이나 땅에 넘쳤다 (창세기 7:24).

성경은 노아 홍수를 일으킨 물이 두 근원에서 왔음을 말해주고 있다.

Q8. 노아 홍수 때에 에베레스트 산도 물에 잠겼나요?

많은 사람이 홍수로 천하의 높은 산들이 다 덮였다는 구절 때문에 노아 홍수에 의문을 제기한다. 무신론자들은 성경의 노아 홍수를 공격할 때 이 부분을 가장 많이 언급하고 있다. 그러면서 노아 홍수를 기록된 그대로 믿는 사람들을 비상식적인 무식한 종교적 근본주의자라고 조롱한다. 노아 홍수 때에 8,848m 높이의 에베레스트산도 잠겼을까?

에베레스트산뿐만 아니라, 히말라야의 다울라기리(8,167m), 로체 (8,516m), 안나푸르나(8,091m) 등에서도 두꺼운 퇴적지층을 볼 수 있다. 구글 이미지에서 산 이름을 검색하여 살펴보면 확인할 수 있다. 이러한 거대한 퇴적지층들은 유럽의 알프스, 북미대륙의 로키산맥, 남미대륙의 안데스산맥 등 전 세계의 모든 높은 산들에서 볼 수 있다. 퇴적지층은 물에 의해서 쌓인 지층이다. 산들은 한때 바다 아래에 있었음이 분명하다. 게다가 대부분의 산꼭대기를 형성하고 있는 퇴적암은 바다생물 화석을 포함하고 있다. 예를 들어 에베레스트산은 석회암에 묻혀있는 해양 바다나리 화석들로 가득하다. 히말라야의 고산지대에서 암모나이트와 같은 바다생물 화석들을 쉽게 발견할 수 있다.

노아 홍수의 물이 대륙으로부터 물러가게 됐던 이유는 땅들의 수직적 구조 운동이었다. 히말라야의 에베레스트 산과 전 세계의 많은 산은 노아 홍수 말기에 일어났던 수직적 구조운동에 의해서 융기되었고, 이로 인해 대륙을 뒤덮었던 홍수 물은 거대한 침식을 일으키며 물러갔던 것이다.

히말라야의 에베레스트 산과 전 세계의 많은 산은

노아 홍수 말기에 일어났던 수직적 구조운동에 의해서

융기되었고, 이로 인해 대륙을 뒤덮었던 홍수 물은

거대한 침식을 일으키며 물러갔던 것이다.

Q9. 노아 홍수의 물은 어떻게 물러갔으며, 그 물은 어디에 있습니까?

"노아의 홍수가 정말로 온 땅을 덮었다면, 그 물은 다 어디로 갔는가?" 이 질문의 답은 간단하다. 그 물은 오늘날의 바다를 이루고 있다. 홍수 물은 천하의 높은 산이 다 잠길 때까지 계속 올라갔다. (창세기 7:19). 그 후에 물은 땅에서 지속해서 물러갔다. (창세기 8:3), 이 과정은 대략 7개월이 걸렸다.

홍수 물이 대륙에서 물러가면서, 물은 바다로 흘러들었다. 지구 표면에는 막대한 양의 물이 있다. 태평양은 지구 표면의 거의 절반을 차지하고 있다. 오늘날 육지 표면을 평탄하게 깎아 바다를 메운다면, 물은 2.7km 두께로 전 지구를 뒤덮는다. 논리적으로 물이 대륙으로부터 바다로 배수되는 유일한 방법은 대륙이 상승하고, 대양저가 가라앉는 것이다.

대륙 지각의 두께는 약 40km이며, 해양 지각의 두께는 약 7km에 불과하다. 노아 홍수 동안에 지각의 수직적 구조운동은 대륙에서 물이 빠져나가도록 했다. 작은 스케일로는 산들이 융기됐고, 골짜기들은 깊어졌을 것이다. 대륙 지각들이 융기하고, 대양 바닥이 가라앉으면서, 지구를 덮고 있는 홍수 물은 물러갔고, 대륙에는 대규모의 침식이 발생했다. 홍수 초기에 쌓였던 퇴적지층들은 아직 굳어지지 않은 상태였으므로, 쉽게 파여졌고, 재퇴적 되었다. 홍수 물이 완전히 물러갔을 무렵, 지표면은 현재의 모습이 되었다.

대양 분지가 가라앉기 시작하면서, 홍수 물은 대륙을 가로지르며, 처음에는 넓은 판상으로 흘렀고, 지표면을 평탄하게 깎아냈다. 지질학자들은 그러한 지형의 모습을 '평탄면'이라고 부른다. 대륙 위를 흐르던 물은 융기하는 산들을 침식시켰고, 대륙을 가로지르며 커다란 암석들을 장거리로 운반했으며, 단단한 암석을 둥근 바위와 자갈로 만들었다. 미국 북서부와 인접한 캐나다의 많은 장소에서, 둥근 규암들이 풍부하게 퇴적되어 있다. 또한 대양 분지가 가라앉으면서, 수천 미터 두께의 퇴적물이 대륙으로부터 쓸려나가서 대륙 주변부에 재퇴적 되었다.

대홍수가 끝날 무렵, 산맥들이 물 위로 나타나기 시작했고, 대륙 위를 흐르던 물은 많은 수로를 만들었다. 이들은 산맥, 산등성이, 고원을 가로지르며 흘렀다. 이들 장애물들을 관통하면서 협곡과 수극이라 부르는 것들을 남겼고, 오늘날 그것을 통과하여 강이나 시내가 흐르고 있다.

그래서 노아 홍수의 말기에 대륙으로부터 홍수 물의 물러감을 유발했던 것은, 산들의 융기와 대양저의 침강이었다. 물은 지구 행성의 낮은 지점으로 이동했고, 융기하는 땅들은 물 위로 노출되었다. 산들은 처음으로 물 위에 올라왔고, 이것은 방주가 '아라랏 산'에 머물게 된 이유를 설명해준다. (창세기 8:4).

성경은 창세기 대홍수가 전 지구적 사건이었음을 일관되게 기록하고 있으며, 지구 표면의 지형들도 이것과 완벽하게 일치한다.

성경은 창세기 대홍수가 전 지구적 사건이었음을 일관되게 기록하고 있으며, 지구 표면의 지형들도 이것과 완벽하게 일치한다.

Q10. 노아 홍수 때 민물고기는 어떻게 살아남았나요?

현재 바다의 염도는 평균 35ppt, 담수는 0.5ppt 이하이다. 노아 홍수가 바닷물의 침습에 의한 전 지구적 홍수라면 어떻게 민물고기들이 살아남을 수 있었을까? 실제로 많은 수가 살아남지 못했다. 그러나 소수 아니 극소수의 몇 마리라도 살아남았다면 문제는 달라진다. 몇 가지 가능성 있는 답변은 다음과 같다.

첫째, 노아 홍수 이전 바닷물의 염도가 0.5~30ppt 정도의 저농도 염수였을 가능성이다. 오늘날 강이나 다른 경로를 통해 매년 4억5천만 톤의 나트륨이 바다로 들어간다. 이 나트륨의 27% 만이 바다 밖으로 유출되고, 나머지 나트륨은 바다에 쌓인다. 홍수의 시작은 큰 깊음의 샘이 터지면서 일어났다. 지하에서 얼마나 많은 양의 물이 터져 나왔는지, 염분 농도는 얼마였는지 알 수 없다. 또한 홍수 동안 그리고 물이 대륙으로부터 후퇴하는 동안에 육지에 있던 많은 양의 나트륨이 바다로 유입됐을 수 있다. 또한, 홍수 이후 화산폭발이나 강우 등으로부터 유입된 나트륨이 바다에 계속 축적되었을 것이다. 따라서 노아 홍수 시에 바닷물 농도가 오늘날과 같지 않았다면 민물고기는 문제가 되지 않는다.

둘째, 최근 연구에 의하면 어떤 지역에서는 홍수 중 바닷물의 염분농도가 서로 다른 층을 이루고 있었을 가능성이 매우 크다는 사실이 밝혀졌다. 즉 심부의 바닷물의 염분농도는 13~15ppt, 중간부위는 7~11 ppt, 표면은 5ppt 이하로, 염분농도가 서로 다른 물이 상당 기간 층을 이루고 있다가, 서서히 혼합되었을 가능성이 있다. 이 경우 민물에 살던 물고기는 서서히 적응해 갈 수가 있었을 것이다

셋째, 홍수환경에서 어떤 지역은 민물로 고립된 지역이 있었을 가능성이다. 기억해야 할 것은 엄청난 강우가 한동안 지속됐다는 것이다. 비는 담수이다. 퇴적물들에 대한 많은 연구들에 의하면 구성성분이 다른 퇴적물들이 어떤 지역에 격리되어 발견되고 있으며, 물의 화학성분, 물의 온도 등이 서로 다른 상태였다는 것이 밝혀지고 있다. 홍수의 상당 기간 동안 이러한 고립지역들이 남아 있었을 가능성이 있다.

넷째, 민물과 바닷물에서 같이 사는 물고기들이 있다. 오늘날에도 바다에 살던 연어가 산란을 위해 산골짜기의 차가운 강을 거슬러 올라가는 장면을 보았을 것이다. 연어, 줄무늬농어, 철갑상어 등은 민물에서 태어나, 바다에서 성장하며, 장어는 바다에서 태어나 호수나 냇가에서 자란다. 그러므로 민물고기들은 홍수 시기에는 민물과 바닷물에 다 같이 견디는 능력을 가지고 있었으나, 홍수 후 분화가 되면서 많은 종들이 그 능력을 잃어버렸을 수 있다.

노아 홍수가 바닷물의 침습에 의한 전 지구적 홍수라면 어떻게
민물고기들이 살아남을 수 있었을까?

실제로 많은 수가 살아남지 못했다.

그러나 소수 아니 극소수의 몇 마리라도 살아남았다면 문제는
달라진다.

Q11. 노아 홍수 때 식물은
어떻게 살아남았나요?

저녁때에 비둘기가 그에게로 돌아왔는데 그 입에 감람나무 새 잎사귀가 있는지라 (창세기 8:11)

노아 홍수 때에 하나님은 방주 밖에 있는 나무와 풀들을 특별한 방법으로 보존하셨음을 보여준다. 어떻게 식물들은 전 지구적 홍수 속에서도 살아남을 수 있었을까.

우선 식물들은 씨앗으로 살아남을 수 있다. 실제로 많은 육상식물의 종자들은 여러 농도의 소금물에서 일 년 동안 잠갔다가 꺼낸 후에도 발아할 수 있음이 보고되었다. 또한 이보다 더한 혹독한 환경에서도 식물의 종자는 살아나기도 한다. 고대 미라의 손에 쥐어진 밀알 씨를 땅에 심었더니 싹이 텄다는 보고도 있다.

또 식물들은 홍수 시 떠다니던 거대한 나무 매트들에서 살아남을 수 있었다. 이 매트들은 여러 동물들에게 수주 혹은 몇 달 동안 일시적인 피난처 역할을 했을 것이며, 식물들의 생존뿐만 아니라, 특별히 곤충이나 벌레들이 알이나 유충 상태에서 생존할 수 있는 장소를 제공했음이 틀림없다.

많은 식물은 이 나무 매트 위에서 살아남을 수 있었을 것이고, 얕은 물가로 흘러간 나무나 식물들은 다시 뿌리를 내릴 수 있었을 것이다. 노아가 방주에서 내보낸 비둘기가 물고 온 감람나무 새 잎사귀는 이 나무매트에서 살아남은 감람나무가 물이 감하면서 뿌리를 내려 새 잎사귀를 낸 것으로 보는 것이 더 타당하다. 실제로 감람나무는 매우 재생력이 강하여 작은 가지를 꺾어 땅에 심어도 쉽게 자랄 수 있는 것으로 알려져 있다.

또는 노아에 의해서 많은 종자들이 계획적으로 보관되어 살아남았을 수도 있었을 것이다. 사실 노아는 홍수 후에 피폐한 환경 속에서 살아가기 위한 많은 준비를 했을 것이다. 기구, 기계, 연장, 재료, 물품, 의복, 그릇 등을 준비했을 것이고, 농사를 위해 곡식, 야채, 과일나무 등 많은 식물의 종자들을 모았을 가능성이 크다. 물론 노아가 모든 식물의 종자를 준비할 필요는 없었다. 그러나 농사를 바로 시작하기 위해서 필요한 종자들은 모아 두었을 가능성이 크다. 창세기 9:20에는 노아가 농업을 시작하여 포도나무를 심는 장면이 나온다. 분명히 노아는 농업을 준비했으며, 포도나무 씨앗도 준비했음이 틀림없다.

**많은 식물은 이 나무 매트 위에서 살아남을 수 있었을 것이고,
얕은 물가로 흘러간 나무나 식물들은 다시 뿌리를 내릴 수 있었을
것이다.**

Q12. 동물들은 대홍수 이후 어떻게 전 세계로 이동 분산하게 되었습니까?

　　　　남아메리카의 밀림에서 찾아볼 수 있는 나무늘보나 개미핥기 등 빈치류는 느리게 움직이는데 어떻게 아라랏 산으로부터 옮겨올 수 있었을까? 캥거루 같은 유대류들은 오직 호주와 서반구에서만 발견되는데, 어떻게 바다를 건너왔을까?

　　첫째, 생물들은 대륙과 바다를 놀라운 속도로 횡단하며 이동할 수 있다. 1883년 크로카토아 섬의 화산폭발 당시 이 섬에서 서식하던 동물들은 완전히 멸종했고, 수년 동안 이 섬에는 아무것도 살지 않았다. 그런데 25년이 지난 뒤에 곤충, 벌레들뿐만이 아니라, 각종 조류, 파충류들 심지어 소수의 포유류까지 놀랍도록 다양한 생물들이 살아가고 있는 것이 발견되었다. 방주에 타지 않았던 곤충이나 육상식물과 함께, 많은 동물이 홍수물 위에 떠다녔던 자연 뗏목(홍수물 위에 떠다녔던 거대한 통나무 매트들) 위에서 퍼져나간 것으로 보인다. 실제로 유사한 식물과 동물들이 거대한 육지나 대양에 의해 격리된 서로 다른 대륙에서 흔히 발견되고 있다. 이러한 분포 패턴은 그들이 수억 수천만 년에 걸쳐 천천히 진화되었다면 예상될 수 없는 것이다. 예로서, 많은 유사한 식물과 동물 집단들이 서로 다른 대륙의 해안가 육지 주변에서 발견된다. 이러한 이주와 이동의 일관된 생물 지리적 패턴은 진화론보다는 전 지구적 홍수가 훨씬 더 적합하다.

둘째, 홍수 이후 대륙들은 바다로 멀리 떨어져 있지 않고, 연결되어 있을 수 있었다. 많은 과학자가 과거에는 베링 해협에 육지 다리가 있어서 아시아와 아메리카가 연결되어 있었고, 이곳을 통해 사람과 동물들이 이동했을 것이라는 데 동의하고 있다. 노아 홍수로 인해 초래된 빙하기로 인해, 많은 물이 얼음으로 갇혀 있어서 해수면은 낮았을 것이며, 따라서 여러 대륙, 심지어 호주까지도 육지로 이동할 수 있었을 것으로 본다. 많은 사람이 캥거루와 같은 유대류는 호주에서만 발견된다는 잘못된 믿음을 갖고 있다. 살아있는 유대류는 남미 대륙에서도 발견되며, 유대류 화석은 유럽, 아시아, 북미 등 어느 대륙에서나 발견된다.

셋째, 또 하나의 중요한 분산 방법은 사람이었을 것이다. 호주 개척 초기에 이주민들은 몇 마리의 토끼를 가지고 갔는데 지금은 호주 대륙 끝에서도 야생 토끼를 볼 수 있다. "캥거루는 방주에서 내려서 호주까지 계속 깡충깡충 뛰어갔는가?" 가끔 이러한 비아냥거리는 질문을 들을 때가 있다. 캥거루는 뛰어간 것이 아니라, 사람이 만든 배의 우리 안에서 아름다운 바다 풍경을 감상하며 편안하게 호주 대륙에 도착했을지도 모른다.

Q13. 고대 문명 속에 홍수 설화가 남아있다는 것이 사실입니까?

오래전 선교사들은 오지의 종족들이 성경의 홍수 이야기와 매우 비슷한 전설을 이미 갖고 있다는 것을 발견하고 그 놀라움을 보고했다. 벨라미는 『달과 신화 그리고 사람』이라는 책에서, 전 세계적으로 500여 개의 홍수 전설들이 있다고 추정했다. 중국, 바빌로니아, 웨일즈, 러시아, 인도, 미국, 하와이, 스칸디나비아, 수마트라, 페루, 폴리네시아 등과 같은 고대 문명들은 모두 대홍수에 관한 그들의 이야기를 갖고 있었다.

이러한 홍수 이야기들에는 종종 다가올 홍수에 대한 경고, 배를 준비하는 것, 동물들을 싣는 일, 가족들을 모음, 물이 감퇴된 정도를 알아보기 위해 새를 보내는 것 등과 같이 성경적 내용과 일치하는 공통된 요소들이 있다. 대홍수에 관한 일관된 이야기가 지리적으로 서로 멀리 떨어져 있는 지역들에서부터 압도적으로 나온다는 사실은, 그것들이 모두 같은 기원에서 나왔다는 것을 암시한다. 그러나 구두로 전해졌을 세부 내용들은 시간이 지나면서 조금씩 바뀌었다. 이 중에서 몇 가지를 간단히 살펴보면 다음과 같다. 좀 더 자세한 내용은 한국 창조과학회 홈페이지(creation.kr)를 찾기 바란다.

남서 탄자니아. 옛날에 강에서 홍수가 시작되었다. 신이 두 사람에게 배에 오르고 많은 씨앗과 동물을 실으라고 하셨다. 홍수의 물은 마침내 산을 덮었고, 결국 홍수가 그쳤다.

중국. 중국 고전에는 산과 모든 것을 포함한 전 대륙이 홍수에 잠겼으나, 배를 탄 한 가족만이 생존했고, 중국인들은 이 사람을 그들 문명의 아버지라고 생각한다.

바빌론. 신은 우트나피쉬팀에게 와서 다가올 끔찍한 홍수에 대해 경고했다. 커다란 배를 지어 모든 종류의 동물 암수, 그의 아내, 그의 가족, 식량을 실었다. 배가 완성되었을 때, 비가 갑작스럽게 오기 시작했고, 비는 6일 밤낮을 왔다.

칼데아. 크로노스 신은 시수트루스에게 다가올 홍수에 대해 경고하고 배를 준비할 것을 이야기했다. 시수트루스는 이 배에 그의 가족, 친구들, 각 동물의 암수 두 마리씩을 태웠다.

인도. 물고기는 마누에게 대홍수가 곧 일어날 것이므로 큰 배를 지으라고 말했다. 비가 오기 시작하자, 마누는 큰 끈으로 배를 가사에 묶었다. 전 지구가 물로 덮였다.

그리스. 제우스는 모든 인간을 멸하려 결심했다. 프로메테우스는 거대한 나무 상자에 아들과 며느리를 실었다. 비가 오기 시작했고, 전 세계가 홍수에 잠길 때까지 9일 밤낮 동안 계속되었다.

멕시코. 톨텍(Toltec) 원주민들은 최초의 창조가 1716년 동안 지속되다가, 한 번의 홍수로 멸망했으며, 유일하게 한 가족만이 살아남았다는 전설을 갖고 있다.

아즈텍. 창조주는 타이피에게 그가 살아갈 수 있는 배를 지으라고 말했다. 창조주는 그에게 부인과, 각 동물의 한 쌍씩을 배 안으로 태울 것을 말했다. 비가 내리기 시작했고, 홍수가 시작되었다. 산들도 마찬가지로 홍수로 잠겨버렸다.

잉카. 별들이 라마에게 거대한 홍수가 와서 온 땅의 모든 생명을 파괴할 것이라 알려주었다. 형제들은 가족들을 데리고 높은 산의 동굴로 들어갔다. 비가 오기 시작했고, 물은 점점 올라가 꼭대기만 남기고 온 땅을 덮어버렸다.

대홍수에 관한 일관된 이야기가 지리적으로 서로 멀리 떨어져 있는 지역들에서부터 압도적으로 나온다는 사실은, 그것들이 모두 같은 기원에서 나왔다는 것을 암시한다.

Q14. 여러 인종이 노아의 자녀들로부터 어떻게 생겨날 수 있었나요?

2005년 4월, 영국 노팅햄에서 흑백쌍둥이가 태어났다. 레미는 파란 눈의 백인으로, 키안은 갈색 눈의 흑인으로 태어났다. 구글 이미지에서 '흑백 쌍둥이'를 입력하면 많은 사례를 볼 수 있다. 이 쌍둥이는 곧 많은 언론 매체들의 초점을 받았다. 뉴스 기자들은 그들의 부모 둘 다 백인 어머니와 흑인 아버지를 가지고 있다고 보도하였다.

이 흑백쌍둥이 아기는 많은 기독교인이 갖고 있던 한 질문에 답을 주었다. 만약 태초에 단지 한 남자와 한 여자가 있었다면, 모든 '인종'은 어떻게 생겨났으며, 다른 피부색을 갖는 사람들이 어떻게 생겨날 수 있었을까? 이다. 레미와 키안은 이 문제가 단순히 유전자들에 의한 유전학의 문제임을 입증해주었다. 흑인과 백인은 단지 한 세대 만에도 나타날 수 있었다.

따라서 만약 아담과 하와가 하얀 피부색과 검은 피부색을 나타내는 데 필요한 모든 유전정보를 갖고 있었고, 그 혼합에 의해서 중간색인 갈색의 피부색을 가지고 있었다면, 가장 어두운 피부색(흑인종)부터 가장 밝은 피부색(백인종)까지 모든 피부색의 인종들이 그들의 자녀와 후손에게서 곧바로 나타날 수 있었을 것이다.

또한 키안과 레미는 인류가 모두 친척이라는 사실을 다시 한번 보여주고 있다. 성경이 말하고 있는 것처럼, 우리는 모두 아담과 하와의 후손이요, 노아와 그의 자녀들의 후손인 것이다.

성경이 말하고 있는 것처럼, 우리는 모두 아담과 하와의 후손이요, 노아와 그의 자녀들의 후손인 것이다.

9

진화론을 반박하는
강력한 증거, 화석

진화 과학자들은 진화를 입증하기 위해 수억 개의 화석들을
발굴해왔다. 그러나 진화를 증거하는 논란의 여지가 없는 화석은
아직도 발견되지 않고 있다.

생물들은 완전한 기관들과 다양한 몸체를 가진 채로 갑자기
등장하고 있고, 진화의 중간단계는 없었으며, 멸종되었거나,
오늘날에 살아가는 생물들과 동일한 모습이었다.

이것은 진화가 아니라, 창조와 전 지구적 홍수를 가리킨다.

삼엽충 화석, 맨체스터 박물관
출처 https://ko.wikipedia.org/wiki
저작자 Mike Peel

Q1. 창조-진화 논쟁에서
왜 화석이 중요합니까?

화석은 지층 암석에 보존된 과거 생물의 유해, 형태가 찍혀있는 자국, 배설물, 기어 다닌 흔적, 발자국 등이 광물로 치환되어 굳은 것이다. 화석은 대부분 물에 의해 쌓인 퇴적암 속에서 발견되는데, 히말라야, 로키, 알프스와 같은 높은 산맥들을 포함하여, 전 세계의 모든 대륙에서 엄청난 양이 발견되고 있다.

오늘날 화석 형성에 대해 느리고 점진적인 동일과정설적 모델만 가르쳐지고 있다. 그러나 화석 형성은 이러한 모델과 전혀 일치하지 않는다. 많은 사람이 화석의 형성과정을 알아보고자 벌판이나 습지 등에서 많은 실험을 시도해 보았다. 그러나 동식물들은 썩어버렸고, 화석으로 만들어지지 않았다. 실제로 오늘날 강바닥에 생물들이 겹겹이 파묻혀서 화석이 되고 있지 않다. 동식물의 사체가 미생물에 의한 부패와 분해, 청소동물로부터 보호되지 않는다면, 화석화는 일어나지 않는다. 즉 어떤 생물이 화석이 되려면 순식간에 매몰되어, 이러한 방해 요소들로부터 차단되어야 한다.

오늘날은 잘 만들어지지 않는 화석들이 왜 이렇게도 많이 발견되는 것일까? 화석들은 자신이 얼마나 오래되었는지, 퇴적지층 속에 어떻게 파묻히게 되었는지 말하지 않는다. 화석의 형성 과정은 지구 역사를 바라보는 사람의 관점에 의해서 해석될 뿐이다. 오늘날 대진화는 관찰되지 않기 때문에, 먼 과거에 살았던 생물의 모습을 보여주는 화석들은 진화가 사실인지 아닌지를 말해줄 수 있는 결정적인 근거가 될 수 있다.

먼 과거에 살았던 생물의 모습을 보여주는 화석들은 진화가 사실인지 아닌지를 말해줄 수 있는 결정적인 근거가 될 수 있다.

Q2. 창조론과 진화론은 각각 화석과 지층을 어떻게 설명합니까?

화석과 지층을 해석하는 데는 두 모델이 있다. 하나는 지층이 수억 년의 오랜 시간에 걸쳐 점진적으로 형성되었다는 진화론적 동일과정설이며, 다른 하나는 지층이 전 지구적 대홍수와 같은 대격변에 의하여 단기간에 급속히 형성되었다고 보는 창조론적 격변설이다.

진화론에서는 최초의 생명체가 우연히 만들어진 후, 수많은 돌연변이를 거쳐 어류, 양서류, 파충류, 조류, 포유류, 사람으로까지 엄청난 변화를 하였다고 가정한다. 그러므로 지층은 수억 년의 장구한 기간 동안에 쌓였으며, 가장 아래 지층에는 가장 간단한 생물 화석이 나올 것이고, 위로 갈수록 복잡한 고등동물이 나타나며, 중간마다 진화 도중의 전이형태 화석들이 존재할 것으로 예측한다.

창조론적 격변설에 의하면 대부분의 동식물 화석들은 전 지구적 노아 홍수 때에 거의 동시에 형성됐으며, 퇴적지층 내의 화석들은 생물 진화와는 아무런 관계가 없고, 단지 서식지와 기동성에 의해서 다른 위치에 묻혔다고 본다. 즉 가장 아래 지층에는 대양 바닥에 살았던 생물들이 나오고, 윗 지층에는 육상생물들이 나올 것이다. 또한 모든 생물은 태초에 각기 종류대로 완벽하게 창조되었기 때문에, 가장 아래 지층에서도 완벽한 기능을 갖춘 각종 생물들이 종류대로 나올 것이고, 진화 도중의 중간화석은 발견되지 않을 것이며, 종류 안에서 작은 변화만 있을 뿐, 오늘날과 똑같은 모습으로 나올 것으로 예측한다.

화석과 지층을 해석하는 데는 두 모델이 있다.
하나는 지층이 수억 년의 오랜 시간에 걸쳐 점진적으로
형성되었다는 진화론적 동일과정설이며,
다른 하나는 지층이 전 지구적 대홍수와 같은 대격변에 의하여
단기간에 급속히 형성되었다고 보는 창조론적 격변설이다.

Q3. 화석은 진화의 증거가 되고 있습니까?

1859년 찰스 다윈이 『종의 기원』이라는 책을 통해 진화론을 발표한 후, 160여 년 동안 25만 종 이상의 생물 화석들이 1억 개 이상 발견되어 수천의 박물관에 보관되어 있지만, 진화를 증거하는 화석은 하나도 발견되지 않았다. 육상척추동물 중 생물 분류학상 목(orders)에 해당하는 살아있는 동물의 97.7%가 거의 모두 화석으로 발견되었으나, 진화의 증거는 발견되지 않았다.

선거 때에 1% 이하의 출구조사 자료를 가지고도 당선자를 비교적 정확하게 예측할 수 있다. 수백만 종의 동식물의 엄청난 진화가 사실이라면, 벌써 그 증거들이 많이 나왔어야 한다. 97.7%의 동물들의 화석이 1억 개 이상 발견되었는데도 여전히 입증되지 않는 이론은 사실이 아니라고 봐도 될 것 같다. 이제 진화론을 증거하는 화석이 발견될 것이라는 막연한 기대는 하지 않는 것이 좋다.

진화론자들은 가끔 몇몇 유인원 화석들과 시조새 화석을 진화의 증거로 제시하지만, 이들을 진화의 증거로 삼기에는 매우 의심스럽다는 주장이 제기된다. 그리고 중간화석이라고 주장하는 것들은 특정 종류 내의 소규모 변이가 일어난 것들이다. 초창기 진화론자들은 앞으로 화석이 다량으로 발견되면 진화론이 입증될 것이라고 했으나, 그 반대로 화석이 발견되면 될수록 진화론이 틀렸음이 입증되고 있다. 고 위는 '과학자들은 진화론을 거부한다'는 글에서 이렇게 말했다:

"성경 창세기의 창조와 진화론은 화해될 수 없다. 하나가 옳으면 하나는 분명히 틀린다. 화석들의 이야기는 창세기의 내용과 일치한다. 가장 오래된 지층암석에서 우리는 가장 원시적인 생물체로부터 발달된 형태로의 점차적인 변화를 보이는 일련의 화석들을 발견할 수가 없다. 오히려 가장 오래된 지층에서 갑자기 고도로 분화된 종들이 출현한다. 모든 생물 종 사이의 중간화석들은 완벽하게 결여되어 있다."

육상척추동물 중 생물 분류학상 목(orders)에 해당하는 살아있는 동물의 97.7%가 거의 모두 화석으로 발견되었으나,

진화의 증거는 발견되지 않았다.

Q4. 화석의 연대를 어떻게 알 수 있습니까?

　　　　화석의 연대는 어떻게 추정되는 것일까? '순환논법 (circular reasoning)'이란 A가 B를 입증하는 데 사용되고, 다시 B가 A를 입증하는데 사용되는 잘못된 논리적 방법을 말한다. 진화론의 이론을 지지하는데 이러한 순환논법의 여러 형태가 발견된다. 그중 하나가 지층과 화석의 연대추정에서 볼 수 있다. 진화론자들은 화석의 연대를 화석이 들어 있는 지층암석에 의해 결정한다. 그리고 지층암석의 연대는 그 안에 들어 있는 화석에 의해서 결정한다. 이것은 전형적인 순환논법이다. 오로크는 말했다.

　"화석들의 연대는 지층암석들로 결정한다. 그러나 화석들은 더욱 정확히 지층암석의 연대를 결정하고 있다. 층서학은 이러한 종류의 논법을 피할 수 없다"

화석의 99.9%는 연대를 추정하는 데에 사용되지 못한다. 왜냐하면, 같은 화석이 여러 지층 속에 들어있기 때문이다. 지층 암석은 삼엽충과 같은 극소수의 표준화석(index fossils)들에 의해 연대가 결정된다. 모든 진화론적 지질학이 단지 소수의 표준화석에 의해서 그 연대가 결정되었다는 것은 믿을 수 없는 것 같지만 사실이다. 각 지층에는 한 지층에서만 주로 발견되는 소수의 화석이 있다. 그때 그 지층은 이러한 표준화석에 의해서 연대가 결정된다. 그러면 이 표준화석들은 어떻게 연대가 결정되었을까? 놀랍게도 진화론적으로 하등해 보이는 생물은 오래된 것으로, 고등해 보이는 생물은 비교적 최근의 것으로 연대를 임의로 결정했다.

각 지층에는 한 지층에서만 주로 발견되는 소수의 화석이 있다.
그때 그 지층은 이러한 표준화석에 의해서 연대가 결정된다.
그러면 이 표준화석들은 어떻게 연대가 결정되었을까?
놀랍게도 진화론적으로 하등해 보이는 생물은 오래된 것으로,
고등해 보이는 생물은 비교적 최근의 것으로 임의적인 연대를
결정했다.

Q5. '캄브리아기의 폭발'은 무엇입니까?

진화론에 의하면, 지질주상도의 맨 아래 지층에는 간단한 구조의 하등한 생물 화석들이, 윗 지층에는 복잡한 구조의 고등한 생물들이 발견될 것으로 예측한다. 그러나 화석들은 아래 지층에서 위 지층으로 갈수록 간단한 것에서부터 복잡한 순서로 나타나지 않는다.

오히려 고생대 캄브리아기 지층에서는 36개의 동물 문(phyla) 중에서 해면동물, 절지동물, 극피동물, 연체동물 등과 같은 20개 이상의 문들의 동물 화석이 다양하고 복잡한 몸체 형태들을 가진 채로 갑자기 출현한다. 이 현상을 '캄브리아기의 폭발(Cambrian explosion)'이라 부르는데, 척추동물 물고기를 포함하는 대부분의 무척추동물이 덜 발달된 진화적 조상 없이 완전히 발달된 기관들을 가진 채로 갑자기 등장하는 것이다. 이들의 진화적 조상은 어디에 있는가? 일부 진화론자들은 선캄브리아기의 에디아카라 생물군과 관련시키고 있지만, 대부분의 과학자는 에디아카라 생물군과 캄브리아기의 동물들과의 관련성을 부정하고 있다.

고생대 캄브리아기에 살았다고 주장되는 멸종된 무척추동물인 아노말로카리스는 난폭했던 포식자로 잘 알려져 있었다. 2011년 호주 남부의 진화론적 연대로 5억1500만 년 전 지층에서 매우 잘 보존된 아노말로카리스 화석이 발견되었는데 놀랍게도 그 생물의 눈은 16,000개의 육각형 렌즈들로 이루어져 있었다. 연구자들은 아노말로카리스가 고도로 뛰어난 시각을 가졌음이 틀림없다고 추론하고 있었다. 하등해야 할 캄브리아기 생물이 고도로 복잡한 눈을 갖고 있다는 것은 눈(eye)이 점진적으로 진화했을 것이라는 진화론적 추정이 완전히 틀렸음을 입증하는 발견이다.

어류는 뇌, 척추, 신경, 시각, 근육, 지느러미, 아가미, 혈관, 소화기관, 감각기관, 생식기관 등을 갖고 있는, 진화론적으로는 고도로 발달된 척추동물이다. 따라서 물고기는 실루리아기나 오르도비스기에 최초로 출현했을 것으로 추정되었는데, 2003년에 초기 캄브리아기 지층에서 무악류 물고기 500여 마리의 화석이 발견되었고, 2014년에 캐나다의 마블 캐니언에서 100여 마리의 메타스프리기나라는 이름의 물고기 화석들이 또다시 발견되었다.

만약 다윈이 가장 초기의 캄브리아기 바다에서도 척추동물 물고기들이 헤엄치고 있었다는 것을 알았다면, 그는 자기의 이론을 접었을지도 모른다.

또한, 2012년에 완료된 연체동물인 굴(oysters)에 대한 유전체 분석에 의하면, 굴은 28,000개의 유전자를 갖고 있음이 밝혀졌는데, 다른 7종류의 동물 유전체와 비교했을 때, 굴만이 갖고 있는 유전자는 무려 8,654개였다는 것이다.

이러한 고도로 복잡한 장기들을 만드는 데 필요한 엄청난 양의 유전 정보들이 캄브리아기 초기의 짧은 기간 동안 우연히 폭발적으로 새롭게 생겨날 수 있었을까? '캄브리아기의 폭발' 문제는 진화론이 틀렸음을 가리키는 결정적인 증거가 되고 있다. 그보다는 각 생물들은 그 종류(kind)대로 창조되었다는 창조모델에 더 적합하다.

'캄브리아기의 폭발' 문제는
진화론이 틀렸음을 가리키는 결정적인 증거가 되고 있다.
그보다는 각 생물들은 그 종류(kind)대로 창조되었다는
창조모델에 더 적합하다.

Q6. 삼엽충 화석은 진화론을 뒷받침하고 있나요?

삼엽충(trilobites)은 초기 지구의 바다에 살다 멸종된 무척추동물로, 진화론에서 고생대 표준화석으로 사용되고 있는 생물이다. 삼엽충은 진화적 조상 생물 없이 갑자기 출현하고 있기 때문에, 이들의 기원은 진화론자들에게 커다란 미스터리가 되고 있다. 옥스퍼드 대학의 교수로 진화론자인 리처드 포티는 이렇게 썼다.

"캄브리아기 지층 바닥에서 어떻게 다양한 형태의 삼엽충들이 갑자기 나타날까? 그리고 그들의 조상은 어디에 있는가? 왜 그들을 볼 수 없을까?"

진화론에 따르면 동물의 눈은 빛에 민감한 세포로부터 무수한 세월 동안 점차 발달하여 오늘날의 눈이 되었다고 말한다. 그러나 삼엽충의 눈은 이 공상적인 시나리오를 정면으로 거부하고 있다. 삼엽충의 겹눈은 너무도 복잡하고 정교한데, 삼엽충 홀로크로알의 눈은 렌즈 수가 15,000개를 넘을 때도 있으며, 스키조크로알의 눈은 약 700개의 렌즈를 갖고 있다. 삼엽충의 눈들은 순수한 방해석으로 되어있으며, 이중으로 상이 맺히는 것을 방지하기 위해서, 정확하게 정렬된 광학적 축을 갖고 있다. 그뿐만 아니라 놀랍게도 삼엽충의 눈은 구면 수차를 제거하기 위해서 두 개의 렌즈가 서로 부착된, 흔히 정밀 가공 렌즈에서 발견되는 이중렌즈 구조로 되어 있었다. 가장 초기의 생물이라는 삼엽충도 가장 복잡한 형태의 눈을 갖고 있었던 것이다. 포티는 다음과 같이 말했다.

> "매우 정교하고 복잡한 구조인, 삼엽충 파콥스의 수정 눈은 구식 자전거 시대에 존재하는 고급 스포츠카이다."

또한 삼엽충 화석은 격변적 매몰의 강력한 증거들 중 하나가 되고 있다. 왜냐하면 많은 삼엽충 화석이 둥글게 몸체를 말아 올린 자세로 발견되고 있기 때문이다. 이것은 삼엽충들이 살아있는 채로 격변적으로 매몰되었음을 가리킨다. 과학은 이 작은 삼엽충에서도 성경의 기록이 사실이라는 증거들을 발견하고 있다.

**삼엽충 화석은 격변적 매몰의 강력한 증거들 중 하나가 되고 있다.
왜냐하면 많은 삼엽충 화석이 둥글게 몸체를 말아 올린 자세로
발견되고 있기 때문이다.
이것은 삼엽충들이 살아있는 채로 격변적으로 매몰되었음을
가리킨다.**

Q7. '살아있는 화석'은 무엇입니까?

진화론이 사실이라면 과거 생물들은 오늘날과 매우 다른 모습이어야 한다. 왜냐하면 오늘날의 생물들은 장구한 세월 동안 무작위적인 돌연변이와 자연선택에 의해서 하등한 생물로부터 고등한 생물로 진화하면서, 새로운 기관과 장기들을 발생시켰고, 몸체 구조를 변화시켰을 것이기 때문이다. 그러나 발견되는 많은 화석 생물은 오늘날과 거의 동일한 모습을 갖고 있다. 그들은 수억 수천만 년 동안 조금도 변화되지 않았다.

이와 같이 현재에도 화석 속의 모습과 동일한 모습으로 살고 있는 생물을 '살아있는 화석(living fossils)'이라 부른다. 유명한 살아있는 화석으로는 진화론에서 약 4억 년 전에 출현하여 8천만 년 전에 멸종했다고 주장됐던 물고기 실러캔스, 5억 년 전에 출현했다는 앵무조개와 투구게, 4억 년 동안 변화가 없는 폐어, 2억 년 동안 살아왔다는 울레미 소나무와 은행나무, 그리고 우리나라 전역에서 발견되는 3억 년 전의 긴꼬리투구새우 등이 있다.

살아있는 화석
• 실러캔스 박제
• 앵무조개
• 투구게
사진 한국창조과학회

살아있는 화석의 수는 계속 늘어나고 있으며, 진화론적인 최초 출현 연대도 점점 더 내려가고 있다. 2001년에 발견된 3억 년 전 바퀴벌레는 오늘날의 것보다 컸지만 형태는 동일했고, 2003년에 발견된 4억9백만 년 진의 상어 화석은 오늘날의 상어와 동일했으며, 2003년에 발견된 3억 년 전의 거미 화석은 이미 거미줄을 짤 수 있었다. 또한 5억 년 전의 해파리와 새우, 4억 년 전의 네오필리나와 왕털갯지렁이, 3억6천만 년의 칠성장어, 3억5천만 년 전의 아나스피데스, 3억 년 전의 딱정벌레, 2억5천만 년 전의 철갑상어와 소철류, 2억1천만 년 전의 투아타라(큰도마뱀), 2억 년 전의 뱀장어, 1억8천만 년 전의 양치식물 고비, 1억6천7백만 년 전의 뱀, 1억6천만 년 전의 오징어, 1억5천만 년 전의 속새, 9,500만 년 전의 문어, 8천만 년 전의 주름상어, 5,800만 년 전의 콩과식물, 야자나무, 아보카도, 바나나, 심지어 5억6천만 년 전의 바다조름도 모두 오늘날에 살아있는 것들과 동일한 모습이었다.

나무에서 흘러나온 끈적끈적한 수지(resin)가 굳어져서 만들어진 호박(amber) 안에는 간혹 생물들이 포획되어 들어있다. 수천만 년에서 수억 년 전의 것으로 평가되고 있는 이들 호박 속에는 전갈, 바퀴벌레, 개미, 흰개미, 깍지벌레, 흰개미붙이, 민벌레, 우산이끼, 우단벌레, 방아벌레, 바구미, 나방, 메뚜기, 파리, 모기, 바퀴벌레, 대벌레, 매미, 하늘소, 사마귀, 잠자리, 귀뚜라미, 거미, 지네, 기타 곤충들을 비롯하여 조개, 굴, 갑각류, 물방개, 따개비, 소금쟁이, 조류(algae) 등과 같이 풍부한 수생생물들이 오늘날과 동일한 모습으로 보존되어 있다.

장구한 세월 동안 진화가 없었음을 보여주는 이들 살아있는 화석들은 진화론과 상충되며, 진화론의 또 하나의 치명적 결함이 되고 있다.

진화론이 사실이라면 과거 생물들은 오늘날과 매우 다른 모습이어야 한다. 그러나 발견되는 많은 화석 생물은 오늘날과 거의 동일한 모습을 갖고 있다. 그들은 수억 수천만 년 동안 조금도 변화되지 않았다.

개미가 들어있는 발틱 호박 화석
출처 https://commons.wikimedia.org

Q8. 화석과 격변은 어떤 관련이 있습니까?

화석은 전 대륙의 퇴적지층에서 발견된다. 따라서 오늘날과는 극적으로 다른, 수많은 동식물을 순식간에 파묻어버렸을, 어떤 거대한 격변적 사건이 과거에 발생했었음이 틀림없다. 과거에 전 지구적 홍수가 있었다면, 격변적인 퇴적과 침식 과정은 엄청난 규모와 강도로 무수한 동식물을 파묻어버리고 화석으로 만들어버렸을 것이다. 수많은 화석이 서로 밀집되어 묻혀있는 화석 무덤들은 전 세계의 여러 장소에서 발견되고 있다. 이러한 대규모의 화석 무덤들은 전 지구적 홍수에서 예측될 수 있다.

예를 들어 미국 그랜드 캐니언의 레드월 석회암층에는 나우틸로이드(고대 오징어)라는 바다생물이 다른 바다생물들과 함께 수십억 개가 화석화된 채로 발견된다. 이 화석 무덤은 적어도 3만 평방킬로미터의 지역을 뒤덮고 있다. 또한 프랑스의 한 화석 무덤에는 수십만의 바다생물들이 양서류, 거미, 전갈, 노래기, 곤충 및 파충류들과 함께 묻혀 있다. 미국 시카고 부근의 메이존 크릭 지역 셰일층에는 400종 이상의 10만 개가 넘는 화석 표본들이 발굴되었는데, 종종 연부조직까지 섬세하게 보존된 해파리, 연체동물, 갑각류, 물고기와 함께, 양치류, 곤충, 전갈, 사족동물들도 포함되어있다. 미국 콜로라도의 플로리선트에는 매우 다양한 곤충들, 담수 연체동물들, 물고기, 새들, 수백 종의 식물들이 함께 묻혀 있다.

그리고 많은 경우에서 바다생물과 육상생물이 함께 묻혀서 발견된다는 것에 주목해야 한다. 페루 리마 남쪽 350km 지점에 있는 80m 두께의 규조토 퇴적암 내에 300마리가 넘는 바다 고래들이 거북이, 바다표범, 물고기 및 나무늘보, 펭귄 등과 같은 육상동물들과 함께 격변적으로 매몰되어 있었다. 이것은 전 지구적이고 격변적인 대홍수에 의해서 대양의 바닷물이 대륙 위로 급습했음을 가리킨다.

2009년에 『살아있는 화석』이라는 책을 출간한 칼 워너 박사는 중생대 공룡 지층에서 육상 공룡과 함께, 상어, 가오리 같은 연골어류, 철갑상어, 주걱철갑상어, 연어, 청어, 가자미 등과 같은 경골어류, 그리고 먹장어, 칠성장어 같은 무악류 등이 발견되고 있으며, 개구리, 도롱뇽, 뱀, 도마뱀, 거북, 악어와 같은 파충류 화석들과 앵무새, 부엉이, 펭귄, 오리, 물새, 신천옹, 가마우지, 도요새, 뒷부리장다리물떼새 등과 같은 현생 조류 화석들, 그리고 세쿼이아, 목련, 은행나무, 야자수, 버드나무, 층층나무, 포플러, 삼나무, 종려나무, 포도나무, 현화식물, 구과식물, 수련, 이끼, 도관이끼, 소철, 양치류 등과 같은 현존하는 주요 식물 화석들이 전혀 진화하지 않은 오늘날과 동일한 모습으로, 공룡 지층에서 격변적으로 매몰되어 화석으로 발견되고 있다고 쓰고 있다.

화석에는 물고기의 비늘과 지느러미 같은 정교하고 세밀한 부분도 남아있다. 이것은 그 물고기가 부패나 청소동물에게 먹히기 전에 빠르게 묻혔음을 가리킨다. 미국의 크로마이티 지역에는 뒤틀리고 구부러진 엄청난 수의 물고기 화석들이 발견되고 있다. 작은 물고기를 잡아먹다가 화석이 된 물고기 화석도 발견되며, 해파리같이 쉽게 부패되는 연부조직의 생물 화석도 발견되는데, 이것은 매우 빠른 시간 내에 매몰됐음을 가리킨다.

또한 동물과 식물은 직접 또는 간접적으로 상호 의존하고 있기 때문에, 각각 분리되어 화석으로 존재할 수 없다. 특별히 초식동물의 경우에 식물이 없으면 생존할 수 없기 때문에, 더욱더 그렇다. 그러나 많은 지층에서 동식물의 화석들은 서로 분리된 채로 다른 지층에서 발견되고 있다. 어떻게 초식동물들은 오랜 기간 식물 없이 살 수 있었을까? 이 현상은 동식물들이 대홍수에 의해서 분리된 채 화석이 되었다면 이해되는 현상이다.

많은 지층에서 동식물의 화석들은 서로 분리된 채로
다른 지층에서 발견되고 있다.
어떻게 초식동물들은 오랜 기간 식물 없이 살 수 있었을까?
이 현상은 동식물들이 대홍수에 의해서 분리된 채
화석이 되었다면 이해되는 현상이다.

Q9. 다지층 나무 화석이란
무엇입니까?

다지층 화석(polystrate fossils)은 여러 지층에 걸쳐 놓여 있는 화석으로, 지층들이 수십 수백만 년 동안에 걸쳐서 천천히 퇴적되었다는 동일과정설적 주장과는 반대로, 매우 빠르게 퇴적되었음을 가리키는 증거다. 이 중 대표적인 것이 여러 지층면들을 수직으로 관통하고 있는 다지층 나무 화석이다. 다지층 나무 화석은 바닥 부분에서 윗부분까지 잘 보존되어 있는데, 이것은 나무 전체가 부패되기 전에 빠르게 파묻혔다는 것을 의미하며, 나무를 둘러싼 퇴적지층이 형성되는 데 결코 오랜 시간이 걸리지 않았다는 증거다. 다지층 나무 화석은 캐나다의 쟈긴스 절벽, 미국의 옐로스톤 국립공원 등 전 세계적으로 발견된다.

다지층 나무 화석의 형성 메커니즘은 1980년 5월 미국 세인트헬렌스산(2,900m)의 폭발 시에 관측되었다. 폭발 때의 증기 폭풍과 토양 액화로 625km^2의 숲에 있던 약 6백만 그루의 나무들이 쓰러졌다. 분출된 화산재와 정상 부위의 눈과 얼음이 녹아 만들어진 이류(mudflow)가 아래쪽으로 흐르면서 나무들을 운반해서, 산 아래 스프릿 호수에는 백만 그루 이상의 통나무들이 호수 수면에 거대한 떠다니는 통나무 매트를 형성하였다.

많은 통나무가 수직으로 떠 있었는데, 뿌리 쪽은 물속에 잠겨있었고, 반대 끝은 물 밖으로 나와 있었다. 수직으로 떠다니던 통나무들은 스프릿 호수 바닥에 퇴적물이 쌓이면서, 결국 선 채로 묻히게 되었다. 수중음파탐지기를 사용하여 호수 바닥 전체에 대한 조사 결과, 1985년 8월까지 호수 바닥 층에 19,000그루 이상의 나무들이 수직으로 묻혀있는 것으로 조사되었다. 이 나무들은 대부분 함께 뭉쳐져 있지 않고 불규칙적으로 떨어져 존재하여, 마치 본래의 장소에 숲을 이루고 자라던 나무들처럼 보였다.

이 관측으로 다지층 나무 화석에 대한 새로운 해석이 가능하게 되었고, 옐로스톤 국립공원에서 발견된 수직으로 선 "화석화된 숲"을 해석하는 기준이 되었다. 결국 여러 지층을 관통하여 선 채로 놓여있는 다지층 나무 화석들은 오랜 시간이 아니라, 빠르게 일어난 격변적 매몰을 가리키고 있었다.

다지층 나무 화석의 형성 메커니즘은 1980년 5월 미국 세인트헬렌스산(2,900m)의 폭발 시에 관측되었다.

Q10. 진화 도중의 전이형태 화석들이 발견되고 있습니까?

오늘날의 다양한 수많은 동식물이 아메바와 같은 단세포 동물에서 진화되었다면, 변화 도중에 있는 진화 중간 단계의 동식물 종들이 무수히 발견되어야 한다. 다윈은 『종의 기원』에서 "모든 살아 있는 생물 종과 사라진 생물 종들 사이의 중간 형태와 과도기적 연결 고리들의 수는 상상할 수 없을 정도로 많았을 것이다"라고 썼다. 하지만 단세포와 무척추동물 사이, 무척추동물과 척추동물 사이, 어류와 양서류 사이, 양서류와 파충류 사이, 파충류와 조류 사이, 파충류와 포유동물 사이, 수많은 식물 종 사이에 있어야 할 전이형태로 인정받는 생물체 화석들은 발견되지 않았다. 이는 대부분의 진화론자도 인정하는 사실로 "잃어버린 고리(missing link)"라고 불려지고 있었다.

예를 들어 파충류가 포유류로 진화했을 경우 알을 낳다가 새끼를 낳게 되고, 냉혈동물에서 온혈동물로, 횡격막이 생기면서 호흡기관이

변해야 하고, 젖을 먹일 수 있도록 유선이 만들어져야 하며, 비늘이 털로 바뀌고, 붙었다 떨어졌다 하는 파충류의 턱뼈가 광대뼈에 붙게 되고, 귀에 코티씨관이 생겨나야 한다. 게다가 덩치 큰 코끼리, 목이 긴 기린, 날아다니는 조그마한 박쥐, 물속에서 사는 고래 등 매우 다양한 포유류들이 전부 진화로 생겨나야 한다.

진화론자들은 중간 단계 화석이 발견되지 않자, 격리된 그룹에서의 진화는 매우 빠르게 일어났기 때문에, 중간 형태의 화석을 볼 수 없다는 이른바 단속평형설을 제시했는데, 이 이론은 유전학적으로 불가능하고, 실제 관찰된 바도 없으며, 화석으로도 증명되지 않는다.

또한 이들 전이형태의 생물들이 설령 우연히 생겨났다고 할지라도, 이들은 자연선택되지 못한다. 오히려 진화 도중에 있는 불완전한 기관들을 가지고 있는 중간 형태의 생물들은 다른 동물들에게 쉽게 잡아먹히거나 먹잇감 경쟁에서 뒤처지게 되어 도태될 것이다.

간혹 몇몇 진화론자들은 전이형태의 생물화석들이 풍부하다는 억지 주장을 하기도 하는데, 그 예들은 대부분 종류 내에서 변이(variation)를 보이는 생물이다. 예를 들어 1996년에 물고기의 지느러미와 육상동물의 다리 사이의 분명한 전이형태로 보이는 화석을 발견했다고 떠들썩했다. 진화론적 연대로 3억8천만 년 전 멸종된 총기어류의 화석으로 '틱타알릭'이라는 별칭이 붙었다. 그러나 2010년에 〈Nature〉에 보고된 연구에서 틱타알릭의 추정 연대보다 약 1,800만 년이나 앞선 연대인 3억9천7백만 년 전에 이미 사지동물이 존재하여 땅 위를 걸었다는 것을 보여주는 발자국 화석들이 보고되었다. 틱타알릭은 더 이상 전이형태의 동물이 아니게 되었다.

오늘날의 다양한 수많은 동식물이 아메바와 같은 단세포동물에서 진화되었다면, 변화 도중에 있는 진화 중간 단계의 동식물종들이 무수히 발견되어야 한다.

Q11. 생물 화석에 부드러운 조직이 남아있을 수 있습니까?

　　1백만 년 이상의 오래된 화석이라면 부드러운 조직과 단백질, 색소 같은 유기분자들이 남아있을 수 없다. 그러나 수억 수천만 년 전의 것이라 주장되는 고대 화석들 속에 생체 유기분자들이 남아있다는 사실이 계속 보고되고 있다. 독일에서 발견된 5천만 년 전 딱정벌레 화석의 껍질 부부분에 영롱한 색깔이 남아 있었고, 2천만 년 전의 호박 화석에서 거미 혈액이, 1천만 년 전의 개구리와 도롱뇽 화석에서 완전한 골수가 발견되었다. 3억8천만 년 된 물고기 화석에서는 근육세포, 혈관, 신경세포 다발이 발견되었다. 1억5천만 년 전의 오징어 화석 속의 먹물주머니에 암모니아 용액을 첨가했을 때 그 먹물로 그림과 글씨를 쓸 수 있었다.

2016년에 발견된 2억4700만 년 전의 파충류 화석에 아직도 유기물질이 남아있었고, 1억3천만 년 전의 백악기 조류 화석에서 원래의 단백질이 발견되었다. 2017년에 발견된 2억 년 전의 식물 잎 화석에서 오늘날의 것과 동일한 원래의 유기분자가 남아있었고, 4천8백만 년 전의 조류 화석에 지방질 기름이 남아있었으며, 6천6백만 년 전의 공룡알에서 친수성의 빌리베르딘 색소가 발견되었다. 2018년에 발견된 6천6백만 년 전의 조개껍질에서 무지개색을 띠게 하는 진주층에서 원래 유기물질이 남아있었고, 2억8천만 년 전의 석송에 아직도 전분이 남아있었으며, 1억2천만 년 전의 새 화석에서 세부적인 폐 구조를 보여주는 연부조직이 발견되었다. 2019년에 발견된 1억 년 전의 먹장어 화석에 아직도 점액이 남아있었으며, 중국 남부의 청장 지역에서 5억1800만 년 전으로 주장되는 캄브리아기 화석들이 무더기로 발견되었는데, 부드러운 조직이 남아있을 가능성이 매우 높은 것으로 보고되었다.

화석들에서 부드러운 조직이나 생체 유기물질이 발견되었다는 보고들은 계속 이어지고 있다. 이것은 화석들에 부여된 수억 수천만 년이라는 진화론적 연대가 허구임을 가리킨다.

화석들에서 부드러운 조직이나 생체 유기물질이 발견되었다는 보고들은 계속 이어지고 있다.
이것은 화석들에 부여된 수억 수천만 년이라는 진화론적 연대가 허구임을 가리킨다.

Q12. 화석들을 실제로 관찰한 결과는 어떻습니까?

화석은 결코 진화를 보여주지 않는다. 실제로 관찰된 화석은 다음과 같은 사실을 확인해줄 뿐이다.

❶ 오늘날에는 만들어지지 않는 화석이 엄청난 양으로 발견된다.

❷ 대부분의 화석이 활동 중에 급격히 매몰된 모습을 보인다.

❸ 열대, 한대, 건조지역의 동식물 화석이 무더기로 함께 쌓여있는 화석 무덤들이 전 세계 도처에서 발견된다.

❹ 선캄브리아기에서는 다세포 동물의 화석이 전혀 없다가, 캄브리아 지층에서 갑자기 삼엽충, 해파리, 벌레, 해면동물, 연체동물, 완족류, 산호 등이 완벽한 형태로 나타난다. 그리고 단세포 동물에서 다세포 동물로의 전이형태의 화석들이 없다.

❺ 가장 낮은 지층에서도 매우 복잡한 구조의 생물들이 발견된다.

❻ 다양한 물고기 화석이 중간 형태 없이 대량으로 독립적으로 갑자기 나타난다. 심지어 캄브리아기에서도 발견된다.

❼ 수많은 전이(중간)형태의 화석들이 발견되어야 하지만 발견되지 않는다.

❽ 멸종된 생물을 제외하고, 화석 생물의 형태는 그것이 발견된 지층과 관계없이 현존하는 생물의 형태와 동일하다.

❾ 실러캔스, 울레미소나무 등 수천만 년 전에 멸종했다는 화석 속 생물들이 지금도 살고 있다.

❿ 수억 년 됐다는 화석에 분해되기 쉬운 아미노산, 단백질, DNA, 색소, 유기물질 등이 남아 있다.

⓫ 진화론적 지질연대와 맞지 않는 화석들이 너무 많이 발견되고 있다.

⓬ 수십만 년이 걸렸다는 지층을 수직으로 뚫고 서 있는 다지층 나무 화석들이 발견된다.

⓭ 그랜드 캐니언의 코코니노 사암층에는 천만년 동안 모든 동물의 발자국이 북쪽으로만 향해서 나 있다.

⓮ 수억 수천만 년 전의 생물 화석에서 생체 유기물질들이 아직도 남아있다.

⓯ 수천만 년 전으로 주장되는 화석에서 냄새가 난다.

⓰ 육상 공룡들이 해성퇴적암에서 바다생물들과 같이 발견된다.

- - - - -

화석은 결코 진화를 보여주지 않는다.

오늘날에는 만들어지지 않는 화석이 엄청난 양으로 발견된다.

대부분의 화석이 활동 중에 급격히 매몰된 모습을 보인다.

- - - - -

대홍수와 격변의 증거,
지층

노아의 홍수는 사실이었다.

전 대륙에 광대한 넓이로 평탄하게 쌓여있는 두터운 퇴적지층들이

그 증거이다.

현대 지질학의 패러다임인 동일과정설은 붕괴되고 있다.

이것은 성경이 하나님의 말씀이었음을 다시 한번 확증하는 것이다.

Q1. 지층의 모습은 장구한 연대와 일치하고 있습니까?

지구 지표의 75%는 평균 1.6km 두께의 퇴적암으로 이루어져 있다. 이들 퇴적지층은 사암, 셰일, 석회암 등으로 입자 성분에 따라 분류된 채로, 대륙을 횡단하는 광대한 넓이로, 수평적으로 평탄하게 서로 매끄러운 경계면을 가진 채, 두텁게 차곡차곡 쌓여 있다. 그랜드 캐니언의 맨 아래 타핏 사암층은 북아메리카 대부분에 걸쳐 쌓여 있는데, 심지어 대서양 건너 영국에서도 발견되고 있다. 도대체 어떤 물의 흐름이 이 광대한 지역에 엄청난 넓이와 두께로 퇴적층을 쌓아놓을 수 있었단 말인가? 주목해야 할 것은 각 지층은 서로 다른 퇴적입자들로 구성되어 있고, 각 지층에는 지질시대와 수억 수천만 년 전이라는 연대가 부여되어 있다는 것이다.

조금만 깊이 생각해보면 동일과정설적 주장은 말이 안 된다. 그랜드 캐니언의 지층 단면을 보면 맨 아래의 톤토 그룹으로 불리는 240~390m 두께의 캄브리아기 지층은 북미 대륙의 절반에 이르는 광대한 지역에 퇴적되어 있는데, 타핏 사암층, 브라이트 엔젤 셰일, 무아브 석회암의 세 지층으로 이루어져 있다. 이들 캄브리아기 지층은 5억4000만 년~4억9000만 년 전 사이에 퇴적되었다고 주장되는데, 이 시기 동안에 3개 지층밖에 없다. 그렇다면 왜 수천만 년 동안 대륙 전체에 평탄하게 모래만 쌓이다가, 다음 수천만 년 동안은 점토만 쌓이고, 다음 수천만 년 동안은 석회만 쌓였을까? 이러한 퇴적이 가능할까? 데본기와 미시시피기 지층은 석회암으로만 되어있다. 수천만 년의 장구한 두 지질시대 동안에 오로지 알칼리 성분의 석회만 쌓았다면 생물은 어떻게 살아갈 수 있었겠는가?

최근에 퇴적지층의 형성 메커니즘이 밝혀졌다. 퇴적입자들은 거대한 물에 의해 부유 되어 흘러가면서 크기, 무게, 비중 등에 따라 다른 속도로 가라앉으며, 역암, 사암, 석회암, 이암 등으로 분류되면서 동시에 퇴적되었다. 실제 인공수로 실험에서 혼합된 퇴적입자들이 서로 분류되어 나뉘어 층을 이루며 쌓이는 것이 확인되었다.

퇴적지층들 사이에는 장구한 시간이 흐른 증거들을 발견할 수 없다. 오랜 세월이 흘렀다면 침식의 흔적과 같은 것이 있어야 한다. 그러나 지층 경계면에는 오랜 시간에 대한 그 어떠한 증거도 찾아볼 수 없다.

노아 홍수가 실제로 있었던 역사적 사건이었다면, 퇴적지층과 화석에 부여된 장구한 연대와 지질시대는 안개처럼 사라지게 된다.

퇴적지층 사이에는 장구한 시간이 흐른 증거들을 발견할 수 없다. 오랜 세월이 흘렀다면 침식의 흔적과 같은 것이 있어야 하는데, 지층 경계면에는 오랜 시간에 대한 그 어떠한 증거도 찾아볼 수 없다.

Q2. 노아 홍수의 지질학적 증거는 어떤 것입니까?

노아 홍수가 전 지구적 격변임을 보여주는 과학적인 증거는 다음과 같다.

증거 1: 대륙 내의 고지대에 존재하는 바다생물 화석들

모든 대륙에 쌓여있는 두터운 퇴적 지층들에는 막대한 수의 바다생물 화석들이 발견된다. 그랜드 캐니언의 레드월 석회암층에 대합조개, 산호, 이끼벌레류, 해백합, 바다달팽이, 삼엽충, 두족류와 같은 바다생물 화석들이 발견된다. 바다생물 화석들은 8,000m를 넘는 히말라야의 고지대에서도 발견된다. 이 사실들은 전 대륙이 한때 바닷물 아래에 잠겼었다는 것을 가리킨다.

증거 2: 격변적으로 신속하게 매몰된 식물과 동물들

대규모의 '화석 무덤(묘지)'들과 정교한 모습 그대로 보존된 화석들이 발견된다. 그랜드 캐니언의 레드월 석회암 지층에는 수십억 마리의 나우틸로이드 화석이 방향성을 가진 채로 묻혀있다. 이는 저탁류와 같은 거대한 퇴적물 흐름에 의해 격변적으로 빠르게 파묻혀졌음을 가리킨다. 유럽과 미국의 백악층과 석탄층, 전 세계에서 발견되고 있는 물고기, 어룡, 곤충, 다른 생물 화석들도 격변적 파괴와 신속한 매몰을 증거한다.

증거 3: 광대한 지역에 걸쳐 퇴적되어있는 두터운 퇴적지층들

광대한 넓이의 두터운 퇴적지층들이 입자 성분별로 분류된 채 대륙을 횡단하여 평탄하게 쌓여 있다. 예를 들어 영국의 백악층(도버의 백색 절벽)은 유럽을 가로질러, 폴란드, 심지어 중동에서도 추적되며, 미국 중서부와 호주 서부에서도 발견된다. 그랜드 캐니언의 코코니노 사암층은 거대한 물흐름에 의해 짧은 시간 내에 10,000 입방마일의 모래가 격변적으로 퇴적되었다.

증거 4: 장거리로 운반된 막대한 양의 모래와 자갈들

광대한 지역에 분포하는 자갈, 모래 등이 매우 빠르게 흘렀던 물에 의해서, 장거리로 운반되었다는 것이 최근 밝혀지고 있다. 유타와 애리조나 주에 있는 600m 두께의 나바호 사암층의 막대한 모래 입자들은 애팔래치아 산맥과 훨씬 더 북쪽의 산들로부터, 북아메리카 대륙을 횡단하며 무려 2,000km를 물에 의해 운반됐다는 것이 밝혀졌다.

증거 5: 지층들 사이에 침식 흔적의 결여

퇴적지층들 사이에는 침식의 흔적이 전혀 발견되지 않고 있다. 지층 암석들 사이의 경계면들이 매끄럽게 이어져 있다는 것은 시간의 경과 없이, 한 지층 위에 한 지층이 연속적으로 퇴적되었음을 가리킨다. 예를 들어 그랜드 캐니언의 유명한 두 지층인 코코니노 사암층과 허밋 셰일층 사이의 경계면은 매끄럽고 평탄하게 이어져 있으며, 장구한 시간이 흘렀다는 어떠한 증거도 없다.

증거 6: 부서짐 없이 습곡 되어 있는 많은 지층들

지층 암석은 구부러지지 않는다. 왜냐하면 암석들은 단단해서 부서지기 때문이다. 그러나 전 세계 도처에서 전체 지층 암석이 부서짐 없이 습곡 되어 있는 지층들이 발견된다. 이것은 지층이 신속하게 퇴적된 후에, 단단해지기 전의 유연한 상태에서 구부러졌음을 나타낸다. 예를 들어 그랜드 캐니언의 타핏 사암층은 부서짐 없이 거의 90°로 접혀 있다.

증거 7: 전 세계 도처에 존재하는 수극들

많은 산맥, 능선, 고원 등에 물흐름에 의해서 잘린 좁은 협곡들이 존재한다. 이러한 협곡은 수극(water gaps)이라 불린다. 그 모습은 강이 협곡을 파낸 것처럼 보이지만 어떻게 강이 높은 산맥, 능선, 고원을 파낼 수 있었는가? 만약 장구한 시간이 걸렸다면, 강은 침식을 일으켜 장벽을 파는 대신, 주변으로 돌아서 흘렀을 것이다. 전 세계적으로 분포하는 수극들은 대륙으로부터 엄청난 양으로 물러가던 격렬한 홍수 물에 의해서 파여졌을 가능성이 높다.

증거 8: 전 세계에 존재하는 평탄면들

동일과정설 패러다임으로 설명하기 어려운 지형 중 하나가 평탄면이다. '평탄면'이란 넓고 수평에 가까운, 흐르는 물에 의해 평탄하게 된 육지 표면이다. 대부분의 평탄면은 한때 너무도 광대했으며, 전 세계적으로 존재하고 있다. 놀라운 것은 평탄면을 형성했던 물의 작용이 단단한 암석과 부드러운 암석들을 균등하게 침식했다는 것이다. 평탄면과 침식면은 대륙의 융기하는 동안에, 대륙으로부터 물러가는 홍수 물에 의해서 쉽게 형성될 수 있었다.

증거 9: 엄청난 화산들이 과거에 폭발했던 흔적

태평양 북서쪽지역, 인도 등의 지역에는 수백에서 수천 평방마일에 걸쳐 화산용암이 분출되어 흘러내린 것으로 조사되었다. 이들 화산용암들은 강처럼 흘러내렸으며, 수백 미터의 두께로 거대한 층을 이루고 있다. 특히 태평양 해저에는 수많은 용암화산들이 분출한 흔적들이 남아 있는데, 서태평양 해저의 온통자바 고원에서 분출된 해저 용암류는 데칸고원의 25배에 해당하는 엄청난 양으로, 큰 깊음의 샘들이 터지며 막대한 양의 지하수와 용암이 터져 나와 홍수가 시작되었다는 창세기의 내용과 부합한다.

증거 10: 대양 바닥에 존재하는 해저 캐니언들

대륙사면에 나 있는 해저 캐니언 중 어떤 것은 그랜드 캐니언보다 3배나 깊으며, 어떤 것은 10배의 길이로 3,600km나 된다. 진화론에서는 육지에 있는 캐니언들이 강에 의해 오랜 시간에 걸쳐 형성되었다고 설명하지만, 해저 캐니언에서 측정한 조류의 흐름은 한 시간에 1.6km도 안 되는 매우 약한 흐름이며, 방향도 일정하지 않다. 따라서 해저 캐니언은 동일과정설적 지질학의 미스터리 중 하나이다. 그러나 거대한 해저 캐니언은 노아 홍수 시 대륙으로부터 물이 물러가면서 파놓은 흔적일 가능성이 높다.

그랜드 캐니언의 레드월 석회암 지층

사진 한국창조과학회

Q3. 격변적 판구조론은 무엇입니까?

      남아메리카와 아프리카 대륙의 해안선은 거대한 조각 그림 맞추기처럼 거의 완벽하게 들어맞는다. 지구 지각은 지각판이라 불리는 단단한 암석판들의 블록으로 나뉘어 있다. 오늘날의 측정된 지각판들의 이동 속도는 일 년에 약 12~15cm로 매우 느리다. 진화 지질학자들은 이 속도가 과거에도 항상 일정했을 것으로 가정하고, 대서양이 형성되는 데 오랜 세월이 걸렸을 것이라고 주장한다.

격변적 판구조론(Catastrophic Plate Tectonics)은 노아 홍수 이전에, 밀도가 높은(무거운) 차가운 대양저 암석판(지각판)을 가진 초대륙이 따뜻한 맨틀 위에 놓여 있었던 것에서 시작한다. 차갑고 무거운 대양저 암석판이 맨틀 내로 가라앉으면서, 컨베이어 벨트와 같은 방식으로 암석판의 나머지 부분을 끌어당겼다. 차가운 대양저 암석판들이 가라앉으면서 주위의 뜨거운 맨틀 암석에 압력을 발생시켰다. 다시 이 압력은 암석판을 뜨겁게 만들고 더욱 변형될 수 있도록 만들어서, 대양저 암석판들이 더욱 빨리 가라앉도록 했다. 결국 홍수 이전의 전체 대양저가 수 주 동안에 맨틀 바닥으로 가라앉는 하나의 폭주 과정

(탈주섭입)이 일어났다는 것이다. 암석판들이 맨틀/핵 경계에까지 빠르게 가라앉음으로써(초당 30cm의 속도로) 막대한 양의 에너지가 방출되었다.

이렇게 섭입되는 지각판들의 압력으로 인해서, 뜨거운 맨틀 용암들은 지각이 갈라진 대양 가운데인 열곡대로 분출되어 그곳을 녹이고 새로운 대양저를 형성했다. 이곳에서 흘러나온 용암들은 막대한 양의 바닷물들을 증발시켜서, 대양저의 열곡대를 따라 초음속으로 분사되는 증기분출을 일으켰다.

이 과정 동안 지각판들은 격변적으로 이동했고, 강력한 쓰나미들이 일어났고, 바닷물은 이동되었고, 해수면은 매우 상승하게 되었다. 바닷물은 대륙의 지표면 위를 휩쓸어버렸고, 엄청난 양의 퇴적물들과 막대한 양의 바다생물들을 운반해, 화석을 함유하는 두터운 퇴적지층을 빠르게 쌓아버렸고, 지각판들이 충돌하는 곳에서, 그리고 팽창되고 변형된 암석판들에 의해서 융기와 침강 등의 수직적 구조 운동을 동반했다. 그래서 오늘날 대륙들의 대부분을 뒤덮고 있는 엄청난 두께의 광대한 퇴적지층들을 볼 수 있게 되었고, 히말라야나 로키산맥 꼭대기에서 습곡된 퇴적지층들을 볼 수 있게 된 것이다.

오늘날 많은 창조 지질학자들은 격변적 판구조론이 노아 홍수 사건이 어떻게 일어났었는지를 가장 잘 설명할 수 있다고 믿는다. 이 개념은 다소 생소하지만, 설득력은 압도적이며, 관측된 많은 지질학적 증거들과 일치한다. 이 개념을 좀 더 다듬고, 노아 홍수에 대한 지질학적 모델로 확립시키기 위한 추가적인 연구들이 진행 중이다.

오늘날 많은 창조 지질학자들은 격변적 판구조론이

노아 홍수 사건이 어떻게 일어났었는지를

가장 잘 설명할 수 있다고 믿는다.

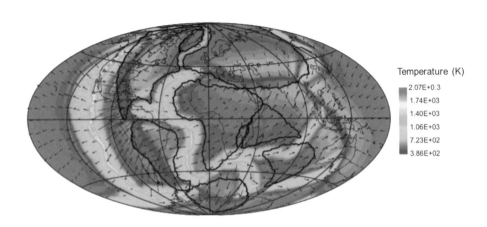

Temperature (K)
2.07E+0.3
1.74E+03
1.40E+03
1.06E+03
7.23E+02
3.86E+02

격변적 판구조론 시뮬레이션

홍수가 시작된 지 25일 후의 지표로부터 약 65km 깊이에서의 온도분포를 보여준다. 여기서 맨틀의 최대 이동속도는 약 초당 3.5m 정도이다. 진화론적 맨틀 대류 시뮬레이션 또한 오랜 지구 연대의 패러다임 안에서 수행된다. 오늘날 판의 이동 속도를 유지하기 위해 점성도를 오늘날 관찰되는 최소 수치(10^{19}~10^{20} Pas) 이하로 낮아지지 못하도록 설정해 놓고 시뮬레이션을 수행한다. 이러한 사실은 동일과정설적 판구조론 또한 진화론적 패러다임에 갇혀있다는 것을 말해준다. 하지만, 실제 충분한 양의 중력 에너지가 있으면, 점성도의 값이 크게 낮아질 수 있고, 맨틀의 이동 속도가 빨라질 수 있다.   출처 조희천

Q4. 석탄은 노아 홍수의 증거
입니까?

동일과정설적 지질학에서 석탄은 늪지나 습지에서 자라던 식물들이 오랫동안 축적되어 만들어졌다고 주장한다. 그러나 석탄은 전 지구적 홍수와 같은 대격변에 의해서, 다른 지역에서 이동되어온 식물 잔해들이 신속히 매몰되면서 만들어졌음이 다음과 같이 밝혀지고 있다.

- 매우 광대한 넓이의 석탄층도 발견되지만, 오늘날 이처럼 광대한 넓이의 늪지대는 없다.

- 석탄에서는 물고기, 연체동물, 조개류 등의 바다생물 화석들이 흔하게 발견된다.

- 석탄층의 기본 구성식물들은 늪지 식물들이 아니다.

- 석탄층을 뚫고 똑바로 서 있는 나무, 비스듬히 사선으로 놓여있는 나무, 거꾸로 뒤집혀있는 나무들이 같이 발견된다.

- 석탄층을 형성한 식물이 물에 의해 운반되어왔음을 가리키는 풍부한 증거들이 있다.

- 남극지방에도 풍부한 석탄이 발견된다. 이것은 극지방까지 식물들이 운반되었음을 가리킨다.

- 석탄층 나무의 토양이라고 말해지는 하반점토는 오늘날의 토양과 비슷하지 않으며, 물에 의해 부유된 후 퇴적된 양상을 보여준다.

- 하반점토 위에 석탄층이 없는 경우도 많고, 오히려 석탄층 위에 하반 점토층이 있는 경우도 흔하다.

- 석탄은 고생대 석탄기에 대부분 형성되었다고 주장되는데, 석탄 속에서 사람이 만든 쇠단지, 종, 금속 막대 등이 발굴되고 있다.

- 석탄층은 자주 퇴적지층들 사이에 교대로 끼어서 발견되고 있다.

- 세인트헬렌스산의 폭발 시에 빠르게 호수 바닥에서 토탄층(석탄의 전 단계)이 형성되는 것이 관측되었다.

- 석탄은 전 지구적 홍수였던 노아 홍수의 명백한 기념물이고, 성경의 신뢰성에 대한 증거가 되고 있다.

Q5. 지구의 석탄 매장량은 한 번의 홍수로 만들어질 수 있는 양인가요?

일부 지질학자는 비록 지구상의 식물 모두가 갑자기 석탄으로 바뀐다고 할지라도, 지구 전체 석탄 매장량의 단지 1~3% 정도일 것이라고 주장한다. 그러므로 한 번의 노아 홍수는 석탄 형성의 원인이 될 수 없다고 말한다.

이 주장은 오늘날 관찰되는 육지 식물의 부피를 기준으로 1m의 석탄층을 형성하는 데에 적어도 식물 12m가 필요하다고 생각하기 때문이다. 하지만 최근의 연구는 석탄층 1m의 형성에 식물 2m 미만이 필요하다는 결과를 내고 있다. 그렇다면 오늘날의 식물 부피는 전체 석탄 매장량의 1~3%가 아니라, 적어도 30%에 해당된다. 그러면 나머지는 어디에서 왔을까?

두 가지 가능한 설명은 다음과 같다.
첫째, 오늘날 육상식물의 총량 계산에서 육지 표면의 60% 정도가 사막이나 식물이 드문 땅이라는 사실이 무시된 것이다. 남극 대륙의 광대한 얼음층 밑에는 두꺼운 석탄층이 포함되어 있다. 만약 오늘날의 육지 표면 대부분이 무성한 식물로 뒤덮였다면, 그리고 성경의 기록처럼 노아 홍수 이전에는 궁창 위의 물로 의해 전 지구적으로 아열대 기후였다면, 예상보다 훨씬 커다란 육지 식물의 부피를 산정할 수 있을 것이다.

둘째, 노아 홍수 이전의 육지 표면적이 오늘날과 같았을지에 대한 의문이다. 창세기 1:9~10에 하나님이 물들을 한 곳으로 모으시고 마른 육지가 드러나게 하셨다. 성경에 사용된 표현을 볼 때, 지구 표면에는 바다보다 육지가 더 많았을 가능성이 있다. 만약 홍수 이전에 지구 표면의 60% 이상이 육지였고, 이러한 광대한 육지에 식물들이 무성하게 자랐었다면, 현재까지 알려진 지구 석탄 매장량의 100%를 설명할 수 있다.

오히려 현재의 석탄 매장량을 보면서 이 정도의 석탄을 만들어 낸 노아 홍수 이전에 지구상에 얼마나 풍성한 식물로 육지가 덮여 있었을까 상상해보는 것이 어떨까?

현재의 석탄 매장량을 보면서 이 정도의 석탄을 만들어 낸 노아 홍수 이전에 지구상에 얼마나 풍성한 식물로 육지가 덮여 있었을까 상상해보는 것이 어떨까?

Q6. 빙하기는 노아 홍수와 어떤
관련이 있습니까?

       빙하기(Ice Age)의 기원을 설명하는 이론은 60여 개나 되지만 여전히 진화 과학자들에게는 미스터리이다. 빙하기가 생기기 위해서는 수분이 막대하게 증발하여 대대적인 눈이 내렸어야 하고, 내린 눈이 녹지 않을 정도로 서늘한 기후가 지속되었어야 한다. 하지만 보통의 상황에서 이 두 가지는 서로 반대로 일어난다. 왜냐하면 서늘한 기후 속에서 차가운 바다에서는 수분이 많이 증발하지 않기 때문이다.

노아 홍수는 지구 역사상 가장 커다란 대격변이었다. 지구의 표면은 새로운 모습으로 완전히 바뀌었으며, 거대한 화산폭발과 지진이 많이 발생하였다. 이 대격변은 지구의 기후를 근본적으로 바꾸어 버렸고, 한 번의 빙하기를 초래했다.

노아 홍수가 빙하기를 초래한 두 가지 원인은 대대적인 화산폭발과 대홍수 이후의 따뜻한 바다였다. 큰 깊음의 샘들이 터지면서 발생한 전 지구적 홍수는 엄청난 화산활동을 유발했을 것이다. 이때 엄청나

게 분출된 화산재는 성층권까지 올라갔고, 홍수 이후 상당한 기간까지 그곳에 갇혀 있었을 것이다. 이로 인해 지표 위로 비치는 햇빛을 차단하여 서늘한 기후를 만들어 냈을 것이다. 대홍수 이후 빙하기 동안에도 이런 상황이 지속되면서 내린 눈이 녹지 않고 쌓이게 되는 서늘한 여름이 생겨났을 것이다.

한편으로 지구 암석판이 빠르게 이동하면서 막대한 양의 용암을 대양저에 분출했고, 바다의 온도는 계속 올라가게 되었으며, 홍수의 물이 빠르게 흐르면서 따뜻한 물을 퍼뜨려 남극과 북극까지 흘러가서 극지방의 바다에서 얼음이 생기지 못하게 했을 것이다. 결과적으로 따뜻한 바다에서 오늘날과 비교해 훨씬 많은 수분의 증발이 일어났을 것이다. 따뜻한 물과 차가운 대륙은 강력하고 지속적인 눈 폭풍을 만드는 기본 요소이다. 이러한 상황에서 막대한 양의 눈이 극지방과 중위도 지역에 내렸을 것이다.

창조 기상학자인 마이클 오드는 빙하기의 최정점에서 북반구의 대부분을 덮었던 얼음의 평균 두께를 대략 700m로 계산했고, 그 깊이에 도달하는 데 약 500년쯤 걸렸던 것으로 평가했다. 그리고 거대한 대륙빙상들은 200년 안에 녹을 것으로 계산했다. 물론 고위도 지방인 그린란드와 남극대륙의 빙하들은 계속 자랄 수 있었다. 따라서 빙하기의 전체 기간을 최대 700년 정도로 추정했다.

노아 홍수에 대한 성경적 역사에서 출발하여 증거를 바라볼 때, 빙하기가 어떻게 시작되었고, 얼마나 지속되었는지 등에 대한 답을 찾을 수 있다.

노아 홍수에 대한 성경적 역사에서 출발하여 증거를 바라볼 때, 빙하기가 어떻게 시작되었고, 얼마나 지속되었는지 등에 대한 답을 찾을 수 있다.

Q7. 황토의 기원은 노아 홍수와 무슨 관련이 있나요?

황토(loess, 뢰스)는 유럽의 대서양 연안 동쪽으로부터 러시아와 우크라이나, 스칸디나비아 빙상의 남쪽 지역에 걸쳐 길고 두껍게 형성되어 있으며, 미국 중서부, 알래스카 저지대, 워싱턴주 남동부, 아이다호 동부, 그리고 중국 일부 지역에서 막대한 양이 쌓여 있다.

일반적으로 바람에 날린 미사(silt)로 여겨지는 황토는 동일과정설적 지질학에서 많은 문제점을 발생시킨다. 첫째, '잃어버린 황토' 문제이다. 세속적 과학자들은 과거에 여러 번의 빙하기가 있었다고 주장한다. 그런데 빙하 주변의 황토들은 전부 마지막 빙하작용을 통해 생겨난 것으로 확인되고 있다. 이전의 모든 빙하기 동안에 만들어진 황토들은 모두 어디에 있는가? 가장 직접적이고 간결한 추론은 빙하기가 단지 한 번뿐이었다는 것이다.

둘째, 황토의 근원(출처)을 잃어버렸다는 것이다. 대륙의 황토량은 빙하의 양보다 훨씬 크고 막대하다. 황토는 지구 표면의 10%를 뒤덮고 있다. 이 미사들은 모두 어디에서 기원했으며, 어떻게 시작되었는 가? 화성암과 변성암의 석영은 대략 700μm의 평균 입자 크기를 갖고 있지만, 쇄암질의 석영(모래)은 60μm의 입자 크기를 갖고 있다. 모래와 미사를 구분하는 입자 크기는 63μm인데, 대부분의 황토는 20~50μm의 크기를 갖고 있다. 따라서 황토가 어떻게 만들어졌는 지를 설명하기 위해서는, 석영 입자가 원래 크기에서 90%나 줄어든 것을 설명해야만 한다. 어떻게 이러한 일이 발생했던 것일까?

셋째, 침식된 황토가 발견되지 않는 문제이다. 황토는 쉽게 침식되지 않지만, 시작되면 수직적 침식은 비교적 빠르게 진행된다. 따라서 이 러한 모든 빙하작용이 실제로 있었다면, 침식된 막대한 양의 황토가 어딘가에는 퇴적되어 있어야만 한다. 그러나 대륙에서 재분포된 황토는 거의 발견되지 않는다. 잃어버린 황토처럼, 침식된 황토도 잃어버린 것으로 추정되고 있다.

막대한 양의 '황토'에 대한 더 적절한 설명은 다음과 같다. 전 지구적 홍수 동안 극심한 난류를 동반한 격렬한 물흐름에 의하여 마모되었을 가능성이다. 이는 막대한 양의 미사를 생성하기 위한 암석 침식의 이상적인 환경으로 볼 수 있다. 물에 의해서 여러 입자 크기의 혼합 퇴적물이 흘러가면서 분류와 퇴적이 일어날 때 다량의 미사가 만들어졌을 것이다. 그래서 전 지구적 홍수였던 노아 홍수와 홍수 이후의 한 번의 빙하기는 황토의 막대한 양과 분포를 설명하는 데에 있어서 더 설득력 있는 틀을 제공한다. 노아 홍수의 극심한 난류는 막대한 양의 황토를 만들어내는 데에 기여했을 것이고, 건조했던 빙하기의 퇴빙기 동안에 재분포 되었을 것이다. 황토의 기원은 전 지구적 홍수와 한 번의 빙하기와 잘 어울린다.

전 지구적 홍수였던 노아 홍수와 홍수 이후의 한 번의 빙하기는
황토의 막대한 양과 분포를 설명하는 데에 있어서
더 설득력 있는 틀을 제공한다.
노아 홍수의 극심한 난류는 막대한 양의 황토를 만들어내는 데에
기여했을 것이고, 건조했던 빙하기의 퇴빙기 동안에
재분포 되었을 것이다.
황토의 기원은 전 지구적 홍수와 한 번의 빙하기와 잘 어울린다.

11
노아 방주의
타당성 검증

무신론자들이 성경을 조롱하며 공격할 때,
가장 많이 인용하는 것이 노아의 방주와 홍수 사건이다.
하나님을 믿는 신실한 기독교인들도 가장 궁금해하는 것도
이 부분이다.
세밀한 조사에 의하면 가능성 있는 대답들이 존재한다.

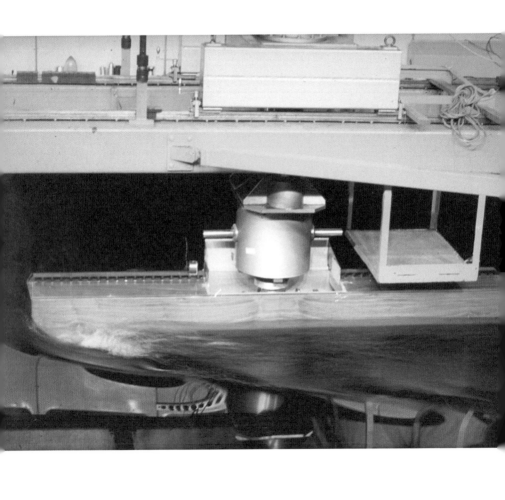

Q1. 노아 방주가 왜 중요하며 성경적으로 어떤 의미가 있습니까?

창세기 6~9장에 기록된 노아의 홍수와 방주에 관한 기록이 설화 또는 사람들이 지어낸 이야기에 불과하다면, 성경은 하나님의 말씀으로서의 권위를 지니지 못하게 된다. 노아의 홍수와 방주 사건은 성경 도처에서 인용되고 있으며, 마지막 때에 예수님의 심판과 구원을 예표하고 있다.

무신론자들이 성경을 비판할 때, 노아의 홍수와 방주를 제일 먼저 비판해 왔으며, 성경을 비지성적이며, 오류투성이의 책으로 폄하할 때, 가장 먼저 인용하는 부분도 노아의 홍수와 방주에 관한 기록이다. 노아의 홍수와 방주 사건이 기록된 그대로 믿는 신앙인들은 무식한 종교적 근본주의자로 취급되고 있으며, 많은 기독교인이 이 사건에서부터 성경에 대한 신뢰와 믿음을 잃어버리고, 의심의 싹이 자라기 시작하여, 마침내 신앙을 잃어버리고 있다.

노아의 방주는 거대한 크기였다. 방주는 길이 300규빗, 폭 50규빗, 높이 30규빗(135m × 22.5m × 13.5m)로 21,000t 정도이고, 고페르 나무(개역한글은 잣나무로 번역)로 만들어졌으며, 상 중 하 3층으로 되어 있었고, 농구코트 20개를 10개씩 2열로 배열한 넓이로, 축구장보다 더 길다. 부피는 한 칸에 240마리의 양(sheep)을 실을 수 있는 화물열차 522칸에 해당한다.

방주(ark)는 '네모 상자형의 배'를 의미한다. 그러나 방주와 배는 차이점이 있다. 첫째 방주는 배와 달리 스스로 움직일 수 있는 추진력이 없다. 둘째 방주는 방향을 잡을 수 있는 키가 없다. 단순히 떠 있기만 할 수 있다. 하나님께서는 왜 파도를 맞으며 항해할 수 있는 멋진 배가 아니라, 방주를 만들라고 하셨을까? 여기에 하나님의 마음이 있다고 생각된다. 하나님께서 노아에게 원하셨던 것은 "네가 스스로는 아무것도 할 수 없다, 방주 속에서 잠잠히 기다리라"라는 메시지를 주시는 것 같다. 우리의 구원이 그렇다. 내가 할 수 있는 것이 아니라, 하나님의 선물인 것이다.

누가복음 17:24~30에 의하면, 노아의 홍수 심판은 예수 그리스도의 재림 때 마지막 심판의 모형과 그림자이다. 그리고 노아의 방주는 이 마지막 심판에서 구원받을 유일한 영적 구조선인 예수그리스도의 교회에 대한 모형과 예표이다. 따라서 우리들도 많은 사람들의 조롱 속에서도 방주를 지으며 홍수 심판을 준비했던 노아처럼, 예수님이 다시 오시는 날까지 세상의 많은 영혼을 구원의 방주인 예수 그리스도 앞으로 인도해야 할 것이다.

노아의 홍수 심판은 예수 그리스도의 재림 때 마지막 심판의
모형과 그림자이다. 그리고 노아의 방주는 이 마지막 심판에서
구원받을 유일한 영적 구조선인 예수그리스도의 교회에 대한
모형과 예표이다.

'노아의 방주'를 실물 크기로 재현한 '아크 인카운터(Ark Encounter)' 테마파크, AiG,
미국, 켄터키주, 길이 155m, 높이 16m 크기
출처 한국창조과학회, 2018. 7.

Q2. 노아 방주는 대홍수를 견딜 만큼 안전했습니까?

노아 시대 사람들은 현대인들보다 뛰어난 지적능력과 기술을 갖고 있었을 것이다. 창세기 4장에 아담의 후손들은 농사를 짓고, 가축을 기르고, 악기를 연주하고, 도시를 건설하고, 동과 철을 사용했다. 고대인들의 공학기술과 도구와 기계들은 생각보다 훨씬 더 정교했다. 노아 방주는 빠른 속도로 항해해야 하는 선박이 아니었다. 방주는 통상적인 배가 아니라, 파도를 이기며, 대양에 떠 있기만 하면 되는, 비교적 단순한 형태의 바지선 같은 배였다.

1992년에 한국창조과학회의 요청으로 해사기술연구소는 노아의 방주에 대한 선박 안전성 평가를 했다. 연구는 선박의 안전성 평가를 위한 3가지 관점, 즉 구조적 안전성, 복원 안전성, 파랑 안전성에 대해, 다양한 형태의 방주 모형을 만들어서, 컴퓨터 시뮬레이션 및 실제로 제작한 모델을 대형 수조에서 실험했다. 방주의 크기를 기준으로 길이, 폭, 높이 등의 비율을 달리한 13척에 대한 상대평가를 수행하여 다음과 같은 결론을 얻었다.

첫째, 구조적 안전성은 파도에 따른 하중 조건이 바뀜에 따라 방주가 구조적으로 부러질 수 있느냐 하는 것인데, 노아의 방주는 구조적으로 매우 안전한 것으로 나타났다.

둘째, 복원성은 오뚝이와 같이 파도에 따라 방주가 좌우로 흔들릴 때, 원래의 위치로 돌아오려고 하는 성질을 의미한다. 사실 방주와 같이 네모 상자형의 부유체는 복원성 측면에서 매우 우수하였다.

셋째, 파랑 안전성은 방주에 탄 사람과 동물들이 얼마나 쾌적함을 느끼는가 하는 것이다. 배를 타면 대부분 멀미를 하게 되는데, 방주에 탄 가족과 동물들은 홍수 동안의 높은 파도 속에서 살아가야 했다. 파랑 안전성 측면에서 노아의 방주는 현 여객선 기준보다 훨씬 더 안전했다.

노아 방주는 실제 파고 30m 이상에서도 운항이 가능했으며, 이론상으로는 43m까지도 가능했다. 노아의 방주는 현대 조선공학적인 관점에서도 매우 안전한 배였던 것이다. 또한 방주는 파도가 칠 때 방주의 선수부를 파도가 치는 방향으로 회전하려는 성향을 가짐으로 스스로 환경에 안전하게 적응해 가려는 특성을 갖고 있었다. 하나님의 지혜와 설계로 만들어진 노아의 방주는 놀랍도록 안전하게 설계되었다는 것이 현대 과학으로 확인된 것이다.

**1992년에 한국창조과학회의 요청으로 해사기술연구소는
노아의 방주에 대한 선박 안전성 평가를 했다.**

노아의 방주는 현대 조선공학적인 관점에서도

매우 안전한 배였던 것이다.

하나님의 지혜와 설계로 만들어진 노아의 방주는 놀랍도록

안전하게 설계되었다는 것이 현대 과학으로 확인된 것이다.

- - - - -

1992년 한국창조과학회의 요청으로
'해사기술연구소'는 노아의 방주에 대한
선박 안전성 평가를 했다.
노아의 방주는 현대 조선공학적인
관점에서도 매우 안전한 배였다.
출처 한국창조과학회

Q3. 목재로 된 거대한 방주가 1년여의 거친 항해를 견딜 수 있었습니까?

노아의 방주를 비판하는 사람들은 노아의 방주는 목재로 만들어졌고, 강철 로프도 없어, 파도치는 바다에서 거대한 몸체는 부서졌으며, 그렇지 않다고 하더라도 시간이 지나면 썩고, 물이 계속 새어 들어왔을 것이라는 말한다. 정말 노아의 방주는 부적합했을까?

이것은 고대인들의 건축기술과 선박 건조기술을 터무니없이 낮게 평가하기 때문에 생겨난 오해이다. 오늘날까지 전해 내려오는 고대문명들의 유적과 건축물들은 매우 놀랄만한 수준이다. 성경에 의하면 노아 이전에 벌써 금속을 가공해 동철로 각양 날카로운 기계를 만들 정도로, 고도로 기술이 발달되어 있었다. 노아의 방주는 무지한 고대인이 만든 볼품 없는 배가 아니라, 오랜 기간 치밀하게 설계하고 제작하여 만들었다는 것을 기억해야 한다. 그리고 이 치밀한 설계와 제작을 주변의 여러 사람들이 도왔을 가능성도 있다.

방주는 무거운 엔진이 없이 단지 물에 뜨기 위한 목적을 가졌기에 장방형의 평평한 바닥구조를 가졌고, 이것은 중간이 침하되는 현상 (sagging)을 매우 완화시켰을 것이다. 네덜란드의 선박기술자인 베르프는 배의 휘어지는 현상은 아래쪽에 보강용 갑판의 설치로 극복될 수 있다고 했다.

실제 고대 그리스의 알렉산드리스라는 이름의 선박은 4,000t의 화물을 운반했으며, 15세기 중국의 화물선인 정화 호는 노아의 방주와 비슷한 크기였으며, 8세기의 선박은 비록 호수에서 사용되었지만, 노아 방주보다 더 컸다는 기록이 전해진다. 목재가 오랜 항해에 부적합했다면, 과거에 목재로 만든 수많은 범선들은 어떻게 항해를 했겠는가? 이들이 항해할 때 새어 들어오는 물을 퍼내는 일에 대부분의 인력을 동원했다는 이야기를 들어보지 못했다. 19세기에 목재로 만들어진 범선들은 1년 이상 항해에도 큰 수리가 필요하지 않았으며, 티크 목재로 만들어진 몇몇 선박들은 중대한 수리 없이도 35년간을 사용했다는 기록도 있다.

노아의 방주는 무지한 고대인이 만든 볼품 없는 배가 아니라, 오랜 기간 치밀하게 설계하고 제작하여 만들었다는 것을 기억해야 한다. 그리고 이 치밀한 설계와 제작을 주변의 여러 사람들이 도왔을 가능성도 있다.

Q4. 방주에는 얼마나 많은 동물들을 태웠습니까?

하나님은 노아에게 모든 종류의 동물들을 다 태우라고 하지 않으셨다. 홍수로 멸망할 것이 확실한,

육지에 있어 그 코에 생명의 기운의 숨이 있는 (창세기 7:22)

동물들, 즉 코로 숨 쉬는 동물들만 방주에 탔음을 알 수 있다. (창세기 7:22). 따라서 고래, 물고기, 조개, 새우 같은 바다생물들은 방주에 탈 필요가 없었다. 또한 대부분의 양서류와 곤충들도 이에 해당되지 않는다. 곤충은 코로 숨을 쉬는 것이 아니라, 체표에 분포하는 작은 기문(spiracles, 숨구멍)으로 숨을 쉬기 때문이다.

사실, 곤충과 벌레들은 대홍수 시 떠다니는 거대한 나무 매트(floating log mats)에 붙어서 또는 알이나 유충상태로도 충분히 생존할 수 있었다. 실제로 미국 세인트헬렌스산의 폭발 당시 스프릿 호수에는 백만 그루 이상의 나무들이 떠다니며 거대한 섬을 이루고 있는 것이 관측되었다. 따라서 방주에 태워야 했을 동물의 수는 매우 적어

진다.

또한 성경에서 말하는 종류(kind)는 오늘날의 종(species)보다 훨씬 더 범위가 넓었다. 오늘날 지구상에 서식하는 생물 종들은 방주에 탔던 한 쌍의 부모 '종류'로부터 유래했을 것이다. 다윈 이전의 창조론자들은 그렇게 믿고 있었다. 예를 들면, 오늘날 이리, 여우, 자칼, 늑대를 포함하여 200종 이상의 개과동물이 존재하는데, 그들은 모두 한 쌍의 원래 '개 종류(dog kind)'로부터 유래했을 것이다. 고양이 종류, 말 종류, 곰 종류와 같은 다른 동물들에서도 마찬가지이다. 오늘날 볼 수 있는 경이로울 정도로 많은 다양한 생물 종들은 노아 방주에 탔던, 다양한 혼합된 유전형질을 가진 각 조상 종류의 생물로부터 유래했다.

존 우드모라페는 그의 책 『노아 방주: 가능성 연구』에서 최대 16,000마리 정도의 동물들이 방주에 들어갔을 것으로 추정했다. 이러한 추정은 '종류(kind)'의 범위를 오늘날의 생물 분류 개념인 '속(genus)'과 같은 범위로 추정한 숫자이다. 그러나 종류가 '과(family)' 정도의 범위였다면, 방주에 들어간 동물은 2,000마리 정도에 불과했을 것이다.

성경에서 말하는 종류(kind)는 오늘날의 종(species)보다
훨씬 더 범위가 넓었다. 오늘날 지구상에 서식하는 생물 종들은
노아 방주에 탔던 한 쌍의 부모 '종류'로부터 유래했다.

Q5. 8명의 사람이 방주 안의 수많은 동물을 관리할 수 있습니까?

창세기 8:1에는 다음과 같은 말씀이 기록되어 있다.

하나님이 노아와 그와 함께 방주에 있는 모든 들짐승과 육축을 기억하사

여기서 '기억하사'라는 말은 히브리어 "자칼"을 번역한 것으로, 하나님의 특별한 돌보심이 있었음을 알 수 있다. 하나님께서 동물들에게 주신 놀라운 능력 중의 하나는 공기가 탁하거나 기온이 떨어지고 빛이 줄면, 이에 적응하기 위해 동면이나 하면할 수 있는 능력이다.

그러나 이러한 동면 현상이 일어나지 않았더라도 노아의 8식구가 동물들을 돌보는 것이 가능했다. 600살의 지혜로운 사람 노아는 방주 내에 수많은 동물들을 관리하기 위한 여러 구조물이나 장치들을 장착했음이 틀림없다. 예를 들면 자동먹이 공급 장치, 자동음수 공급 장치, 빗물을 받아 공급하는 장치, 경사진 배설물 처리구, 복도에 운반용 수레장치 등을 설치했을 가능성이 높다. 고대 로마인들이 머리

만 들어가도록 구멍이 난 뚜껑이 있는 통에 물을 담아서 많은 새들에게 자동으로 충분히 물을 공급했다는 기록도 있다.

게다가 동물들은 엄청난 양의 배설물들을 생산했을 텐데, 이것들은 어떻게 처리됐을까? 냄새, 가스, 해충들을 어떻게 관리했을까? 이 모든 것을 8명이 처리한다는 것이 가능한 일인가? 앞에서도 논의했지만, 동물의 많은 수가 동면에 들어간다면 배설물의 양도 적을 것이기 때문에, 이것도 별문제가 되지 않는다. 그러나 동면하지 않았어도 8명으로도 배설물의 처리는 가능하다.

방주에는 배설물을 처리할 수 있는 구조들이 분명히 있었을 것이다. 케이지 바닥에 경사판을 설치하여 큰 통으로 모은 후, 관을 통해 방주 밖으로 처리하는 방법이나, 긴 시간 동안 교체하지 않는 두꺼운 깔짚을 깔아주는 방법, 두껍게 흙을 깔아주는 방법 등이다. 이러한 일들을 더욱 효율적으로 하기 위해서, 맨 아래층에는 동면하거나 배설물을 적게 생산하는 그룹으로, 맨 위층은 배설물의 양이 많은 그룹으로 나누어 승선시켰을 가능성이 크다.

중요한 점은 노아의 방주를 바라보는 마음속에 창세기를 어떻게 받아들이느냐의 차이에 따라 가능했을 것으로 또는 절대 불가능했을 것으로 이미 결정을 내린다는 점이다.

노아의 방주를 바라보는 마음속에 창세기를 어떻게
받아들이느냐의 차이에 따라 결정을 내린다는 점이다.

Q6. 어떻게 동물들의 먹이와 물을 방주에 저장할 수 있었습니까?

동물들이 동면에 들어갔다면, 이것은 그리 큰 문제가 되지 않는다. 그러나 그렇지 않더라도 가능했다. 우드모라페는 그의 책에서 동물원에서의 자문과 방대한 자료 및 문헌 등을 통해 동물들이 실제 소비하는 먹이와 물의 양을 자세히 조사하여 부피까지 계산했다.

먼저 먹이는 부패를 막기 위해 건조 상태로 저장되었을 것이며, 건조 중량으로 총 1,990t이라 추정했다. 건조 시에도 수분이 10~20%는 남아 있음으로, 실제 방주에 저장한 먹이의 무게는 2,200~2,500t으로 추정했고, 이때의 부피는 3,000~6,000㎥로 방주 부피에 6~12%를 차지하는 용량이었다. 저장한 먹이는 주로 밀, 보리, 콩, 귀리 등의 곡류, 건초, 각종 식용 씨앗, 압축한 건초 펠렛, 말린 고기, 말린 과일, 말린 생선, 말린 벌레, 시럽, 설탕, 소금… 등이었을 것이다.

또한 방주 내에서 마실 물의 양은 4.07ML(million liters)로 계산했다. 이는 4,070m^3의 용량으로 방주 용량의 9.4%에 해당하는 부피이다. 그러나 노아가 방주 지붕에 빗물을 받아 음용수로 사용할 수 있는 시설을 갖추었다면, 이 양은 대폭적으로 감소될 수 있다. 사실 노아의 방주는 다른 배와 달리 지붕이 있는 배라서 빗물 고임에 의한 하중을 견디기 위해서라도 지붕을 경사지게 만들었을 것이고, 이 경우라면 홈을 만들어 흘러내린 빗물을 필요에 따라 방주 안으로 끌어들이는 일은 매우 간단했을 것이다. 또한 홍수 초기 40일 동안 주야로 집중적인 강우가 있고 난 후, 홍수 나머지 기간에도 간간이 비가 왔을 가능성이 높다. 왜냐하면 화산 등의 폭발로 바다의 온도가 따뜻하여 증발량이 매우 많았을 것이기 때문이다.

여기에다가 방주에 탄 동물들이 오늘날의 과(family) 정도에 해당했다면, 먹이와 물의 양은 더욱 크게 줄어들 것이다. 그러므로 방주는 동물들과 함께, 먹이와 물을 충분히 실을 수 있는 공간을 충분히 갖고 있었다. 오히려 방주의 크기는 실을 화물의 중량과 부피에 따른 선박의 안전성, 효율성 등을 따져볼 때, 더 커서도 안 되고, 더 작아도 안 되는 매우 적절한 크기로서, 방주가 한낱 꾸며낸 이야기가 아니라, 실제 존재했던 배였음을 다시 한번 깨닫게 해준다.

방주는 동물들과 함께, 먹이와 물을 충분히 실을 수 있는 공간을 충분히 갖고 있었다. 방주의 크기는 실을 화물의 중량과 부피에 따른 선박의 안전성, 효율성 등을 따져볼 때, 매우 적절한 크기다.

Q7. 방주 안의 시설은
적절했습니까?

방주 안 동물들의 배설물들로부터 발생한 메탄, 이산화 탄소, 암모니아 등의 가스 때문에 고통스럽지 않았을까 하는 염려는 방주에 가로세로 한 규빗(45cm) 정도의 작은 창 하나만 있었을 것으로 생각하기 때문이다. 그러나 방주의 크기를 생각해 볼 때, 창문이 한 개뿐이었을 것이라는 생각은 상식적으로 말이 되지 않는다. 창세기 6:16에는

> 거기 창을 내되 위에서부터 한 규빗에 내고 그 문은 옆으로 내고 상 중 하 삼층으로 할지니라 (창세기 6:16)

라고 되어 있는데, 여기서 창문의 개수는 알 수 없다.

성경학자인 벤우리는 방주의 창이 처마 밑으로 길게 연속적으로 나 있는 구조일 것으로 추정하였다. 이런 구조는 실제 많은 동물을 사육하는 농장에서 사용하는 창의 형태이다. 높이 13.5m의 공간에 위로부터 45cm의 크기로 연속적으로 나 있는 창은 양돈장, 양 우리 등의

창 크기와 비교하거나, 바다에서의 비교적 빠른 바람, 온도 유지, 방주 내의 동물 수 등을 고려하여 볼 때, 매우 적합한 배치로 보인다.

또한 외부의 신선한 공기의 유입을 위해서 방주의 중간 중간에 천장으로부터 연결된 공기 유입관들이 설치되어 있었을 것이다. 그리고 창과 공기 유입관들은 필요에 따라 개폐할 수 있거나, 크기가 조절될 수 있는 구조였을 것이다. 방주 안에서 동물들의 배설물의 냄새로 고통을 받았으며, 산소 부족으로 숨쉬기도 힘들었을 것이라는 생각은 노아의 방주를 비판하는 사람들의 과장으로 인한 오해인 것이다.

또 방주에 동물들은 너무 과도하게 밀집되어 있어서, 방주 내부는 동물들이 발생하는 체온 때문에 찜통이었을 것이라 주장하는 사람들도 있다. 이것을 평가하기 위해서는 먼저 동물들의 생체량을 파악하여야 한다. 우드모라페는 16,000마리의 동물들이 내는 열 발생 생체량을 241t으로 계산했는데, 방주 용적은 $43,200m^3$이므로, 방주 내 열 생산 생체량은 $5.58kg/m^3$로 계산된다.

이 수치는 밀집되지 않은 가금류 우리의 $2.75kg/m^3$에 비해서는 2배 정도의 수치지만, 말들이 있는 마구간의 $16.2kg/m^3$에 비해서는 1/3 수준이며, 소들이 있는 외양간의 1/2~1/5 정도 수준이다. 오늘날 현대식 시설을 갖춘 양계장의 경우는 $16kg/m^3$이며, 양돈장의 경우는 $37kg/m^3$ 정도로 보고되고 있다. 그러므로 방주 내 동물들은 매우 적절한 공간에서 생활한 것으로 생각되며, 너무 밀집되어서 동물들의 체온으로 찜통이었을 것이라는 생각은 막연한 추측이요, 오해다.

방주 내 동물들은 매우 적절한 공간에서 생활한 것으로 생각되며, 너무 밀집되어서 동물들의 체온으로 찜통이었을 것이라는 생각은 막연한 추측이요, 오해다.

Q8. 육식동물이나 특수한 먹이만을 먹는 동물들은 방주 안에서 어떻게 살았을까요?

동물들의 육식이 노아 홍수 이후부터 시작되었다면, 육식동물의 먹이 준비는 전혀 필요 없었을 것이다. 그러나 범죄와 타락의 영향으로 동물 중 일부가 육식하게 되었더라도 그들을 위한 먹이 준비가 불가능한 것은 아니다. 우드모라페는 자신의 책에서 오늘날의 육식성 동물들을 모두 조사하여, 방주에 탄 육식동물의 수를 7목의 약 2,000마리 정도로 추산했고, 이들이 홍수 동안 필요했던 먹이를 332t(전체 사료의 1/6 정도)으로 계산했다. 그러나 앞에서도 언급했지만, 방주에 탄 동물들이 오늘날의 과(family) 정도에 해당했다면, 동물의 수와 먹이의 양은 크게 줄어들 것이다.

육식동물을 위한 고기들은 철저히 말려져서 건조된 상태에서 준비되었을 것이고, 케이크처럼 만든 후에, 말려서 비스킷처럼 제공되었을 가능성이 높다. 오늘날 사냥꾼들이나 동물원에서도 사용하는 방법이다. 또한 물고기나 해산물을 소금에 절여 말려서 준비되었거나 별도로 먹이용으로 사육되었을지도 모른다.

팬더곰이나 코알라처럼 한 가지 나뭇잎만 먹는 동물들은 어떻게 방주 내에서 살았을까? 과즙이나 과일만 먹는 동물, 벌레만 먹는 동물들은 어떻게 살아갔을까? 사실 이러한 특별한 먹이만을 먹는 현상들은 홍수 후에 생긴 식습관일 가능성이 크다. 지역과 기후변화에 따라 자기가 살던 지역의 풍부한 동식물을 주식으로 하다가 굳어진 식습관일 가능성이 크다.

팬더곰은 대나무 순을 좋아하지만, 포획 후에 쉽게 여러 먹이를 먹는 것이 보고되었다. 코알라는 유칼립투스 잎을 주로 먹지만 다른 식물을 먹지 않는 것은 아니다. 벌레만 먹는 동물들을 위한 준비도 했을 것이다. 많은 벌레나 곤충을 말려서 보관했을 것이다. 또한 과일이나 과즙을 먹는 새나 동물들을 위해, 충분한 양의 과일이나 과즙을 건조해 시럽이나 젤리, 사탕 등으로 보관되었을 것이고, 물에 불리거나 타서 제공되었을 수 있다.

이러한 특별한 먹이만을 먹는 현상들은 홍수 후에 생긴
식습관일 가능성이 크다.
지역과 기후변화에 따라 자기가 살던 지역의 풍부한 동식물을
주식으로 하다가 굳어진 식습관일 가능성이 크다.

Q9. 공룡도 방주에 탔습니까?

공룡도 창조주간에 하나님이 창조하신 코로 호흡하는 동물이다. 노아의 시대에도 공룡들은 분명히 존재하고 있었다. 따라서 공룡들도 노아의 방주에 태워졌음이 틀림없다. 방주에 태워졌던 공룡들은 홍수 이후 상당 기간을 인류와 함께 살다가 먼저 멸종했다. 고대인들이 남겨놓은 문헌, 예술품, 그림, 조각, 도자기, 암벽화 등에 의하면 공룡들은 비교적 최근까지 유럽, 중국, 아시아, 아프리카, 아메리카 대륙에서 목격됐다. 방주에 타지 못했던 대부분의 수많은 공룡은 노아의 홍수로 죽어갔을 것이다. 공룡 화석들이 노아 홍수로 인한 퇴적지층에 매몰되어 있는 사실로부터 이것을 확인할 수 있다. 따라서 공룡도 방주에 태워졌음이 틀림없다.

공룡 뼈의 성장테를 조사해보면, 어렸을 때 급성장기를 겪은 사실을 알 수 있다. 하나님은 급성장기 이전의 어린 공룡을 선택하셔서 노아에게 보내셨을 것이다. 그래서 아파토사우르스나 브라키오사우르스 같은 공룡들의 새끼들이 방주에 탔을 것이다. 코끼리와 하마도 새끼들이 태워졌을 것이다. 프테로닥틸과 같은 익룡도 방주에 탔겠지만, 플레시오사우르스 같은 어룡은 방주에 타지 않았을 것이다.

공룡들의 계통수는 과장되어 부풀려지는 경우가 많은데, 고생물학자들이 어린 공룡의 화석을 발견한 후에, 성숙한 공룡과는 다른 종으로 명명했던 경우가 많다. 공룡도 한 쌍의 종류(kind)들이 탔을 것으로, 오늘날 분류하는 공룡 종들의 수보다 훨씬 적은 수가 방주에 탔을 것이다.

고생물학자들이 어린 공룡의 화석을 발견한 후에,

성숙한 공룡과는 다른 종으로 명명했던 경우가 많다.

공룡도 한 쌍의 종류(kind)들이 탔을 것으로, 오늘날 분류하는

공룡 종들의 수보다 훨씬 적은 수가 방주에 탔을 것이다.

12

공룡에 관한 진실

전 세계의 고대 문헌, 그림, 조각, 예술품 등에 공룡이 등장하고 있다.

그러나 진화론자들에 의해서 철저하게 왜곡되고 감추어져 왔다.

오늘날 인터넷이 발달되어 모든 사람들이 그 증거들을 볼 수 있게

되었다.

공룡과 사람은 창조주간에 창조됐고, 노아 방주에 탄 것을 제외하고

대부분 죽어 화석으로 남겨졌다.

그리고 방주에 탔던 공룡들은 최근까지 사람과 함께 살았으며,

용으로 문헌과 예술품에 남아있게 된 것이다.

미국 AiG 창조박물관에 복원된 공룡 알로사우르스 '에벤에셀'. 캔터키주 피터스버그
출처 https://answersingenesis.org

Q1. 공룡 뼈 화석에서 부드러운 조직이 발견되었다는 것이 무엇입니까?

1990년에 몬태나 주립대학 연구원들은 땅속에서 발굴한 공룡 티라노사우루스 렉스의 뼈 중에서 장골의 일부분이 광물화되지 않고 고유의 뼈 상태로 남아있는 것을 발견했다. 정밀검사 결과 뼈의 혈관계 내에 적혈구처럼 보이는 물체가 발견됐다. 연구자들은 그것이 정말로 공룡의 적혈구인지를 알아보기 위해서, 핵자기공명 등을 포함해 정밀 분석과 쥐를 이용한 면역검사를 했고, 결국 헤모글로빈의 존재를 확인했다.

2005년에 메리 슈바이처는 진화론적 연대로 6천8백만 년 전의 것으로 추정하는 다른 티라노사우루스 렉스의 대퇴골에서 부드러운 연부조직이 남아있는 것을 또다시 발견했다. 이전보다 더 많은 혈액세포들이 발견되었을 뿐만 아니라, 부드러운 섬유성 조직들과 완전한 혈관들도 발견되었다. 일부 혈관은 눌렀을 때 그 내용물들이 밖으로 흘러나왔으며, 대퇴골에 붙어있던 연부조직은 아직도 유연성과 탄력성을 가지고 있어서, 잡아 늘였을 때 다시 원래 위치로 되돌아갔다.

2009년에 슈바이처의 연구팀은 또다시 미국 몬태나주에서 발견된 8천만 년 전의 것이라고 말해지는 오리주둥이 공룡의 뼈들도 살점이 남아있는 것을 발견했고, 이들 시료로부터 단백질 콜라겐이 존재하고 있음을 보고했다. 독립적인 두 그룹이 시료들을 분석한 결과 두 그룹 모두에서 혈관에서 발견되는 라미닌, 엘라스틴, 콜라겐의 존재를 확인했다.

2015년에 더욱더 놀라운 사건이 일어났는데, 박물관 선반에 보관되어 있던 평범한 공룡 뼈 8개 중 6개에서 연부조직이 발견되었다. 연구자들은 시료에서 단백질 콜라겐과 적혈구를 발견했는데, 콜라겐 구조는 분해되어 있지 않았고, 아직도 콜라겐의 특징적인 삼중나선 배열로 된 구조를 보여주었으며, 적혈구들은 수축되어 작아져 있었지만, 적혈구가 분명했다.

2017년에는 매우 잘 보존된 노도사우루스 공룡의 화석이 발견되었는데, 피부 비늘, 무시무시한 어깨 가시, 피부색까지 완벽한 채로 발견되었다. 1억1200만 년 전으로 말해지는 연대에도 불구하고, 피부에서 멜라닌 색소와 페오멜라닌 색소가 아직도 남아있었다.

이러한 발견들은 공룡에 부여된 수천만 년이라는 연대가 허구임을 가리키는 강력한 증거가 된다.

이러한 발견들은 공룡에 부여된 수천만 년이라는 연대가 허구임을 가리키는 강력한 증거가 된다.

미국 AiG 창조박물관의 공룡 전시
출처 https://answersingenesis.org

Q2. 고대 문헌, 예술품, 그림, 조각에 등장하는 용은 무엇입니까?

전 세계의 고대 문헌, 예술품, 그림, 조각, 용기, 암벽화 등에 용(dragon)이 등장한다. 용에 대한 진실은 무엇일까? 많은 사람이 용을 상상의 동물로 취급하고 있지만, 용은 실제로 존재했던 동물로 보인다. 왜냐하면 용은 전 세계의 많은 문화에서 공통적으로 등장하며, 그 모습이 유사하고, 구체적인 신체 부분까지 묘사되어 있으며, 역사가나 매우 신뢰할만한 사람들이 용을 직접 목격했다고 기록하고 있기 때문이다. 이제 인터넷으로 전 세계의 예술품과 그림에 등장하는 용들을 직접 사진으로 볼 수 있게 되었다. 놀랍게도 용들은 공룡(dinosaurs)과 너무도 유사한 모습이었다.

중국 문화에는 용에 관한 많은 이야기가 남아 있다. 고대 중국인들은 용의 피를 약으로 사용했으며, 알을 얻기 위해서 용을 사육했다. 마르코 폴로는『동방견문록』에서 중국에서는 용들이 왕의 마차를 끌고 있었으며, 카라얀 지방의 여행 중에는 거대한 생물을 목격했다고 기록하였다. 『춘추좌씨전』에는 용을 사육하는 가문과 용을 훈련시키는 가문이 있었다고 기록되어 있으며, 송나라의 황제는 궁전에서 용을 키웠다는 기록이 있다.

중국과 한국에는 쥐, 소, 호랑이, 토끼, 용, 뱀, 말, 양, 원숭이, 닭, 개, 돼지의 띠를 나타내는 12종류의 동물들이(12간지) 있는데, 11동물은 실존하는 동물이지만, 용은 상상의 동물로 말해지고 있다. 왜 용만 상상의 동물이었는가? 용도 실존했던 동물이 아닐까? 용호상박(龍虎相搏)이라는 말은 용과 호랑이가 싸우니 막상막하라는 뜻인데, 상상의 동물과 호랑이가 싸운다는 것은 무언가 이상해 보인다.

중국의 고대 예술품과 조각상에는 자주 용이 등장하는데, 표현된 구체적인 모습들은 중국의 예술가들이 용을 실제로 목격했던 것으로 보인다. 놀라운 것은 최근 화석 발견으로 밝혀진 공룡들의 모습과 너무 유사하다.

유럽의 예술품, 그림, 조각, 문헌 등에도 용들이 등장한다. 인도를 침공했던 알렉산더 대왕은 인도의 한 동굴에 살고 있던 거대한 용을 보았다는 기록을 남겨놓았으며, 요세푸스와 헤로도토스와 같은 고대 역사가들과 탐험가들은 고대 이집트와 아라비아에서 날아다니는 뱀(flying serpents)에 대해 기록해 놓고 있다. 중세 스칸디나비아 인들은 바다에 사는 거대한 용들을 기록해 놓고 있었는데, 바이킹족들은 그들의 배 앞면에 용 조각을 배치하여, 바다 괴물이 이것을 보고 겁을 먹고 피해가도록 했다는 것이다. 영국에서 수호성인으로 추앙받고 있는 세인트 조지가 용을 죽였다는 이야기는 중세 유럽의 그림에서 자주 등장하는데, 그려져 있는 용들은 공룡과 유사하다.

1500년대 초에 건축된 샹보르 성, 블루아 성, 아제르리도 성과 같은 아름다운 프랑스의 성들에는 벽과 천장, 가구에 무시무시한 모습의 생물이 새겨져 있는데, 이들의 모습은 공룡과 유사하다. 또한 로마의 베드로 대성당에는 날개를 가진 용(winged dragon)들이 도처에 장식되어 있는데, 이 생물은 머리 볏, 박쥐 모양의 날개, 4개의 발톱이 있는 발 등 익룡의 모습과 거의 동일하다.

아메리카 대륙에 있었던 문명에도 공룡을 닮은 생물들이 무수히 등장한다. 그들의 토기, 그릇, 암벽화, 조각품 등에 새겨놓은 공룡을 닮은 생물들은 모두 상상으로 그려졌던 것일까? 합리적인 추론은 고대인들은 실제로 이 생물들을 목격했고, 그들의 모습을 자신들의 문화 속에 남겨놓았다고 보는 것이다. 성경을 믿는 사람들은 공룡에 관한 진화론적 설명과 수십억 년의 연대로 인해 흔들릴 필요가 없다.

고대인들은 실제로 이 생물들을 목격했고, 그들의 모습을 자신들의 문화 속에 남겨놓았다고 보는 것이다. 성경을 믿는 사람들은 공룡에 관한 진화론적 설명과 수십억 년의 연대로 인해 흔들릴 필요가 없다.

참고 자료: 한국창조과학회 홈페이지/자료실/화석/공룡 사람과 공룡이 함께 살았다는 증거들 1~9 http://creation.kr/Dinosaur/?idx=1294436&bmode=view

Q3. 캄보디아 앙코르 사원에 공룡이 새겨져 있다는 것이 사실입니까?

캄보디아의 씨엠립 외곽에 있는 고대의 앙코르 유적지에는 크메르의 여러 왕들이 건축한 사원, 궁전, 도서관, 건물들이 있는데, 9세기 말부터 12세기 말까지 동남아시아를 지배하며 살았던 고대 크메르 문명의 화려한 유물들을 간직하고 있다. 오늘날, 이 유적들은 캄보디아 정부에 의해서 "앙코르 고고학 공원"으로 지정된 지역 안에 있다.

앙코르 톰의 건축물 중에서 가장 중요한 것은 타프롬 사원이다. 오늘날 그 유적은 커다란 덩굴식물들과 열대 무화과나무의 감겨 있는 뿌리들로 뒤엉켜진 채 밀림 속에 장엄하게 놓여 있다. 의도적으로 복원하지 않는 것은 앙코르 유적 관리위원회가 관광객들에게 더욱 모험적이고 흥미로운 경험을 줄 것으로 판단하여 결정한 것이다. 앙코르 유적에는 고대 힌두교의 신화들에서 전해져 오는 여러 신들과 함께, 코끼리, 뱀, 물고기, 원숭이 등과 같은 실제의 동물들이 새겨져 있는

데, 중국 그림에서 자주 등장하는, 다리와 발톱을 가지고 있는 긴 뱀처럼 보이는 용 같은 생물도 새겨져 있다.

타프롬 유적들 사이에서, 서쪽 출입구의 한 거대한 돌문 근처 남쪽 면의 벽기둥에는 돼지, 원숭이, 물소, 수탉, 뱀 등과 함께 스테고사우루스 공룡을 닮은 동물이 조각되어 있다. 다른 동물 조각에서 신화적 동물의 모습은 없다. 따라서 이 동물들은 12세기 고대 크메르 사람들이 흔히 목격할 수 있었던 동물들을 묘사했다고 결론짓는 것이 합리적이다. 이것은 단지 800여 년 전까지도 일부 공룡들이 캄보디아 지역에 살아있었다는 것을 의미한다!

물론, 이것은 성경의 기록을 사실 그대로 믿는 창조론자들에게는 조금도 놀라운 일이 아니다. 왜냐하면 우리는 창세기 1장으로부터 공룡과 사람은 창조주간에 창조되어 함께 살았다는 것을 알고 있기 때문이다. 그리고 불과 4,500여 년 전에 있었던 노아 홍수 시에 다른 육상동물들과 함께 방주에 태워져 살아남게 되었고, 홍수 후 지구상에 재번성했었다는 것을 알고 있기 때문이다.

불과 4,500여 년 전에 있었던 노아 홍수 시에 다른 육상동물들과 함께 방주에 태워져 살아남게 되었고, 홍수 후 지구상에 재번성했었다는 것을 알고 있기 때문이다.

공룡 스테고사우르스(Stegosaurus)
출처 https://answersingenesis.org

Q4. 멕시코에서 발견된 공룡 조각상은 무슨 이야기 입니까?

멕시코의 아캄바로 지역에서 흙으로 구워진 조각상들이 수천 개 출토되었다. 놀랍게도 이 조각상 중 수백 개는 공룡들의 모습을 정확히 묘사하고 있었다. 고고학자인 줄스루드는 멕시코 과나주아토의 아캄바로에 있는 엘토로 산 밑에서 점토로 된 조각상들이 묻혀 있는 것을 발견했다. 이 지역에서 발견된 유사한 공예품들은 고대 츄피쿠아로 문명(BC 800~AD 200)의 사람들이 만든 것이었다.

줄스루드가 발견한 많은 조각상들이 공룡의 모습을 정확하게 묘사하고 있었기 때문에 의심을 받았다. 왜냐하면 고고학자들은 공룡이 6천5백만 년 전에 멸종했다고 믿고 있었다. 따라서 2500년 전의 사람이 공룡을 볼 수도, 모델로 삼을 수도 없었을 것이었다.

공룡들은 매우 기민하고 활발한 자세로 형상화되어 있었는데, 브론토사우르스, 안킬로사우르스, 이구아노돈을 묘사한 것으로 보이는 점토상들은 최근 복원된 그 공룡들의 모습과 잘 일치했는데, 일부 용각류들은 분명한 등 주름을 갖고 있었다. 이것은 점토상을 만든 사람들이 이 공룡들을 실제로 목격했던 것으로 보인다.

멕시코시티의 국립 인류박물관의 카를로스 페레아는 1945~1946년 동안 아캄바로 지역의 고고학 책임자였다. 그는 인터뷰에서 줄스루드의 발굴에 대한 신뢰성을 의심하지 않았다. 1954년에 멕시코 정부는 4명의 저명한 고고학자들을 파견해 조사했다. 근처의 다른 장소들을 선택하여 매우 조심스러운 발굴을 시작하여 1.8m 아래에서 수많은 동일한 조각상들을 발굴했고, 줄스루드의 발견이 신뢰성 있는 것으로 결론지었다. 그러나 3주 후에 보고서에 이 조각품들이 사기라고 발표했다. 왜냐하면 사람과 함께 공룡이 너무도 사실적으로 표현되어 있었기 때문이었다.

1955년에 뉴햄프셔 대학의 존경받는 인류학 교수였던 찰스 헵굿은 대규모의 방사성 연대측정을 포함한 치밀한 연구를 수행했다. 그는 전직 지방검사였던 얼 스탠리 가드너와 같이 이 연구를 수행했다. 그들은 줄스루드가 멕시코에 오기 25년 전에 지어진 경찰서장의 집 아래에서 조각상들을 발굴하면서 줄스루드가 이 조각상들을 사기를 치기 위해 직접 만들었다는 주장이 완전한 거짓임을 밝혀냈다. 그들은 43개의 똑같은 형태의 조각상들을 발굴했고, 3회의 방사성 연대측정을 뉴저지에 있는 측정기관에서 실시했는데, 각각 BC 1640, BC 4530, BC 1110년의 결과가 나왔다.

1990년에 또 한 번의 조사가 멕시코 정부와 계약한 고고학자 닐 스티디에 의해서 수행되었다. 그는 줄스루드가 발굴한 장소에서 상당히 떨어진 곳에 임의로 발굴 장소를 선택했고, 그곳에서 조각상은 발견되지 않았다. 그는 츄피쿠아로 조각품들로 인정된 많은 것들이 일관성을 가지고 있으며 분명 존재했었다는 사실도 무시했다. 줄스루드의 수집품들 일부는 불태워졌다. 그는 염치불고하고 진화론을 방어하기 위한 당국의 결정에 따라 진실로 중요한 발견의 의미를 황폐화시켜버렸다.

그는 염치불고하고 진화론을 방어하기 위한 당국의 결정에 따라 진실로 중요한 발견의 의미를 황폐화시켜버렸다.

Q5. 욥기에 기록된 베헤못과 리워야단은 공룡인가요?

욥기 40장 15절 이하부터 41장에 두 거대한 생물 베헤못(behemoth)과 리워야단(leviathan)이 등장한다. 이 생물들은 어떤 생물이었을까? 공룡이었을 가능성이 매우 높아 보인다.

이제 소같이 풀을 먹는 베헤못을 볼지어다 내가 너를 지은 것 같이 그것도 지었느니라 그것의 힘은 허리에 있고 그 뚝심은 배의 힘줄에 있고 그것이 꼬리 치는 것은 백향목이 흔들리는 것 같고 그 넓적다리 힘줄은 서로 엉켜 있으며 그 뼈는 놋관 같고 그 뼈대는 쇠 막대기 같으니 그것은 하나님이 만드신 것 중에 으뜸이라 그것을 지으신 이가 자기의 칼을 가져오기를 바라노라 모든 들짐승들이 뛰노는 산은 그것을 위하여 먹이를 내느니라 (욥기 40:15~20)

그것이 연잎 아래에나 갈대 그늘에서나 늪 속에 엎드리니 연잎 그늘이 덮으며 시내 버들이 그를 감싸는도다 강물이 소용돌이칠지라도 그것이 놀라지 않고 요단 강 물이 쏟아져 그 입으로 들어가도 태연하니 그것이 눈을 뜨고 있을 때 누가 능히 잡을 수 있겠으며 갈고리로 그것의 코를 꿸

수 있겠느냐 (욥기 40:21~24)

네가 낚시로 리워야단을 끌어낼 수 있겠느냐 노끈으로 그 혀를 맬 수 있
겠느냐 너는 밧줄로 그 코를 꿸 수 있겠느냐 갈고리로 그 아가미를 꿸 수
있겠느냐… 네가 능히 많은 창으로 그 가죽을 찌르거나 작살을 그 머리
에 꽂을 수 있겠느냐 네 손을 그것에게 얹어 보라 다시는 싸울 생각을 못
하리라 참으로 잡으려는 그의 희망은 헛된 것이니라 그것의 모습을 보기
만 해도 그는 기가 꺾이리라 아무도 그것을 격동시킬 만큼 담대하지 못
하거든 누가 내게 감히 대항할 수 있겠느냐 (욥기 41:1~10)

내가 그것의 지체와 그것의 큰 용맹과 늠름한 체구에 대하여 잠잠하지
아니하리라 누가 그것의 겉가죽을 벗기겠으며 그것에게 겹재갈을 물릴
수 있겠느냐 누가 그것의 턱을 벌릴 수 있겠느냐 그의 둥근 이틀은 심히
두렵구나 그의 즐비한 비늘은 그의 자랑이로다 튼튼하게 봉인하듯이 닫
혀 있구나 그것들이 서로 달라붙어 있어 바람이 그 사이로 지나가지 못
하는구나 서로 이어져 붙었으니 능히 나눌 수도 없구나

(욥기 41:12~17)

그것의 힘은 그의 목덜미에 있으니 그 앞에서는 절망만 감돌 뿐이구나
그것의 살껍질은 서로 밀착되어 탄탄하며 움직이지 않는구나 그것의 가
슴은 돌처럼 튼튼하며 맷돌 아래짝 같이 튼튼하구나 그것이 일어나면 용
사라도 두려워하며 달아나리라 칼이 그에게 꽂혀도 소용이 없고 창이나
투창이나 화살촉도 꽂히지 못하는구나 그것이 쇠를 지푸라기 같이, 놋을
썩은 나무 같이 여기니 화살이라도 그것을 물리치지 못하겠고 물맷돌도
그것에게는 겨 같이 되는구나 그것은 몽둥이도 지푸라기 같이 여기고 창

이 날아오는 소리를 우습게 여기며 그것의 아래쪽에는 날카로운 토기 조각 같은 것이 달려 있고 그것이 지나갈 때는 진흙 바닥에 도리깨로 친 자국을 남기는구나 (욥기 41:22~30)

백향목이 흔들리는 것과 같은 꼬리를 갖고 있던 베헤못은 거대한 용각류 공룡으로 보인다. 그러나 욥기 41장의 리워야단은 어떤 동물이었을까?

그것의 아래쪽에는 날카로운 토기 조각 같은 것이 달려 있고 그것이 지나갈 때는 진흙 바닥에 도리깨로 친 자국을 남기는구나… 그것의 뒤에서 빛나는 물줄기가 나오니 그는 깊은 바다를 백발로 만드는구나

(욥기 41:30, 32)

이것은 스피노사우루스와 같은 반수생 공룡에 대한 묘사일 수 있을까? 어떤 동물이든 그것은 정말로 두려운 짐승이었다. 욥이 베헤못과 리워야단을 알고 있었는지는 확신할 수 없지만, 노아 홍수 이후 얼마 되지 않던 시기에 욥은 자신의 눈으로 이들 두 동물을 직접 보았을 가능성이 높다.

이 생물들은 어떤 생물이었을까?
공룡이었을 가능성이 매우 높아 보인다.

Q6. 공룡은 소행성 충돌 때문에 멸종했습니까?

소행성 충돌에 의한 공룡 멸종 시나리오는 수많은 책, 잡지, 뉴스, 방송 매체에서 선전해왔던 이야기였다. 수십 년간 들어왔던 이 이야기의 놀라운 반전이 있다. 공룡들은 멕시코의 유카탄반도 근처 칙쇼루브에 떨어진 커다란 소행성 충돌로 멸망하지 않았다는 것이다.

칙쇼루브 충돌은 30만 년 정도 너무 일찍 일어나 공룡들과 많은 다른 생물 종들을 죽일 수 없었다는 연구가 발표되었다. '핵겨울'은 분명히 발생하지 않았다. 왜냐하면 악어와 거북과 같은 햇빛을 필요로 하는 많은 생물 종들이 넉넉히 살아남았기 때문이다. "거대한 충돌이라도 반드시 전 지구적 대격변을 일으키는 것은 아니다" 라고 보도 자료도 인정하고 있다. 이것은 백악기 멸종에 대한 이론 자체가 멸종하고 있음을 의미한다.

또 다른 연구는 소행성 충돌에 의한 공룡 멸종 시나리오를 완전히 기각시킨다. 고농도의 이리듐, 자기 소구체, 티탄자철광 입자 등과 같은 것들은 소행성이나 운석이 충돌할 때 생겨나는 물질로 생각해왔다. 그래서 이것들을 소행성 충돌을 보여주는 표지로서 사용해왔다. 그런데 최근 미국 지질조사국의 연구에 의하면, 블랙매트라 불리는 습지와 늪지대에서 이 물질들이 자연적으로도 형성된다는 것이 발견되었다. 이것은 소행성 충돌 패러다임의 붕괴를 초래할 수 있는 충격적인 연구 결과였다.

소행성 충돌에 의한 공룡 멸종 시나리오는 수많은 책, 잡지, 뉴스, 방송 매체에서 선전해왔던 이야기였다.
미국 지질조사국의 연구에 의하면,
블랙매트라 불리는 습지와 늪지대에서 이 물질들이 자연적으로도 형성된다는 것이 발견되었다.
이것은 소행성 충돌 패러다임의 붕괴를 초래할 수 있는 충격적인 연구 결과였다.

Q7. 화석 속에서 공룡의 죽은 모습이 의미하는 것이 무엇입니까?

공룡 뼈 전체가 완전하게 발견되는 경우는 매우 드물다. 그러나 간혹 전체 공룡 뼈 화석이 발견될 때, 자주 이상한 현상이 관측되었다. 공룡들이 자주 머리를 뒤로 젖히고, 꼬리는 올라간 자세로 죽어있다는 것이다. 그 이유는 무엇일까? 새로운 연구에 의하면, 이런 공룡의 죽은 모습은 물에 빠져 익사했기 때문이었다. 이 모습은 '후궁반장 사망 자세'라고 불려진다.

앨리시아 커틀러는 털이 제거된 닭이 물에 빠졌을 때, 어떻게 반응하는지를 실험해 보았다. 실험 결과 물에 빠진 닭은 호흡을 위해 목을 길게 늘여 빼다가 후궁반장 사망 자세를 보였다. "후궁반장 사망 자세에는 다수의 방식이 있을 수 있지만, 가장 간단한 설명은 물에 빠져 익사했다는 것입니다" 거대한 공룡들이 물에 빠져 익사하게 된 상황은 무엇이었을까?

가장 간단한 설명은 물에 빠져 익사했다는 것입니다.

거대한 공룡들이 물에 빠져 익사하게 된 상황은 무엇이었을까?

화석발굴 현장의 창조 고생물학자, 미국 AiG 창조박물관

출처 https://answersingenesis.org

Q8. 안킬로사우루스가 뒤집힌 채 묻힌 이유는 무엇입니까?

1930년대 이래 고생물학자들은 갑옷 같은 등껍질과 꼬리에 곤봉이 있는 공룡인 안킬로사우루스가 대개 뒤집힌 채로 묻혀 있는 이유를 궁금해 왔다. 캐나다 자연박물관의 연구자들은 그 이유를 조사하기로 했다. 고생물학자인 조단 말론 박사는 등을 아래쪽으로 향하고 뒤집힌 채로 발견된 안킬로사우루스 화석은 32개 중에서 26개로 확인했다. 그는 그 이유가 무엇인지를 살펴보았고, 그동안의 여러 가설을 하나씩 기각시켰다.

안킬로사우루스의 등 쪽이 무거워 뒤뚱거리다 넘어져서 숨졌다는 가설은 그렇게 불안정한 상태로 1억 년 동안 살았을 리가 없기 때문에 기각됐다.

포식자가 아랫배를 먹기 위해 뒤집었을 것이라는 가설은 복부에서 이빨 흔적이 단 하나밖에 발견되지 않았기에 기각됐다.

죽은 후에 복부에 가스 팽창이 일어나 뒤집혔을 것이라는 가설은 174구의 아르마딜로 로드킬 사체를 분석하여 그 가능성이 없음을 밝혀냈다.

마지막으로 말론은 "가스 팽창으로 물에 떠다녔다"는 가설을 검토했다. "그러한 자세는 팽창 후에 떠다닌 현상을 가리키는 것이다" 부풀어 오른 안킬로사우루스의 사체는 무거운 갑옷의 무게로 인해, 배가 뒤집힌 채로 강의 하류에 떠내려가, 해변으로 쓸려갔고, 그곳에서 가라앉아 파묻혀서 뒤집힌 자세로 화석이 되었다는 것이다.

진화론자들은 안킬로사우루스 공룡은 쥐라기에서 백악기 사이에 번성했다고 믿고 있다. 진화론적 시간 틀로 3,200만 년 이상의 기간 동안에 80%가 모두 이런 식으로 죽었다는 것이 합리적인 설명일 수 있을까? 강에서 멀리 떨어져 살았던 안킬로사우루스는 어떻게 강으로 운반되었는가? 4t의 탱크 같은 동물이 강으로 쓸려 내려가기 위해서는 얼마나 큰 에너지가 필요했을까? 그리고 말론이 말했듯이, 해변으로 쓸려갔다면 화석이 아니라 부패되지 않았을까? 바다로 휩쓸려 간 동물들은 대부분 화석화되지 않는다. 그들의 사체는 썩고 분해 생물들에 의해서 빠르게 해체된다.

전 지구적 홍수를 고려해보면 어떻겠는가? 격렬한 물의 흐름은 4~8t의 동물을 신속하게 전복시키고, 빠르게 퇴적물 내로 파묻어버리고, 화석화시킬 수 있었을 것이다. 강한 물흐름에서 등 쪽이 무거운 동물은 뒤집혔을 가능성이 높다. 진화론자들이 병적으로 싫어하는 홍수지질학을 고려한다면, 많은 미스터리가 풀릴 수 있다.

전 지구적 홍수를 고려해보면 어떻겠는가? 격렬한 물의 흐름은
4~8t의 동물을 신속하게 전복시키고, 빠르게 퇴적물 내로
파묻어버리고, 화석화시킬 수 있었을 것이다. 강한 물흐름에서
등 쪽이 무거운 동물은 뒤집혔을 가능성이 높다.
진화론자들이 병적으로 싫어하는 홍수지질학을 고려한다면,
많은 미스터리가 풀릴 수 있다.

Q9. 공룡 발자국 화석은 무엇을 알려주고 있습니까?

    퇴적암에서 수많은 공룡 발자국들이 전 세계적으로 발견되어왔다. 진화론자들은 중생대에 살았던 공룡들의 정상적인 행동 양상을 나타내는 것으로 가정하고, 그들의 믿음 체계 내에서 이 발자국들을 해석해왔다. 반면에 창조론자들은 노아 홍수와 관련하여 공룡 발자국들을 해석해왔다. 공룡 발자국들에 대한 여러 연구 결과는 다음과 같다.

첫째, 전 세계에 분포하는 공룡 발자국들의 보행렬은 대부분 직선적으로 똑바로 나 있다. 보통 정상적인 동물의 행동은, 눈밭에서 쉽게 관측될 수 있는 동물 발자국처럼, 이리저리 배회하는 발자국을 만들어야 한다. 똑바로 나 있는 발자국 행렬은 동물이 마치 어떤 사건으로부터 도망가고 있는 것처럼 보인다.

둘째, 이상한 것은 성체 공룡 발자국들이 나타날 때 어린 공룡의 발자국들이 거의 없다. 정상적인 발자국들이라면 아기나 어린 동물의 발자국들도 풍부하게 나 있어야 한다. 예를 들어 아프리카 국립공원의 코끼리 발자국의 50%는 아기 또는 어린 코끼리의 것이다. 새끼 공룡의 발자국들이 극히 드물다는 것은, 그 발자국 행렬들은 정상적인 활동에 의한 것이 아니라, 비정상적인 상황에서 형성된 것을 가리킨다. 접근하고 있는 홍수 물로부터 서둘러 도망하는 데 있어서, 걸음이 느린 아기 공룡과 어린 공룡들은 아마도 뒤에 남겨졌을 것이다.

셋째, 발자국들은 오로지 평평한 지층면에서 발견된다. 이것은 평탄한 지층을 만드는 빠른 퇴적작용이 있었다는 의미이다.

이러한 비정상적인 특징들을 갖는 공룡 발자국들은 정상적인 동물 행동 양상과는 잘 일치하지 않는다. 이것은 당시에 전 세계적으로 공룡들에게 어떤 스트레스가 가해졌을 것이라는 추정에 더 부합한다.

공룡 발자국들은 모든 동물들이 멸절되기 전인, 노아 홍수 전반기가 끝날 즈음 만들어졌을 것이다. 모든 육지가 물로 뒤덮이기 전에, 물이 넘쳤다가 다시 육지가 드러나는 일이 반복되었으며, 퇴적물이 가득한 물의 흐름은 새로운 지층들을 지속적으로 퇴적시켰고, 그때까지 살아있던 동물들이 안전한 곳을 찾아 필사적으로 이동하면서, 신선한 퇴적층에 마지막 발자국들을 남겨놓았던 것으로 보인다.

공룡 발자국들은 모든 동물들이 멸절되기 전인, 노아 홍수 전반기가 끝날 즈음 만들어졌을 것이다. 살아있던 동물들이 안전한 곳을 찾아 필사적으로 이동하면서, 신선한 퇴적층에 마지막 발자국들을 남겨놓았던 것으로 보인다.

Q10. 공룡알 화석의 발견은 어떤 의미가 있습니까?

전 세계의 대륙에서 수많은 공룡알 화석이 발견되어왔다. 그러나 공룡알 화석과 둥지 구조가 함께 발견되는 것은 매우 드물다. 수많은 공룡알이 있지만, 둥지가 없다는 이 미스터리는 공룡들이 둥지를 만들 시간이 없었다면 쉽게 풀린다. 정상적인 상황에서 공룡알은 다공성이기 때문에 둥지 건설은 필수적이다. 다공성의 알은 마르고, 죽을 수 있기 때문에, 어미는 알을 식물로 덮어주어야 한다. 그러나 이상하게도 공룡알 화석들은 대개 덮여진 식물이 없는 상태로 발견된다.

과학자들은 지구 곳곳에서 발견한 데이터들은 공룡들이 갑자기 닥친 재앙으로 인해 구멍을 파거나, 식물로 덮어줄 시간이 없었음을 나타내는 것처럼 보인다. 공룡알들이 발견되는 모든 장소에서, 공룡들은 매우 이상한 상황에 직면했었음을 나타낸다.

창조 기상학자인 마이클 오드는 '일시 노출된 대홍수 퇴적층(Briefly Exposed Diluvial Sediments, BEDS)' 가설을 제안했다. BEDS 가설은 홍수 물의 수위가 시간에 따라 변하면서 어떤 고도에서는 일시적으로 노출됐던 육지 표면을 남겨놓았을 것이라는 가설이다. 홍수 물의 수위가 일시적으로 떨어지는 동안, 근처의 높은 지형에 있었거나, 홍수 물에 떠다니던 공룡들은 BEDS로 올라갔을 수 있다. 이어진 다음의 수위 상승은 공룡알들, 발자국들, 죽은 공룡 사체들을 빠르게 퇴적물로 덮어버렸을 것이다. 홍수 물의 변동은 이전 BEDS 층 위로 주기적으로 퇴적층을 쌓았을 것이다. 둥지 구조가 없다는 것은 공룡들이 알을 서둘러 낳았음을 가리킨다. 퇴적물의 급속한 퇴적과 수위의 변동은 빠른 화석화를 설명해줄 수 있다.

아르헨티나 아우카 마후에보 지역은 수천 개의 공룡알들을 갖고 있는 장소로 잘 알려진 곳이다. 40m 높이의 한 수직적 구간에 퇴적된 미세한 입자의 실트암과 이암층 내에, 4개 높이에서 공룡알들이 존재한다. 같은 종류의 공룡이 일시적으로 노출된, 빠르게 퇴적되며 높아지고 있던, 4개의 퇴적층 모두에 알들을 낳았다. 동일과정설적 모델에서, 이 층들은 수십만 년 동안 축적된 퇴적물이어야 한다. 같은 종류의 공룡이 수십만 년의 간격을 두고 동일한 장소를 찾아와 계속 알들을 낳았을 가능성은 거의 없다.

아르헨티나 아우카 마후에보 지역은 수천 개의 공룡알들을 갖고 있는 장소로 잘 알려진 곳이다. 동일과정설적 모델에서, 이 층들은 수십만 년 동안 축적된 퇴적물이어야 한다. 같은 종류의 공룡이 수십만 년의 간격을 두고 동일한 장소를 찾아와 계속 알들을 낳았을 가능성은 거의 없다.

13

빅뱅이론과
연대측정의 문제점

오늘날 우주의 기원에 관한 빅뱅이론은 널리 퍼져 있다. 빅뱅이론을 믿지 않는 창조론자들은 비과학적인 사람으로 조롱과 비난을 받아야만 한다. 그러나 오늘날 많은 선도적 우주물리학자들과 과학자들도 빅뱅이론을 포기하고 있다.

많은 기독교인들이 방사성동위원소 연대측정에 의해서, 수십억 년의 지구 나이는 입증된 사실이라고 생각하고 있다. 이것은 6일 창조를 믿지 못하는 가장 큰 걸림돌이 되어왔다. 그러나 방사성동위원소 연대측정의 실상을 알게 된다면, 당신은 매우 놀랄 것이다.

Q1. 빅뱅이론과 성경이
조화될 수 있을까요?

　　　빅뱅이론(Big Bang theory, 대폭발 이론)이란 137억 년 전에 무(無)에서부터 대폭발이 일어나, 오늘날의 우주가 되었다는 이론이다. 즉 근원도 알 수 없는 무작위적인 형태의 물질과 에너지가 저절로 조직화되어 별들, 은하들, 행성들, 우리가 살고 있는 지구가 존재하게 되었다는 이론이다.

빅뱅이론이 주장하는 천문학적 진화를 받아들인 기독교인들은 쉽게 지질학적 진화도 받아들인다. 그래서 수십억 년의 지구 나이, 지질시대, 생물들의 진화를 받아들이다 보면, 전 지구적 홍수를 부인하게 되고, 인간의 진화도 받아들이고, 아담 이전에 죽음, 피 흘림, 질병이 있었다는 주장을 받아들이면서, 최종적으로는 성경의 권위를 포기하는데 이른다.

빅뱅이론은 자연주의에 근거한다. 자연주의 철학은 자연 너머에 절대자의 존재를 인정하지 않기 때문에, 우주는 현재 작동되고 있는 여러 종류의 자연법칙들에 의해서만 만들어졌다고 주장한다. 그러나 창조는 오늘날의 자연법칙으로는 설명될 수 없는 초자연적 사건이었다. 성경은 하나님이 하늘, 땅, 그리고 그 안에 있는 모든 것들을 6일 동안에 창조하시고 일곱째 날에 안식하셨다고 말씀한다. 이것은 우리가 한 주 동안 일하는 것의 기초가 된다.

성경은 하나님이 넷째 날에 별들을 창조하셨다고 말씀한다. 반면에, 빅뱅이론은 지구가 있기 전 수십억 년 동안 별들이 존재했다고 주장한다. 성경은 육지가 물에서부터 드러났다고 말씀하지만, 빅뱅이론은 지구가 용융된 뜨거운 덩어리로부터 시작했다고 주장한다.

성경 창세기 1장은 우주의 창조주는 하나님이시라고 설명하고 있다. 그분은 천지만물의 모든 것들을 창조하셨다. 하나님은 특별한 역사적 순서를 가지고 이 우주를 창조하셨다. 그 순서는 빅뱅이론과 전혀 다르다. 하나님은 거짓말을 하지 않으시는 분이다. 빅뱅이론은 성경과 조화될 수 없다.

성경 창세기 1장은 우주의 창조주는 하나님이시라고 설명하고 있다. 그분은 천지만물의 모든 것들을 창조하셨다.
하나님은 특별한 역사적 순서를 가지고 이 우주를 창조하셨다.
빅뱅이론은 성경과 조화될 수 없다.

Q2. 암흑물질과 암흑에너지란 무엇인가요?

천체물리학자들은 우리 은하뿐만 아니라 수천 개의 다른 나선은하들에서 별들의 회전 속도를 관측한 결과, 나선 원반에 있는 별들은 너무 빨리 움직이고 있다는 것을 발견했다. 그것들은 너무나도 빨리 움직이고 있어서 100억 년 정도라고 추정하는 은하의 수명과 어울리지 않는다. 왜냐하면 은하가 존재하는 동안 은하의 별들은 멀리 벗어났을 것이고, 이렇게 되면 은하는 유지될 수 없기 때문이다. 또 은하성단들 역시 장구한 시간 동안 뭉쳐진 상태를 유지할 수 없다.

이런 이유로 인해 학자들은 별들을 붙들어줄 만한 중력을 가진 어떤 물질이 있을 것으로 생각했고, 이렇게 생겨난 것이 암흑물질(dark matter)이라는 개념이다. 수십 년 동안 빅뱅이론에서 암흑물질은 중요한 위치를 차지하고 있다.

또한 오늘날의 우주가 과거보다 더 빠른 속도로 팽창되고 있는 것이 발견되었다. 이 현상을 설명하기 위해서 암흑에너지(dark energy)라 불리는 미지의 에너지 개념을 만들었다. 우주의 팽창이 가속되고 있다는 새로운 발견 이후로 암흑에너지(중력적으로 반발 물질의 일종)가 우주의 2/3를 차지하고 있다는 일관된 관점이 등장한 것이다.

오늘날 대부분의 우주과학자는 우주의 96% 정도가 암흑물질과 암흑에너지라는 두 가지의 알 수 없는 것으로 구성되어 있다고 주장한다. 아무도 이것들이 무엇인지 모르지만 존재한다고 믿고 있다. 우주 속에 있을 것이라는 가장 풍부한 에너지 형태가 가장 미스터리하다는 것은 천체물리학의 아이러니이다.

우주과학자들은 그들이 믿고 있는 빅뱅이론이 작동되기 위해서 많은 돈과 시간과 노력을 들여서 그것이 무엇일지 숙고해 왔다. 이 미스터리한 알 수 없는 물질에 대해 윔프(WIMPS), 액시온(axions) 등 여러 이름을 붙이기도 했다. 하지만 현재까지 가장 민감한 감도의 관측 장비를 사용한 탐색 결과에 의해서도 암흑물질은 발견되지 않았다.

이제는 암흑광자, 암흑은하, 암흑항성, 암흑행성, 심지어 암흑행성에서 진화한 암흑생명체까지 등장하고 있다. 이러한 상황은 물질주의(유물론)라는 기본 가정과 그것이 우주의 기원과 구조에 엄격히 적용되어야 한다는 믿음 때문에 생겨난 것이다. 빅뱅이론을 신봉하는 진화론자들에게 암흑물질과 암흑에너지는 '알지 못하는 신'이다.

빅뱅이론을 신봉하는 진화론자들에게 암흑물질과 암흑에너지는 '알지 못하는 신'이다.

Q3. 빅뱅이론을 반대하는 과학자들이 많은가요?

2004년 5월에 지도자급 과학자 33명은 "과학 사회에 보내는 공개서한"이라는 선언을 발표했다. 그들은

> "우주의 역사에 대한 우리의 생각은 빅뱅이론에 의해 지배되어 왔다. 사실 그러한 지배는 과학적인 방법보다는 연구비의 조달과 더 관련이 있었다."

고 말했다.

그들은 오늘날의 빅뱅 이론은 다수의 가설적 개념, 즉 이제껏 결코 관측된 적이 없는 급팽창, 암흑물질, 암흑에너지 등에 의존하고 있는데, 실제로 천문학자들이 관측한 것과 빅뱅이론에 의해 예측된 것 사이에는 치명적인 모순이 존재하며 물리학의 어떤 분야에서도, 관측과 이론 사이의 차이를 이어주기 위해서, 새로운 가설적 물체들을 계속 만들어내는 분야는 없다고 말한다.

"대부분의 주요한 학술회의에서 빅뱅이론에 대한 공개적인 논쟁은 거의 없다."

"의심과 반대는 용납되지 않으며, 젊은 과학자들은 권위 있는 빅뱅모델에 대한 부정적인 의견이 있더라도 침묵을 지키도록 배운다. 빅뱅이론에 대해 의심을 하는 사람들은 자신들의 재정적인(연구비) 문제 때문에 입을 다문다."

최근에 저명한 이론물리학자 3명이 빅뱅이론의 중요한 부분인 우주의 급팽창을 강력히 비판하였다. 급팽창이론(Inflation theory)은 빅뱅이론의 초기 버전이 갖고 있는 심각한 문제점들을 해결하기 위해 앨런 구스에 의해 제안됐다. 우주는 아마도 빅뱅 직후에 짧은 기간의 가속 팽창의 시기를 겪었을 것이라는 이론이다.

그러나 이후 물리학자들은 이러한 급팽창 빅뱅이론은 너무나도 단순하다는 것을 깨달았다. 급팽창을 멈춘 것은 무엇인가? 오늘날 우주는 엄청나게 미세조정되었고, 물리 상수들은 극도로 정밀한 값에 맞추어져 있다는 사실이 발견된다. 커다란 폭발로 이러한 질서정연한 우주가 만들어질 확률은 완전히 제로이다. 이들은 급팽창 빅뱅이론을 포기하고 대안을 고려해야 한다고 주장하였다.

많은 기독교인이 '빅뱅'이 하나님께서 우주를 창조하실 때에 사용하셨던 방법이라고 말하면서, 과학계에서 보편적으로 받아들여지고 있기 때문에, 기독교인들도 받아들여야 한다고 말한다. 그러나 빅뱅이론은 심각한 과학적 문제점들로 가득 차 있고, 오늘날 세속적 과학자들도 점점 포기하고 있는 이론이다.

많은 기독교인이 '빅뱅'이 하나님께서 우주를 창조하실 때
사용하셨던 방법이라고 말하면서, 과학계에서 보편적으로
받아들여지고 있기 때문에,
기독교인들도 받아들여야 한다고 말한다.
그러나 빅뱅이론은 심각한 과학적 문제점들로 가득 차 있고,
오늘날 세속적 과학자들도 점점 포기하고 있는 이론이다.

Q4. 빅뱅이론의 문제점은 무엇인가요?

빅뱅이론에 반대되는 수많은 관측이 있는데 요약하면 다음과 같다. 더 자세한 내용을 알고 싶으면 한국창조과학회의 홈페이지(creation.kr)를 방문하기 바란다.

- 빅뱅 직후인 우주의 초기 시절부터 매우 성숙한 모습의 은하들이 나타나고 있다.
- 우주에 수십억 광년의 초거대 우주 구조들과 슈퍼보이드(텅빈 공간)들이 발견되고 있다.
- 수십억 광년을 떨어져 있다는 퀘이사들의 회전축이 놀랍게도 서로 정렬되어 있다
- 빅뱅으로 생성됐을 막대한 양의 반물질(antimatter)이 우주 내에 거의 존재하지 않는다.
- 나선은하들의 관측 결과, 장구한 시간 동안 있어야만 하는 충돌 흔적이 없다.
- 암흑물질, 암흑에너지를 가정하지 않으면, 관측되는 사실들은 빅뱅이론과 모순된다.

- 빅뱅이론의 예측과 다르게 존재할 수 없는 먼 거리에 은하성단들이 존재한다.
- 빅뱅이론에서 예측되는 우주 팽창속도가 틀리다는 관측 자료들이 나오고 있다.
- 적색편이 값이 매우 다른 두 천체가 연결되어 있는 것들이 발견되고 있다.
- 존재하지 않아야 하는 초거대 질량의 블랙홀, 철-결핍 별, 먼지 은하 등이 존재한다.
- 우주 거리 측정의 기준 잣대로 사용되는 1a형 초신성의 광도가 일정하지 않았다.
- 성운설에 의한 태양계 형성 이론은 관측되는 증거들과 모순된다.
- 중력을 갖는 1km 정도 미행성체가 될 때까지, 우주의 작은 암석들은 서로 부착될 수 없다.
- 우리 은하에 오래전에 사라졌어야 하는 청색별들이 풍부하게 존재한다.
- 구상성단 내에서 빠르게 움직이는 많은 중성자별들이 관측되고 있다.
- 허블상수 값이 서로 불일치한다는 관측 결과들이 있다.
- 작은 별이 거대한 행성을 갖고 있었다.
- 퀘이사의 광도 변화가 매우 빠르게 일어나고 있음이 관측되었다.
- 존재해서는 안 되는 저질량의 가벼운 별들이 발견되고 있다.
- 46억 년의 태양계 나이와 모순되는 많은 증거가 발견되고 있다:
  - 목성의 위성 이오는 뜨거운 용암을 분출하고 있다.
  - 토성의 위성 엔셀라두스는 물기둥을 분출하고 있다.
  - 목성의 위성 유로파에서 200km의 물기둥이 분출되는 것이 관측

되었다.

• 지구 자기장은 빠르게 감소하고 있다.

• 수성, 화성, 목성, 가니메데, 토성, 천왕성, 해왕성 등에 아직도 자기장이 남아있다.

• 명왕성, 카론은 매우 젊은 모습이었다.

• 소행성 세레스는 수증기를 분출하고 있었다.

• 왜소행성 하우메아도 고리를 갖고 있었다.

• 수성, 금성, 화성, 달 등에서 활발한 지질학적 활동이 관측되고 있다.

Q5. 방사성 동위원소 연대측정은 오랜 연대를 입증하나요?

　　과학이 지구의 나이를 수십억 년으로 입증했다고 많은 사람이 생각하고 있다. 그러나 지구의 나이에 대한 탐구는 객관적인 과학이 아니라, 주관적이고 임의적이며 일관적이지도 않다. 모든 연대 계산은 과거에 대한 가정에 기초하여 추정되는 것이다. 정밀한 측정 장비들과 복잡한 계산식 때문에 결과 역시 대단해 보일 뿐이다.

연대측정에 사용되는 동위원소 시계가 과거로부터 항상 일정하게 작동했는지 알 수 없다. 흔히 사용되고 있는 방사성동위원소 연대측정 방법으로는, 우라늄-토륨-납 측정법, 루비듐-스트론튬 측정법, 칼륨-아르곤 측정법 등이 있다. 이들 모두 모원소가 자원소로 붕괴되는 시간을 측정하여, 그들의 반감기를 추정하고, 암석에 들어 있는 모원소와 자원소의 비율을 측정한 후, 암석의 연대를 추정하는 방법이다. 그러나 여기에는 세 가지 중요한 가정(assumptions)이 필요하다.

가정 1: 동위원소의 붕괴 속도가 전혀 변동 없이 항상 일정했을 것이라는 가정이다. 예를 들어 우라늄-238이 납-206으로 붕괴되는 반감기가 현재 시점에서 45억1천만 년으로 계산되었다. 그리고 이 붕괴속도가 수십억 년 동안 전혀 변하지 않았을 것으로 가정한다. 그러나 최근 실험실에서 방사성 붕괴가 10억 배나 가속될 수 있음이 보고되었고, 캐비테이션(cavitation, 공동현상)은 토륨의 붕괴 속도를 90분 만에 1만 배 가속시킬 수 있다는 연구 결과도 있었다.

가정 2: 연대를 추정하려는 암석에 애초에는 모원소만 있었고 자원소가 하나도 없었을 것이라는 가정이다. 사실 이것은 매우 불합리한 가정이다. 칼륨-아르곤 측정법에서는 아르곤이 자원소이다. 실제로 최근 분출한 용암에는 이미 자원소인 아르곤이 풍부하게 들어 있었고, 생성된 지 몇 년밖에 안 된 용암의 연대가 수십~수백만 년이라는 측정 결과가 나왔다.

가정 3: 암석 내에서 동위원소가 붕괴되는 과거의 오랜 역사 속에 붕괴속도(가정 1에서 정한)에 영향을 줄 만한 모원소나 자원소의 유출이나 유입은 전혀 없었을 것이라는 가정이다. 그러나 이것은 결코 알 수 없는 일이다. 오히려 연구자는 연대측정 결과로 나온 다양한 수치 중 원하는 결과를 선택적으로 취하고 있다. 즉 얻고자 하는 연대측정 결과가 아니면, 오염됐다고 간주하고 폐기해 버린다.

많은 사람이 이러한 가정 위에 방사성동위원소 연대측정이 이루어지고 있다는 사실을 잘 모르고 있다. 지구의 나이가 수십억 년이라는 주장은 주관적이고 임의적인 것이다.

‒‒‒‒‒

많은 사람이 이러한 가정 위에 방사성동위원소 연대측정이

이루어지고 있다는 사실을 잘 모르고 있다.

지구의 나이가 수십억 년이라는 주장은 주관적이고 임의적인

것이다.

‒‒‒‒‒

Q6. 최근 분출한 화산 용암의 연대는 정확하게 측정됩니까?

암석들에 대한 칼륨-아르곤(K-Ar), 아르곤-아르곤(Ar-Ar) 연대측정 결과는 지구의 연대를 수십억 년으로 늘리는 데에 결정적인 역할을 했다. 이 방법에서 가장 중요한 가정은 암석(용암)이 형성될 때, 초기 용암에는 자원소인 방사성 아르곤(^{40}Ar)이 전혀 존재하지 않았다고 가정하는 것이다. ^{40}Ar은 불활성 가스이기 때문에, 뜨거운 열을 받으면 다른 원소와 화학반응을 일으키지 않고, 암석으로부터 쉽게 빠져나갔을 것으로 생각했다.

그러나 이러한 가정은 과거 역사에 기록된 화산분출 용암들에 대해 25년 동안 26회 수행된 연대측정에서 성립되지 않았다. 측정 결과 중 20%는 ^{40}Ar의 양이 제로가 아니었으며, 어떤 것은 아르곤이 과도하게 많았다. 몇 가지 주요 결과는 다음과 같다.

최근 분출한 화산 용암의 연대

화산 용암	역사적 실제연대	연대측정 결과
하와이 킬라우에아 이키 현무암	A.D. 1959	850 (±680) 만 년
이탈리아 스트롬볼리 산 화산탄	A.D. 1963. 9. 23	240 (±200) 만 년
시실리 에트나산 현무암	A.D. 1964. 5	70 (±1) 만 년
하와이 후알라라이 현무암	A.D. 1800~1801	2280 (±1650) 만 년
하와이 후알라라이 현무암	A.D. 1800~1801	160(±16),141(±8) 만 년
시실리 에트나산 현무암	B.C. 122	25(±8) 만 년
시실리 에트나산 현무암	A.D. 1972	35(±14) 만 년
캘리포니아 라센산 사장석	A.D. 1915	11(±3) 만 년
애리조나 선셋 크레이터 현무암	A.D. 1064~1065	27(±9), 25(±15) 만 년

1980년에 폭발한 세인트헬렌스산의 분화구 용암들에 대한 K-Ar 연대측정에서도 과도한 Ar 때문에 35만 년(±5만 년)의 결괏값이 나왔다. 이제 명백한 결론 앞에 서 있다. 즉 분출된 용암에는 ^{40}Ar이 풍부하게 존재하고 있으며, 용암이 냉각될 때 기체화되어 완전히 빠져나가지 못한 채로 암석 내에 존재한다는 사실이다. 그러므로 방사성 동위원소 연대측정의 기본 가정인 초기에 모원소만 있었고, 자원소는 없었을 것이라는 가정은 잘못된 가정이며, 이런 방법으로 측정한 지층 연대에 기초하여 결정된 화석의 연대 또한 의심스럽다.

이런 방법으로 측정한 지층 연대에 기초하여 결정된

화석의 연대 또한 의심스럽다.

Q7. 미국 창조과학연구소의 RATE 프로젝트는 무엇입니까?

      2005년 11월 미국 창조과학연구소(ICR)은 8년간의 RATE(Radioisotopes and the Age of The Earth, 방사성 동위원소와 지구의 나이) 프로젝트 연구 결과를 발표했다. 그 결과를 요약하면 다음과 같다.

● **헬륨의 잔류:**

 4.8km 깊이에서 채취된 고온의 화강암 속 흑운모의 지르콘에는 방사성 붕괴 시에 생성되는 헬륨이 많은 양으로 존재하고 있었다. 일반적인 통념으로는 헬륨은 오래전에 빠져나갔어야 한다. 잔류하는 헬륨의 양으로 추정된 연대는 6,000±2,000년 정도였다.

● **방사성할로의 흔적:**

우라늄 붕괴 시 알파입자의 분출에 의해서 화강암에 새겨진 열 흔적인 방사성할로(radiohalos)에 대한 후속 연구 결과 우라늄 할로들에 인접해서 폴로늄 할로(polonium halos)들이 도처에 존재했다. 폴로

늄은 상당히 짧은 반감기를 갖고 있기 때문에, 이들은 몇 달, 몇 분, 심지어 몇 밀리초 이내에 형성된 것으로 보인다.

● **불일치하는 아이소크론 연대측정 결과:**

그랜드 캐니언의 여러 곳에서 화성암 표본들을 채취하여 권위 있는 방사성 동위원소 연대측정 실험실에 분석을 의뢰했고, 4개의 독립적인 아이소크론(isochron, 등시선) 연대측정 방법으로 교차 점검하였다. 그 결과 연대측정 결과들은 서로 매우 달랐는데, 일부는 같은 암석에서 200~300%의 차이를 나타냈다. 심지어 10억 년 이상의 차이를 나타내는 측정 결과도 있었다.

● **방사성탄소(C-14)의 존재:**

다양한 지역에서 수집되어 석탄시료 은행에 보관되어 있던 10개의 석탄 시료에 측정 가능한 양의 방사성탄소(C-14)가 남아있었다. 4천만~3억2천만 년 전의 것으로 추정되는 석탄에 방사성탄소가 존재한다는 것은 불가능하다. 왜냐하면 C-14의 반감기는 5,730년 정도이므로, 10만 년 정도만 지났으면 모두 사라져 검출될 수 없기 때문이다.

● **창세기 1장 분석:**

히브리어 성경에서 창세기 1장의 동사들에 대한 통계적 분석 결과, 시(poetry)의 형태가 아니라, 서술(narrative) 형태로 되었음이 확실하게 드러났다. 6일 창조를 설명하는 '날(day)'의 의미는 시적 또는 비유적 의미로 해석될 수 없다는 것을 의미한다.

Q8. 공룡 뼈에서 방사성탄소(C-14)가 발견되었습니까?

방사성탄소(C-14)는 짧은 반감기(5730년)를 갖고 있기 때문에, 10만 년 이상의 시료에서는 결코 검출되어서는 안 된다. 그러므로 공룡 뼈에서 측정 가능한 C-14이 발견된다면, 그것은 공룡들이 중생대에 번성하다가 6,500만 년 전에 멸종했다는 진화론의 주장과 전혀 조화될 수 없다. 세속적 고생물학자들은 공룡 뼈에서 C-14을 측정하는 것은 시간 낭비라고 생각하고 있었다.

창조과학자들은 화석과 공룡 뼈에 대한 C-14 측정을 포함하여, '공룡 뼈 프로젝트(iDINO project)'의 결과를 2015년 CRSQ 저널에 보고했다. 그들은 마이오세에서 페름기까지 지질주상도의 세 시대(신생대, 중생대, 고생대)에 걸쳐서 발굴된 물고기, 나무, 식물, 동물 등 14개 화석 표본들로부터 16개의 시료들을 채취했다. 표본들은 캐나다, 독일, 호주를 포함한 전 세계의 다양한 지역에서 온 것이며, 7개는 공룡 뼈들이었다.

모든 시료에 대해 철저히 오염을 배제하고 실험실로 보내어 원자질량분석(AMS)을 수행했다. 놀랍게도 14개의 표본 모두에서 측정 가능한 양의 C-14이 발견되었다. 측정된 데이터들은 모두 일관성 있게 약 17,850~49,470년의 방사성탄소 연대 범위 내에 있었다. 이 결과는 수억 수천만 년의 연대가 틀렸다는 것을 분명히 의미한다.

사실 수만 년으로 측정된 표본들의 연대는 더 줄어들 가능성이 있다. 첫째 노아 홍수 이전의 대기환경은 현재와 다를 수 있으며, 둘째 노아 홍수 때에 큰 깊음의 샘들이 터지면서, 지하로부터 C-14이 포함되지 않은 탄소가 대대적으로 쏟아져 나와 당시 대기 중의 C-14을 희석시킬 수도 있었고, 셋째 현재 알려진 지구 자기장의 붕괴속도로 본다면, 노아 홍수 때에는 오늘날보다 지구 자기장이 강해서 C-14이 적게 만들어졌을 가능성이 있다. 이런 가능성을 고려하면 C-14의 농도가 낮아진 상태가 되어 실제보다 오랜 시간이 흐른 것처럼 보일 수 있다.

방사성탄소 연대측정 값은 이미 화석들에 부여된 연대보다 수천수만 배나 젊었다. 그리고 추정된 지질시대와 관련 없이 일관성 있는 연대 상한값과 하한값을 나타냈다. 캄브리아기 삼엽충에서 오스트랄로피테쿠스까지 모든 화석이 과학 시간에 배운 것보다 수천 수만 배나 젊다는 가능성이 충분하다.

방사성탄소 연대측정 값은 이미 화석들에 부여된 연대보다

수천수만 배나 젊었다.

Q9. 다이아몬드 내에 방사성 탄소(C-14)가 남아있다는 사실은 어떤 의미입니까?

다이아몬드는 지구상에서 가장 단단한 천연물질이다. 또한 다이아몬드 내의 탄소의 화학결합은 화학적 부식과 풍화작용에 전혀 영향을 받지 않는다. 또한 다이아몬드는 표면에 물이 스며들 수도 없다. 이런 특징 때문에 다이아몬드 내의 방사성탄소가 오염을 통해 유입될 가능성은 전혀 없다.

RATE 프로젝트에서 창조과학자들은 10~20억 년 전의 것으로 추정되는 다이아몬드에 대해서 C-14 측정을 하였는데, 놀랍게도 검출가능한 상당량의 C-14이 남아있었다. 여러 실험실에서 반복적으로 분석이 수행되었지만, C-14이 존재한다는 것은 반복해서 확인되었다. 오염 가능성은 철저히 배제되었다. 이 다이아몬드들은 10~20억 년 전 지구 내부 깊은 곳에서 형성되어, 지구의 초기 역사와 관련 있는 물질로 여겨졌다. 그러나 이제 다이아몬드 내에 C-14이 남아있다는 사실은 지구의 나이가 매우 젊다는 것을 가리킨다.

다이아몬드 내에 방사성탄소가 존재한다는 사실은 이제 일반 논문들에서도 보고되고 있다. 캘리포니아-리버사이드 대학의 연구진은 브라질에서 채취한 9개의 천연 다이아몬드를 분석했다. 9개의 다이아몬드의 생성연대는 원래 수억 년 전의 초기 고생대로 간주되고 있었다. 정말로 그렇게 오래되었다면 다이아몬드 안에는 C-14이 전혀 없어야만 한다. 그러나 8개의 다이아몬드에서 64,900~80,000년에 해당하는 C-14이 남아있었고, 9번째 다이아몬드는 6개의 조각으로 쪼개져서 각각 분석한 결과, 조각마다 69,400~70,600년의 범위를 나타내었다. 이 결과는 C-14이 다이아몬드 내에 균등하게 분포하고 있음을 가리키면서 C-14이 오염에 의한 것이 아님을 확증해 주었다.

흥미롭게도 이 실험에서 10억 년 전으로 추정하는 선캄브리아기 변성암에서 채취된 천연흑연 시료들도 함께 분석되었는데, 58,400~70,100년의 C-14 연대가 나왔다. 이러한 결과들은 지구의 초기 역사와 관련된 천연다이아몬드들이 실제로 매우 짧은 연대를 가지며, 결국 지구의 나이가 매우 젊다는 RATE 프로젝트의 연구 결과를 또다시 확증해 주었다.

지구의 초기 역사와 관련된 천연다이아몬드들이
실제로 매우 짧은 연대를 가지며, 결국 지구의 나이가 매우 젊다는
RATE 프로젝트의 연구 결과를 또다시 확증해 주었다.

Q10. 아이소크론 연대측정 방법은 정확합니까?

　　최근 발표된 두 논문은(Nature. 559 (7712): 94-97, 2018, Nuclear Technology, 197: 209-218. 2017) '장구한 연대'의 상징물인 아이소크론(isochron, 등시선) 연대측정 방법에 의문을 제기하고 있었다. 지질학자들은 화강암을 구성하고 있는 광물들은 용융된 암석이 650~700℃의 온도로 냉각될 때 결정화된다고 오랫동안 믿어왔다. 그러나 요세미티의 화강암류는 다른 이야기를 전해준다. 카네기 과학연구소는 화강암체 시료에서 석영 결정이 지질연대학 분야에서 오랫동안 정설로 여겨오던 온도보다 훨씬 낮은 온도에서 결정화될 수 있다는 증거를 보고했다. 이 시료의 석영 결정들은 474~561℃의 온도에서 결정화되었다.

이렇게 474~561℃의 낮은 온도에 도달하기 위해서는 500~600℃의 온도를 거쳐야 한다. 그렇게 된다면 모암석의 부분적 용융을 일으켰던 장기간의 고도의 변성작용 동안에 동위원소들의 유출입이 있었을 가능성이 제기된다. 왜냐면 연대측정은 동위원소의 유출입이 일체 없었을 것이라는 가정에서 이루어지기 때문이다.

결정화 온도가 더 낮다는 것은 화성암과 변성암에서 결정이 냉각되는 시간이 예상보다 훨씬 더 오래 걸린다는 의미이다. 이것은 루비듐, 스트론튬, 우라늄, 납 등과 같은 미량원소들이 화성암과 변성암 광물들의 결정 구조 안으로 확산되는 데에 더 많은 시간이 걸렸음을 의미한다. 광물 내부와 경계로의 이동 속도와 고체화 속도는 광물이 묻혀있는 암석으로부터 전달되는 온도에 따라 변한다. 결정화 온도가 낮아지면 광물 내로 통과하는 미량원소의 확산이 느리다는 의미다. 결정들을 싸고 있는 기질 암석은 결정 자체보다 더 빠르게 냉각되리라 예상되므로 미량원소가 결정 전체로 확산되기 전에, 기질 암석으로부터 결정에 전달되는 미량원소들이 감소되거나, 아예 중단될 수도 있다.

이런 발견은 방사성동위원소 아이소크론 연대측정에서 사용되는 주요한 가정이 틀렸다는 의문을 제기한다. 측정 모델에 의문이 제기된다면, 측정 결과도 의문스럽지 않을까?

방사성동위원소 아이소크론 연대측정에서 사용되는
주요한 가정이 틀렸다는 의문을 제기한다.
측정 모델에 의문이 제기된다면, 측정 결과도 의문스럽지 않을까?

14
그 외의 질문들

성경을 읽다 보면 많은 궁금증이 생겨난다. 우리가 정확히는 알 수 없지만, 가능성 있는 대답들이 존재한다. 왜냐하면 성경의 기록은 사실일 것이기 때문이다. 과학적 발견과 성경은 모순되지 않는다. 오히려 최근의 고고학적 발견들은 성경 기록의 정확성을 계속 입증하고 있다.

Q1. 첫째 날에 창조된 빛은 무엇입니까?

창세기 1장에서 하나님께서 첫째 날에 창조한 빛에 관한 여러 가지를 알 수 있다.

첫째, 그것은 일종의 창조된 빛이었다. 즉 광원은 존재하지 않았지만, 그 빛은 계속해서 존재했다. 그 빛은 빛이신 하나님처럼 영원한 빛이 아니었다. 첫째 날의 빛은 하나님 자신과는 별개의 것처럼 보인다.

둘째, 그 빛은 또한 액체 상태의 물이 존재하도록 허용하면서, 지구를 따뜻하게 하는 적절한 열을 제공했다. 하나님께서는 궁창 아래의 물과 궁창 위의 물을 나누셨고, 지표에 있는 물을 바다로 모으셨다.

셋째, 4일째 태양이 창조되었다. 태양은 그 역할을 시행하기 시작하였다. 지구에 에너지를 공급하는 역할을 태양이 맡게 되었다. 우리는 일시적인 물리적 실체들이 있었다가 사라졌던 몇몇 사례를 알고 있다. 하나님이 이스라엘을 약속의 땅으로 인도하실 때에 나타났던 불기둥과 구름기둥은 하나님의 일시적인 준비물이었다. 광야 길에서 이스라엘 백성에게 내려주신 만나라는 하나님의 선물도 있었다. 그리고 동방박사들을 아기 예수에게로 인도했던 별도 있었다.

일시적인 물리적 실체들이 있었다가 사라졌던 몇몇 사례를 알고 있다. 하나님이 이스라엘을 약속의 땅으로 인도하실 때에 나타났던 불기둥과 구름기둥은 하나님의 일시적인 준비물이었다. 광야 길에서 이스라엘 백성에게 내려주신 만나라는 하나님의 선물도 있었다. 그리고 동방박사들을 아기 예수에게로 인도했던 별도 있었다.

Q2. 수십억 광년 떨어진 별빛은 어떻게 보아야 합니까?

많은 기독교인들이 수십억 광년의 별빛 문제로 인해 성경의 6일 창조를 의심한다. 100억 광년 떨어진 곳에서 온 별빛은 100억 년의 시간이 지났음을 의미하는가? 이것에 대한 몇 가지 가능한 대답들이 있다.

● **가능성 1.**

빛의 속도(광속)가 과거에도 현재와 동일했는지 알 수 없다. 특히 창조주간의 빛의 속도가 현재의 속도였는지는 알 수 없다. 사실 빅뱅이론에서도 우주 초기에는 광속이 엄청나게 빨랐다고 추정한다. 빅뱅이론처럼 우주가 137억 년 전에 $1/10^{36}$초 만에 10^{24}배 이상으로 급팽창했다면, 오늘날의 광속보다 100억 배 빠른 속도였다는 말이 된다. 많은 사람이 이런 빅뱅 이론을 받아들인다. 우주 창조 시의 광속은 오늘날보다 빨랐을지도 모른다.

● **가능성 2.**

가까운 별의 거리는 삼각측량법(연주시차)으로 측정된다. 태양을 공

전하는 지구에서 6개월의 시차를 두고 한 별을 바라볼 때 각도 차이
를 측정하면 거리를 측정할 수 있다. 그러나 이 측정 방법은 65광년
정도가 한계이다. 따라서 먼 거리는 별의 색깔과 밝기로 해석하며,
그 기준 중 하나가 적색편이이다. 최근에 적색편이에 대한 의문을 제
기하는 연구들이 나오고 있다. 예를 들어 1억7백만 광년 떨어진 은하
NGC 4319와 12억 광년 떨어진 퀘이사 Markarian 205가 서로 연
결되어 있었다.

● **가능성 3.**

우주의 모든 곳에서 모든 시간은 같은 길이로 흘러갔을까? 우주 시
간과 지구 시간(local time)이 있다면, 서로 다를 수 있다. 넷째 날 창
조된 별들의 빛은 먼 거리를 여행했어도 넷째 날 지구에 도착했을 수
있다.

> 또 별들을 만드시고 하나님이 그것들을 하늘의 궁창에 두어 땅을 비추게
> 하시며 (창세기 1:16~17)

라는 기록에 의하면, 별들도 땅을 비추도록 창조하셨으므로, 별들이
아무리 멀리 있다 하더라도, 그 별빛은 땅을 비추도록 창조되었음을
알 수 있다.

● **가능성 4.**

아인슈타인의 일반상대성 원리에 의하면 중력이 강한 곳에서는 시간
이 느리게 흐른다. 이러한 현상을 '중력 시간 확장'이라 부른다. 만약
창조주간에 우주가 펼쳐지는 방식으로 창조되었다면, 펼쳐지기 전

에 은하들은 모여 있었을 것이고, 이에 따른 엄청난 중력 때문에 창조 시의 시간은 매우 느리게 흘러갔을 것이다. 성경의 여러 곳에는 '하늘을 펴셨다(stretch out, spread out)'라는 말씀이 기록되어 있다 (시편 104:2, 욥기 9:8, 26:7, 이사야 40:22, 42:5, 44:24, 45:12, 48:13, 51:13, 예레미야 10:12, 51:15, 스가랴 12:1).

●   가능성 5.
하나님은 자연법칙을 조월하시는 분이다. 성경에는 많은 기적이 기록되어 있다. 은하와 별들을 초자연적으로 창조하시면서, 별빛은 자연법칙에 맡기셨을까?

아담이 창조된 직후, 아담의 나이는 성년으로 창조되었기 때문에 20살은 넘어 보였을 것이다. 그러나 아담의 실제 나이는 0살이었다. 아담에게 유아기나 소년기는 없었다. 아담의 겉보기 나이는 실제 나이와 달랐다. 태양도 적절한 열과 빛을 내는 성숙한 상태로 창조되었을 것이고, 은하와 별들도 빛을 비추는 성숙한 상태로 창조되었을 것이다. 겉보기 나이와 실제 나이는 매우 다를 수 있다.

하나님은 자연법칙을 초월하시는 분이다. 성경에는 많은 기적이 기록되어 있다.
은하와 별들을 초자연적으로 창조하시면서, 별빛은 자연법칙에 맡기셨을까?

Q3. 아담과 하와의 자손들이 근친결혼을 하였다면 유전병 문제는 없었나요?

성경을 비판하는 진화론자들이나 일부 기독교인 중에서도 "한 부모의 자녀들이 서로 결혼하게 되면 기형아가 태어날 확률이 매우 높다고 하던데 아담과 하와로부터 인류가 퍼지기 시작하였다는 창세기의 기사가 모순이 있는 것이 아니냐?" 라는 질문을 자주 한다.

하나님께서는 처음에 모든 것을 창조하신 후 "보시기에 심히 좋았더라"고 하셨다. 그런데 아담의 불순종 이후 모든 피조세계는 저주를 받고, 심각한 문제들이 발생하기 시작하였다. 돌연변이는 유전자 복제 시의 오류 역시 이러한 현상 중 하나였다. 아담의 타락 이후, 이 돌연변이들이 계속 발생했고 후손으로 전해지면서 그것들은 점점 증가하고 누적되었다.

사람은 23쌍의 염색체를 갖고 있고, 아버지로부터 23개, 어머니로부터 23개를 물려받는다. 부계나 모계의 유전자 중 돌연변이가 일어나 손상된 부분이 존재할 수 있다. 만약 유전적으로 관계가 먼, 즉 가까운 친척이 아닌 남녀가 결혼하게 되면, 이러한 반쪽의 유전자에 일어나 있는 유전자 손상 부위가 정확히 겹칠 확률이 줄어든다. 반대로 유전적으로 매우 가까운, 즉 가까운 친척 안에서 남녀가 결혼하게 되면, 유전자 손상 부위가 겹칠 확률이 매우 커지고 그 경우 유전적 결함을 갖는 아기가 태어날 확률도 높아진다.

이 때문에 많은 나라에서 근친결혼을 법적으로 금지하고 있다. 하지만 이러한 현상은 돌연변이가 계속 증가하고, 세대가 흐르면서 축적되어 나타난 현상이지, 아담의 초기 후손들에는 그런 문제가 거의 없었을 것이고, 홍수심판 후 노아의 후손들 사이에서도 매우 희박했을 것이다. 그러다가 점점 세월이 흐르며, 이 문제가 심각해질 수 있게 되었을 때, 하나님께서는 레위기 18장을 통해 근친결혼을 금지시키셨던 것이다.

아담의 초기 후손들에는 그런 문제가 거의 없었을 것이고,
홍수심판 후 노아의 후손들 사이에서도 매우 희박했을 것이다.
그러다가 점점 세월이 흐르며, 이 문제가 심각해질 수 있게
되었을 때, 하나님께서는 레위기 18장을 통해 근친결혼을
금지시키셨던 것이다.

Q4. 아담은 정말 930년을 살았을까요?

창세기는 오늘날의 경험에 비추어 말도 안 되는 긴 인간의 수명을 반복적으로 기록하고 있다. 아담은 930년을 살았고, 므두셀라는 969년을 살았고, 노아는 950년을 살았다. 현대의 많은 기독교인이 창세기를 읽을 때, 이러한 숫자에 대해 머뭇거리게 되고, 결국 일부는 성경 전체를 거부하는 것으로 끝을 맺는다.

노아 홍수 이후 사람들의 수명은 에벨 464세, 아브라함 175세, 모세 120세로 단계적으로 감소한다. 식물 유전학자인 존 샌포드는 성경 창세기에 기록된 사람들의 수명은 950살을 살았던 노아 이후부터 급격히 감소되고 있다며, "이러한 감소 곡선은 결코 우연히 생겨날 수 없는 일"이라고 말했다.

성경에서 발견되는 사람 수명의 생물학적 감소곡선이, 과학 분야에서 돌연변이 축적으로 인해 알려진 생물학적 감소곡선과 매우 일치한다. 아담의 범죄 이후 세대마다 발생한 무작위적 돌연변이들은 계속 축적되었을 것이고, 유전자들은 지속적으로 손상되었을 것이다.

특히 노아 홍수 때에 사람의 유전자 풀이 8명으로 줄어드는 유전적 병목현상이 일어났다. 그리고 노아 홍수는 지구 환경에 엄청난 변화를 초래했고, 이로 인해 돌연변이들이 가속화되었을 것이다.

예를 들어 궁창 위의 물이 사라져 해로운 광선이 대량으로 들어오게 되었거나, 지하로부터 방사능 물질이 방출되었을 수 있다. 여하간 노아 홍수 이후에 돌연변이의 발생이 급격히 증가하여, 수백 년 이상을 살 수 있게 했던 유전자들이 손상되거나 없어졌을 수 있다. 샌포드는 이렇게 쓰고 있었다. "수명 데이터는 초기 족장들의 매우 긴 수명이 실제였음을 가리키고 있다. 그리고 노아 홍수 이후에 사람 수명의 급속한 하락은 사실이었다."

족장들의 수명에 관한 기록이 사실이라면, 그들에 관한 다른 성경 기록도 정확한 실제 역사다.

수명 데이터는 초기 족장들의 매우 긴 수명이 실제였음을 가리키고 있다. 그리고 노아 홍수 이후에 사람 수명의 급속한 하락은 사실이었다.

Q5. 소돔과 고모라가 불과 유황으로 멸망되었다는 증거가 있습니까?

소돔과 고모라의 폐허가 사해의 동남쪽에서 발견되었다. 소돔이라 여겨지는 곳의 현재 이름은 밥 엣드라이고, 고모라로 여겨지는 곳은 누메이라이다. 두 곳 다 엄청난 규모의 대형화재로 동시에 파괴되었음이 확인되었다. 파괴된 잔해의 두께는 90cm 정도였다. 무엇이 이 어마어마한 참화를 불러왔는가? 밥 엣드라에 있는 공동묘지에서 그 이유를 알려주는 놀라운 발견이 있었다. 고고학자들은 시체를 매장하는 데 사용됐던 건물들이 지붕에서부터 시작된 한 화재에 의해서 불탔다는 것을 발견했다.

> 여호와께서 하늘 곧 여호와께로부터 유황과 불을 소돔과 고모라에 비같이 내리사 그 성들과 온 들과 성에 거주하는 모든 백성과 땅에 난 것을 다 엎어 멸하셨더라 (창세기 19:24~25)

일반적으로 화재는 아래에서 위로 번져간다. 그런데 어떻게 불이 지붕에서부터 시작될 수 있었을까? 이 독특한 발견에 대해 상상해볼 수 있는 유일한 설명은 불타는 덩어리들이 공중으로부터 건물 위로 떨어져 내렸다는 것이다. 실제로 소돔과 고모라 지역에서는 수많은 유황 덩어리들이 발견되는데, 이들에 대한 실험실 분석 결과, 유황 함유량은 95% 이상이었고, 하늘에서 떨어졌을 때의 온도는 약 5,000℃로 평가되었다.

하지만 어떻게 하늘에서 그런 것들이 떨어질 수 있었을까? 사해 남부 지역에는 석유가 기초성분인 아스팔트와 유사한 역청(bitumen)이라고 불리는 물질이 지하에 풍부하게 퇴적되어있다는 증거가 있다. 그런 물질은 일반적으로 높은 비율로 유황을 포함한다. 흥미롭게도 성경은 그것을 기록해 놓고 있다.

> 싯딤 골짜기에는 역청 구덩이가 많은지라 소돔 왕과 고모라 왕이 달아날 때에 그들이 거기 빠지고… (창세기 14:10)

지질학자인 프레드릭 클랩은 지진 시 발생하는 압력이 역청을 단층선을 통해 지표 밖으로 분출시키는 원인이 될 수 있다고 주장했다. 그것이 지표 밖으로 분출됐을 때, 스파크나 지상의 불에 의해서 점화될 수 있었을 것이다. 성경에 의하면, 아브라함이 소돔과 고모라 쪽을 바라보았을 때,

> …연기가 옹기 가마의 연기같이 치솟음을 보았더라 (창세기 19:28)

라고 기록하고 있다. 짙은 연기는 석유 기초성분의 물질들이 타고 있

음을 가리킨다. 고고학적 발견들은 성경에 기록된 소돔과 고모라의 멸망 사건이 신화나 지어낸 이야기가 아니라, 실제로 있었던 사건이었음을 입증해주고 있다.

고고학적 발견들은 성경에 기록된 소돔과 고모라의 멸망 사건이 신화나 지어낸 이야기가 아니라, 실제로 있었던 사건이었음을 입증해주고 있다.

Q6. 여리고 성 전투에 대한 고고학적 증거가 있습니까?

수차례의 고고학적 발굴로 여리고 성이 무너진 일이 역사적 사실이었음이 입증되었다. 여리고 성은 정말로 강력한 요새였고, 그 성은 무너져 내렸고, 불탔음을 나타내고 있었다. 여리고 성은 아래쪽에 돌로 된 4~5m 높이의 옹벽(기초성벽) 위에 높이 6~8m의 진흙 벽돌로 된 외벽이 있었고, 흙으로 된 경사로 위에 내벽이 있는 이중 성벽으로 둘러싸여 있었다. 내벽 안쪽은 200m×120m 크기이고, 내벽의 기저부위는 외벽의 바깥쪽 땅과 비교해서 14m나 높았다. 당시 전쟁 상황이라, 여리고 성에는 내벽과 외벽 사이까지 수천 명의 사람이 있었던 것으로 추정된다.

성경에 의하면, 7일째에 성 주위를 일곱 번 돌고 난 후에

성벽이 무너져 내린지라 (여호수아 6:20)

라고 기록되어 있다. 실제로 여리고 성이 종말을 맞았을 때, 강력한 지진으로 인해 성벽들이 무너져 내려서, 외벽 아랫부분에 쌓여서 계

단처럼 밟고 올라가서 성을 점령할 수 있었다.

특이한 것은 북쪽 성벽의 짧은 구간은 다른 부분과 달리 무너지지 않은 상태였다. 그 진흙 벽돌 성벽의 일부분은 아직도 2m 이상의 높이로 서 있었다. 더구나 이 성벽에 잇대어 집들이 지어져 있었다! 아마도 이곳에 기생 라합의 집이 있었을 가능성이 크다. 하나님께서는 라합을 기억하시고 그곳을 무너뜨리지 않으셨던 것으로 보인다.

또한 불에 의해서 타버린 곡물로 가득한 많은 저장 항아리들이 발견되었는데, 이것은 고고학적 기록에서 매우 특별한 발견이다. 왜냐하면 곡물은 전쟁 시에 귀중할 뿐만 아니라, 다른 물품과 교환 가치도 있었다. 정상적 상황에서 곡물과 같은 것들은 정복자에 의해 약탈당하는 법이다. 그러나 여리고 성에서 곡물은 그대로 항아리에 남겨져 있는 채로 불에 타 있었다. 그 해답은 성경에 있다. 여호수아는 이스라엘 백성들에게 이 성과 그 가운데에 있는 모든 것은 여호와께 온전히 바치라고 명령했고, 그 명령에 따라 백성들은 그 성과 그 가운데에 있는 모든 것을 불로 태워버렸다.

불에 의해서 타버린 곡물로 가득한 많은 저장 항아리들이
발견되었는데, 이것은 고고학적 기록에서 매우 특별한 발견이다.
그 해답은 성경에 있다

Q7. 노아 홍수 이전 사람들의 화석은 모두 어디에 있나요?

퇴적지층에 사람 화석은 거의 없으며, 알려진 표본들도 홍수 이후의 암석지층에서 발굴된 것들이다. 노아 홍수가 수많은 생물을 화석으로 만들었다면, 홍수 이전에 살았던 사람들의 화석은 왜 발견되지 않는 것일까?

사람 화석뿐 아니라, 조류, 포유류 같은 육상동물 화석들도 좀처럼 발견되지 않는다. 모든 화석의 약 95%는 산호, 갑각류와 같은 바다에 살던 해양생물이다. 나머지 5%의 95%는 해조류, 식물, 무척추동물(곤충 포함) 등이다. 나머지 0.25%는 척추동물인데, 대부분 물고기이다. 0.25%의 척추동물 화석 표본 중 99%는 단지 한 개의 뼈로 구성되어 있다. 그리고 포유류 화석들의 대부분은 홍수 이후의 것으로 보인다. 따라서 육상동물의 화석 수는 다른 생물에 비해 극히 적다.

육상동물은 낮은 화석화 잠재력을 갖고 있다. 바다생물은 살아있는 동안 물속에서 서식하기 때문에, 물 아래에서 밀려오는 저탁류나 퇴적물에 매몰되기 쉬운 반면, 육상동물은 물에 뜨기 때문에, 상대적으로 매몰되기 어렵다. 육상동물이 물에 빠졌다고 화석이 되는 것이 아니다. 퇴적물에 파묻혀야 화석이 될 수 있는 것이다. 홍수가 진행되는 동안, 사람과 육상동물들은 휩쓸려서 갔고, 결국 익사했고, 죽게 되었다. 홍수 동안에 죽었던 대부분의 포유류와 새들뿐만 아니라, 사람들도 빨리 파묻히지 않았고, 따라서 화석이 되지 않았을 가능성이 크다. 익사한 사체는 부풀어 오르고, 떠다녔을 것이고, 바다생물이나 포식자들에 의해 뜯어 먹히고, 부패되고, 자연적으로 분해됐을 것이다. 또한 사람, 포유류, 조류는 상승하는 물에서 벗어나, 더 높은 땅, 나무, 구조물의 꼭대기로 피난했을 가능성이 높기 때문에, 이류나 진흙 퇴적층에 쉽게 빠지지 않았을 것이다. 이러한 이유로 사람과 육지동물은 화석화 잠재력이 떨어진다. 따라서 사람의 화석은 잘 발견되지 않는 것이다.

대조적으로, 홍수 이후(그리고 빙하기) 화석기록의 대부분은 육상동물이며, 포유류 화석이 풍부하다. 노아 홍수가 끝나고, 이후의 초기 기간 동안 일련의 지역적 홍수, 타르 구덩이, 습지 및 늪지의 형성, 갑작스러운 화산재 폭풍들, 다른 격변들이 있었다. 즉, 포유류가 모여 있던 곳에서 어떤 지역적 격변이 일어났고, 그들을 빠르게 파묻어버리면서, 일부 지역에서 육상동물의 화석화는 발생했다.

홍수 이전에 살았던 사람들의 화석이 거의 없는 이유는, 홍수 동안 사람들은 홍수 물에 휩쓸려 갔고, 사체는 퇴적물에 파묻히기 전에, 훼손됐기 때문이다.

Q8. UFO는 존재하나요?

많은 기독교인이 UFO(Unidentified Flying Object, 미확인비행물체)의 존재 유무를 궁금해하고 있다. UFO는 존재한다. 왜냐하면 미확인된 비행물체이기 때문이다. UFO에 대한 조사 결과는 다음과 같다.

- UFO가 외계인이 몰고 온 비행접시라는 주장에 대한 과학적 근거는 없다. 이와 관련한 목격담은 오인, 착각, 조작, 환영 등이 대부분이며, 나머지는 근거가 없거나, 개인의 신비적인 주장인 것으로 나타나고 있다. 우주에는 입방킬로미터 당 10만 개의 먼지 입자들이 있는 것으로 추정되고 있다. 외계인의 우주선이 광속의 1/3로 여행한다 해도, 눈송이처럼 가벼운 입자라도 충돌 시에 TNT 4t의 폭발력과 같다. 따라서 먼 은하에 사는 외계인들이 광속보다 빠르게 날아왔을 것이라는 주장은 잘못된 것이다.

- 만약 외계인의 비행접시들이 실재할 가능성이 높다면, SETI(외계 지적생명체 탐사) 같은 단체들이 막대한 연구자

금을 들여 지적생명체를 탐사하기 위해 전파신호를 보내는 방법보다 먼저 이 비행접시를 조사하는 방법이 빠를 것이다.

- 로스웰 사건, 화성의 생명체 소동, 미스터리 서클, 버뮤다 삼각지대, 이스터섬의 모아이 석상 등이 외계인과 관련되어 있다는 주장들은 실상 그렇지 않음이 밝혀졌다. 남미나 이집트 등에서 초고도 문명이나 기계장치들이 존재했다는 증거들은, 고대 인류가 발전된 문명을 갖고 있었다는 증거는 될 수 있겠지만, 외계인의 방문에 대한 증거는 될 수 없다.

- UFO와 외계인을 연결지어 생각하게 되는 것은 진화론의 영향이다. 우리 지구에서도 생명체가 우연히 만들어져서 진화되었기 때문에, 외계 어디에서도 생명체가 우연히 생겨났고 고도로 진화되었을 것으로 생각한다.

- 외계인의 존재는 성경적이지 않다. 성경은 하나님께서 천지를 지으실 때 지구를 먼저 지으셨고, 하나님의 형상을 따라 사람을 지으셨는데, 이 지구가 사람이 거하도록 하셨다(이사야 45:18). 예수님은 지구에 오셨고, 우리들을 위해 죽으셨다. 만약 외계인이 있어서 사람처럼 지성과 문명을 가지고 있다면, 예수님은 그들을 위해서도 죽으셔야 하는 모순이 생긴다.

한국창조과학회는

태초에 하나님이 천지를 창조하시니라 창1:1

1981년도에 창립된 학술단체로서, 인간, 생물체, 우주 등에 내재한 질서와 조화가 우연이 아닌 지적설계의 결과라는 것을 과학적인 증거를 통해 변증하고, 이 시대가 만물의 기원에 대한 바른 시각을 갖고 창조주 하나님을 인정하며 경외하도록 하는 데 이바지함을 목적으로 합니다.

한국창조과학회 주요 사역

● **학술 사역**

창조의 진리를 더 깊이 이해하기 위한 주제 강의와 토론 월례 모임인 '창조코이노니아'를 비롯하여 창조과학의 이론적 기반을 마련하여 하나님을 인정하는 과학이 되도록 매년 창조과학 학술대회를 개최합니다.

● **교육 사역**

예배, 교회학교, 교사대학, 캠프, 수련회, 특강 등에 다양한 주제로 창조과학 전문 강사를 파송하여 창조과학 세미나를 열고 있습니다. 또한 체계적으로 창조과학과 창조신앙을 배우는 기본과정, 심화과정, 강사과정으로 창조과학스쿨을 운영하며, 학계의 새로운 동향 파악, 주요 이슈 토론 등을 위한 정기적인 워크숍을 개최하고 있습니다.

- **차세대 사역**

중, 고등학생 창조과학 동아리 개설 및 운영을 도우며, 대학/ 연구소 탐방 등 다양한 체험활동을 지원하는 BBS(Becoming Better Scientist) 프로그램을 운영하고 있습니다. 또한 어린이와 청소년을 대상으로 창조과학 비전캠프 및 씨리얼 캠프를 통해 창조신앙에 대한 체계적인 교육과 비전 찾기를 돕고 있으며, 젊은 창조과학자들 간의 교류 활성화를 위한 발표와 토론 모임인 '영크(Young Creationists)'가 활동하고 있습니다.

- **IT/미디어 사역**

최신 창조과학 기사, 자료, 뉴스 등의 정보를 체계적으로 제공하는 홈페이지(creation.kr)를 운영하며, 정기간행물 계간지 〈창조〉를 발간합니다.

- **선교 사역**

창조과학 전문인 선교사 파송하고, 단기선교 및 군선교 프로그램을 운영하고 있습니다. 또한 정기적으로 목회자 초청 창조과학 콘퍼런스를 개최하고 있습니다.

- **창조과학탐사**

미국 그랜드캐니언, 중국 장가계, 국내 여러 지역 탐사를 통해 창조와 대홍수의 증거를 보며 창조주 하나님을 찬양하고 경배합니다.

- **창조과학 상설 전시관 운영**

서울, 대전, 대구

memo

447